中世ヨーロッパの結婚と家族

ジョゼフ・ギース／フランシス・ギース
栗原 泉 訳

講談社学術文庫

トムの思い出に捧ぐ

MARRIAGE AND THE FAMILY
IN THE MIDDLE AGES
By
FRANCES AND JOSEPH GIES

Published by arrangement with
HarperCollins Publishers
through Japan UNI Agency, Inc., Tokyo

目次

第三部　中世盛期

第四部　中世後期

・本書中、〔　〕で括ったものは、訳者による注である。また、引用文中の［　］で括ったものは、原著者による補足である。

・他の文献からの引用のうち、左記七点は既訳を一部使用し、初出で邦題と訳者名を記した。詳しい書誌情報は巻末の「訳者あとがき」を参照されたい。

フィリップ・アリエス『〈子供〉の誕生』
ダンテ・アリギエリ『神曲　天国篇』
ジョゼフ・ギース、フランシス・ギース『中世ヨーロッパの家族』
エドワード・ショーター『近代家族の形成』
ロイド・ドゥモース『親子関係の進化』
タキトゥス『ゲルマーニア』
ボッカッチョ『デカメロン』

中世ヨーロッパの結婚と家族

本書のための史料調査にあたってミシガン大学ハーラン・ハッチャー大学院図書館のお世話になった。

また今回も原稿を読み、貴重なご助言をくださったブラウン大学のデイヴィッド・ハーリイー教授に、著者二人の感謝の言葉を贈りたい。

第一部　起源

第一章　歴史家、家族を発見

社会史の要素の一つとして、家族ほどありふれたものはほかにない。家族とは人が食べ、歩き、話すことを学び、自己を認識し、行動様式を身につける普遍的な場である。知られているかぎり古今のあらゆる文化が、家族という制度を生存のために必要なもの、社会の共通項として取り入れてきた。

今日の家族は——こうしてわたしがこの文を書いている最中にも変化し続けているのだが——人間の歴史の産物だ。進化と革命的変革を経てきたのである。家族に大きな影響を与えた歴史上のできごとの中には、たとえば産業革命のように、かなり突然に発生し、劇的な変化をもたらしたものがある（その影響は、すでに繰り返し調べられ、分析されてきたとおりである）。その一方で、目立つことなくゆっくりと進んだできごともある。中世一〇〇〇年の間に起きた大きな変化がその例で、これらは今まであまり注目されなかったが、全体としてみると家族の姿に重大で永続的な影響を与えた。

家族の歴史を研究しようとすると、まず持ち上がる問題がある。「家族」という言葉そのものがあいまいなのだ。今日わたしたちは三つの意味でこの言葉を使っている——まず血筋、すなわち祖先とのつながりという意味がある。次に、ある人と血縁関係にあるすべての現存する人たちを（同居しているかどうかに関わりなく）家族と呼ぶことがある。つまり、両親、兄弟姉妹、祖父母、おじおば、いとこたちのことだ。最後に、最も一般的な使い方として、一つ屋根の下に暮らし、一世帯を構成する（両）親と子ども（たち）を意味することがある。この場合、核家族、夫婦家族、単純家族などという用語を使うこともある。現代社会では、たいていの夫婦家族が一つの世帯をつくっているから、夫婦家族を一世帯とみなすことが多い。しかし、この二つは必ずしも同じではない。家族も世帯も、人類学者や歴史家が一貫性のある定義づけに苦労してきた言葉なのだ。というのも、家族も世帯も、実に数知れぬほど多様な形をとってきたからだ。一つの「世帯」というとき、そこには一つ屋根の下に住む非血縁者たちがみな含まれるのか。あるいは同じ所有地内の別々の住居に住んでいる血縁者をすべてひっくるめて一つの世帯といえるのか。

一つ所に住む血縁者の一団としての「家族」は、実は比較的新しい言葉である。父―母―子どもたちをひとくくりにする言葉は、十八世紀以前のヨーロッパの言語には、実は存在しなかった。英語の「ファミリー（家族）」と同じ語源をもつラテン語の単語「ファミリア」の意味が、ローマ時代から中世を通して近世まで根強く残ったからである――ファミリアは「家」を表すインド・ヨーロッパ語族の単語に由来し、一つの家に住む人びとを指すが、そこには召し使いや奴隷も含まれていた。ファミリアはたいてい多くのメンバーを擁した。また、たとえば王や大領主や司教のファミリアのように、生物学的なつながりのない人たちで構成されることもあった。昔の社会では血縁関係が今日よりも重要な役割を担っていたとはいえ、家族の範囲はより不鮮明であった。夫婦という単位は、今日のようにそれ自体が単独で存在するものではなく、したがってそれを表す言葉は必要なかったのだ。

人類学者も歴史学者も、夫婦という単位の範囲に入らない家族を表す一般的な用語を考案してこなかった。「拡大家族」は、時に間違った使い方をされるものの、一つ屋根の下に住む親類たちで構成される世帯を表す適切な言葉であろう。そこには兄弟姉妹、配偶者を亡くした親、甥や姪たちなど、親子以外の縁者たちがすべて含まれる。一方で、同居していないさまざまな縁者が構成する、より広い意味の家族集団をどう呼んだらいいだろう。そんな家族集団の、ある種のタイプを表す文化人類学の用語はあるものの、総括的な言葉をわたしたちはもっていない。前工業化社会できわめて重要な存在であったこの種の大家族集団を、「超《スープラ》家族」と呼んではどうだろうか。

親族関係と家族の研究が始まったのは、ほんの一世紀あまり前のことだ。草分けはJ・F・マクレナン、サー・ヘンリー・メイン（この二人はイギリス人）、ルイス・ヘンリー・モーガン（アメリカ人）という三人の優れた在野の文化人類学者であった。続いて社会学者たちも研究を始めた。その一人がフランス人のフレデリック・ル・プレー、エンジニアが本職のアマチュア研究者であった。一八七一年に発表した近代ヨーロッパの家族についての研究でル・プレーは、両親、長男とその家族、未婚の兄弟姉妹から成る「直系家族」を高く評価した。三世代から成るこのタイプの「伝統的」家族は、工業化以降の、親と子どもだけから成る小家族と比べて安定していて、道徳を重んじ、権威に服従し、責任感に富み、集団の福利のために個人の利益を犠牲にすることをいとわないとして、理想化したのである。ル・プレーによれば、産業革命以降の小家族は安定を欠き、身勝手といえるほどに個人主義的であった。また、肉親の親密な情愛を外部との非個人的な関係に、家族のための自己犠牲を性的満足に置きかえる（つまり晩婚や非婚）という不道徳なことをしていた。保守的な社会改革家として、ル・プレーは、社会の利益のため、道徳のため、家族のためといった、昔ながらの生き方への回帰を提唱したのだった。そういうわけで、ル・プレーが描いた前工業化時代の家族のイメージを修正することが、その後何年間にもわたって家族をめぐる研究の主要なテーマとなった。

ル・プレーが活躍した時代からほぼ一世紀ののち、フランス人フィリップ・アリエスが『〈子供〉の誕生――アンシァン・レジーム期の子供と家族生活』（一九六〇年）を発表し、社会学者だけでなく広く一般の関心を集めた。アリエスもまた「日曜歴史家」を自称する在野の研究者であった。図像や文学作品に依拠したこの著作でアリエスは、人生の一時期としての「子ども期」の概念は、十六〜十七世紀にようやく発達したものだと論じた。この時代に、子どもは核家族という、新しい形の、結びつきの強い家族の中心に据えられたのだというのである。近代の家族に対してアリエスはル・プレーとそれほど違わない評価を下し、「社会性《ソーシャビリティ》」や共同体意識の喪失により家族が失ったものは、プライヴァシーや緊密さから得たものより大きいとした。ただ一方でアリエスは、核家族は適合を強要し、個人主義を（助長するよりも、むしろ）抑制すると主張し、さらに個人主義をより望ましい特質として捉えた点でル・プレーと立場を異にした。

アリエスの著作は歴史学界の研究者たちを大いに刺激し、これに続いて家族の研究書が三作出版され、大きな影響を及ぼした。いずれも産業革命以前の近世の家族を扱い、アリエスの主張をある程度反映した著作で、そのうち二作はイギリスの、他は西ヨーロッパ全般の家族を取り上げている——ピーター・ラスレットの『われら失いし世界——近代イギリス社会史』(一九六五年)、エドワード・ショーターの『近代家族の形成』(一九七五年)、ローレンス・ストーンの『家族・性・結婚の社会史——1500年—1800年のイギリス』(一九七七年)の三作である。また、一九七〇年代初頭には、ラスレットが創設した人口および社会構造研究のためのケンブリッジ・グループが『過去における世帯と家族』と題する著作をはじめとする一連の論文で、十六世紀から現代までの家族や世帯を比較研究した成果を発表した。さらにこれに続き、さまざまな民族的視点に立つ研究成果が相次ぎ発表された。

つまり、家族の社会史とは、学問分野のきわめて新しい下位区分なのだ。この分野の学者たちは、まず近世(一五〇〇〜一七五〇年)に注目したのだが、一九七〇年以降、研究者たちの目は中世にも注がれ、さまざまな地域や社会階級や時代における家族とそれに関連するテーマの研究が進んだ。アメリカ人歴史学者デイヴィッド・ハーリイーは『中世の世帯』(一九八五年)で中世全般を概観した。一九七四年にパリで開かれた「中世西ヨーロッパにおける家族と親族関係」と題する会議では、西ヨーロッパ各国の研究者が貴族の家族にテーマを絞った多くの研究を発表した。また、中世の結婚を取り上げたジョルジュ・デュビイの二作をはじめ、中世の女性に貴重な光を当てる著作が相次いで出版された。また、中世後期のイタリアはしばしば人口統計学の視点からの研究テーマとなった。なかでもデイヴィッド・ハーリイーやクリスティアーヌ・クラピシュ゠ズュベールらの研究が有名だ。デイヴィッド・ニコラスは十四世紀ヘントの家族の研究で、バーバラ・ハンアウォルは中世後期イギリスの農民家族の研究で知られている。家族というテーマの特定の側面や領域に絞った学術研究も数多く進められてきたから、今日わたしたちは中世の家族について、前の世代よりもはるかに多くを知っている。とはいっても、知りたいことはまだまだたくさん残っているのだ。

中世の結婚と家族というテーマを概観するときに持ち上がるいくつかの基本的問題は、以下の一〇項目に整理できるだろう。いささか気まぐれな見出しがついているが、これらを基本的な考え方として、本書の考察を進めたい。

一、概念――当時の人たちは家族をどのように捉えていたか。家族はどのようにみなされ、定義されていたか。家族の実際の規模や形態は、経済圧力や死亡率といった外部の力に左右されただろう。しかし、人びとが「理想とした」タイプはあったはずで、これは習慣や相続法に表れており、人びとの考え方や相互関係に――たとえば家族の中の誰が、いくつになったら結婚するか、誰が家に残るか、家の中で権威ある座を占めるのは誰かなど――決定的な影響を与えた。

二、機能――社会学は現代家族の機能として、子どもの「社会化」とおとなの性的、情緒的要求の充足の二つを挙げている。しかし、昔の家族はこのほかにも防衛組織、政治単位、教育や司法の機関、教会、工場としての重要な役割を担っていた。これらの機能は数世紀をかけて、国家、教会、産業界といった現代社会の偉大なる諸組織に一つずつ引き渡されていった。

三、親族のつながり――家族が属する親族集団とはどのようなものか。今日の西洋社会では、祖先とのつながりや、現在生きている血縁者のネットワークから成る大きな親族集団は、以前ほど重要ではなくなっている。しかし、過去の多くの社会がそうであったように、中世社会でも親族集団は大きな影響力をもっていた。親族関係を表す文化人類学の語彙は歴史学でも使われてきたが、歴史学的な意味を十分に表すとはいえず、完全に定着しているわけでもない。ただ、一般的には次のように考えて差しつかえないだろう――ある共通の祖先をもつと自覚する人びとの大集団は氏族《クラン》、それよりいくらか小規模で、実際にたどることができる祖先をもつ集団は一族《リネージ》、血のつながりのある個人同士のネットワークは親族《キンドレッド》と呼ばれる。氏族とは、個々の構成メンバーから独立した一つの存在であり、土地を所有したり、政治力を振るったりすることができる。対照的に、親族はそれ自体が独立した実体ではなく、個人との関係においてのみ存在し、作用する。親族と氏族は共存することができる。実際、中世にはしばしば共存した。

氏族や一族のつながりは、男性を通してたどられる場合は父系出自、女性を通してたどられる場合は母系出自と呼ばれる。親族のネットワークは「自分を中心とした」関係だといわれる。というのも、その構成が、兄弟姉妹を除けば、個人個人で異なるからだ。ある共同体における親族関係は、メンバーが重複し合ういくつもの輪を作っている。親族関係を定義するとき、場合によっては、双系または共系（父親と母親の双方の親類が含まれる場合）、あるいは父系（父方の親類）または母系（母方の親類）という言葉が使われることがある。

前工業化社会ではこうした二種類の親族集団が、財産の継承や結婚相手の選択、個人や家族の保護、法的な争いをはじめ、日常生活のさまざまな側面で重要な、しばしば決定的な役割を担った。

四、規模と構成——歴史学者たちはこのテーマに多大な関心を寄せ、主要なタイプごとの分類を試みてきた。家族は中世前期から現在にかけて「漸進的に核家族化」したと考えられていた時期があった。氏族から拡大家族を経て核家族へと、まっすぐな道をたどったという考え方である。ただ、最近の研究からは、かなり違った図式が明らかになっている。ローレンス・ストーンは一九七七年の著書で、家族には歴史的に三つの類型があったとしている——中世全般にわたって一般的であったとみられる大規模な「開放的血統家族」、それよりも小規模な「限定的家父長制核家族」(十六～十八世紀)、そして現代の「閉鎖的家庭内的核家族」である。

ピーター・ラスレットのケンブリッジ・グループは別の見方をとり、近世の世帯を三つに分類した。核家族(単純家族、夫婦家族とも呼ばれる)、拡大家族(一組の夫婦に、配偶者を失った親や兄弟姉妹、甥、姪、いとこらが加わった家族)、そして複合家族(血のつながった二組以上の夫婦が構成する家族)である。三つのなかで最も一般的で、少なくとも十六世紀までさかのぼることができるのは、核家族だということにラスレットは気づいた。ほぼすべての人は、核家族の中で子どもとして「社会化」され、成人として生殖するに至るのだ。核家族の世帯が一般的であり続けるのは、その構成メンバーの学習行動の結果だと、ラスレットは考えた。

家族史研究家ロバート・ウィートンはラスレットによる世帯の分類はあまりに固定的、数量的だと考え、一〇〇年ほど前にフレデリック・ル・プレーが提示した世帯の「制度《システム》」による分類法を好んで使った——結婚した子どもたちが家を出る核家族制度、一人の子どもが結婚後に家に残る直系家族制度、そして何人かの既婚の子どもたちが家に残る合同家族制度である。親は年老い、子どもたちは成人し結婚して、家族の規模と構成は変わっていく。こうした家族のサイクルを考慮に入れた分類法であった。

アメリカの社会学者マリオン・リーヴィーは興味深い仮説を立てている。それによれば、夫婦、あるいは両親と子どもから成る夫婦家族が「世界史上知り得るかぎりあらゆる社会において」一般的であるのは、社会心理学的な要因による（つまり学習による行動）というよりも、単に物質的な理由からかもしれない。前工業化社会における高い死亡率は、核家族以外のどんな選択肢も（たとえば大家族を持つことなどを）不可能にしたという。工業化社会への移行期には、衛生状態や医療や一般的な技術がいくらか改善し、家族は理想とした規模に近づき得たかもしれないが、同時にそれとは逆の方向に向かわせる経済的、心理的圧力が生まれた。最終的に、現代社会は科学技術によって大家族という理想を完全に実現できるようになったが、奇妙にもこれをあきらめて核家族を選び取り、それを理想的な類型として掲げることにしたのだという。

五、家族の経済的基盤　前工業化社会において、家族は農業、工業、商業の主要な生産単位であった。古代、中世、近世にかけて、主な経営組織としての機能を果たしたのは、社会の頂点に立つ裕福な土地持ち貴族の家族である。所有地の管理や利用は、家族構成や相続の慣習と密接に結びついていた。農民の家族も年齢や性別によって仕事を割り当て、貴族と同様に財産を一定の決まったやり方で管理し、次世代に継承した。都市に住む家族は、糸紡ぎ、機織《はたお》り、仕立てといった衣服関連の仕事、あるいは皮革や木材や金属を使った工芸品づくりを生業《なりわい》とし、たいていは夫と妻がパートナーとして働いた。

六、結婚――家族を形成するこの過程は、かなりはっきりとわかりやすい形で変遷を遂げてきた。今日の先進国では、結婚という一連の行為に密接に関わるのは当事者（新郎新婦）の二人だけである。親の同意は、望ましいが不可欠なものではない。教会は結婚に関与することもあれば、しないこともある。国家は結婚を認め、財産の所有と相続について条件を課す。結婚にあたり、たとえば財産の取り扱いについて個人的な取り決めを結び、婚姻契約書を作るなどということは、富裕層でさえめったにしない。

昔はそうではなかった。結婚の成立にあたって、当のカップルが積極的に動くことはほとんどなく、両親や親類、教会や（慣習や意見を通して）共同体が、しばしば互いに競合しながら、重要な役割を果たして縁談を取り決めた。結婚の儀式それ自体の重要性も、時代とともに変化した。実際の結婚式に先立ち、両家が財産について取り決めを交わすのが普通であった時代もある。

昔は結婚といえばほぼ必ず族外婚であったし、今日もそれは変わらない。人は一定の親族範囲に入らない人、つまり「外集団の人」と結婚するのだ。文化人類学の研究によれば、たとえばアフリカ、太平洋諸島、アメリカ先住民などの社会では、族外婚とは結婚相手の選択を実際に規定し、一定の血縁集団から、または特定のいとこたちの中から、とするものであった。一方、歴史的にみるとヨーロッパやアメリカでは、族外婚は一定の親等以内の結婚を禁じるという消極的な意味で使われてきた。

族外婚は近親姦タブーと混同されることがよくあるが、共通する部分があるにせよ、この二つはそれぞれ別個の概念である。族外婚は厳密に結婚に関わる、近親姦タブーは（夫婦間、非夫婦間を問わず）性交渉に関わる概念である。族外婚は、自分が属する集団の外部に結婚相手を求めることを規定し、対照的に族内婚は集団内での結婚を奨励する。近親姦とは、性交渉を持つことを禁じられているある特定の集団のメンバー——たとえば親、きょうだい、いとこ、婚戚ら——との性行為を意味する。族外婚と族内婚は、たとえば家族同士の同盟を図るためとか、共同体の秩序を守りながら結婚相手を見つけるためなど、目に見える理由があることが多い。近親姦タブーについては、真に説得力があり、一般に受け入れられる説明をしようと、多くの心理学者や文化人類学者、社会学者が試みてきたが、いまだに成功していない（今日広く受け入れられている遺伝の観点からの理由には正当な根拠があるとしても、古代社会でタブー視されていたことの説明にはならない）。

結婚が許される親族関係の範囲は、歴史上気まぐれともいえる変化を遂げてきたし、親族関係という概念そのものもまた然りである。親族関係とは理論上は血縁関係のことだが、文化的に決定づけられることが多い。嫡出《ちゃくしゅつ》でない子どもを親の家族の一員とみなす社会もあれば、そうしない社会もあるのだ。養子縁組が法律上の（人工的なともいえる）親族関係を作り出す文化もある。また、洗礼の際の代父母との、あるいは誓願をたてた共同体メンバー同士との関係は、血縁ではないにしろ霊的、宗教的な親族関係とみなされ、血縁者の場合と同じタブーが適用されることがある。

歴史を通して結婚とは、家族と家族、あるいは個人と個人の間の金銭や財産の移動を伴うものであった。こうした移動は、おおよそ次のような三つの形に分類することができる。

(1)「婚資」あるいは「花嫁代償」と呼ばれる金銭。求婚者が花嫁の父親に、花嫁に関する権限を放棄してもらう代償として支払う。

(2)持参金。花嫁の家族が花婿に与える金銭あるいは財産。花嫁の相続分が含まれることがある。

(3)花婿あるいはその家族から花嫁への贈与。花嫁がただちに受け取る金銭、あるいは花婿の財産の一部で寡婦になった場合に受け取る寡婦産などがある。

こうした財産譲渡に伴う条件は変動した。婚資は時には花嫁の父親にではなく本人に渡されることもあったし、持参金や寡婦産の重要性は、互いに関連しながら変わっていった。こうした「結婚に際しての財産分与」のどこに重点が置かれたか――その移り変わりは、結婚の歴史の中の、いまだに完全に解明されていない部分である。

結婚に際して経済問題にそれほどまでにこだわるとは、昔の人は金銭に卑しかったと、現代人は感じるかもしれない。だが、土地だけに頼って生きていた人たちにとって、これは避けて通れない重大問題であった。現代産業社会は結婚する若いカップルに多様な選択肢を提供できる。しかし、土地を基盤とした昔の社会はそれができなかったから、土地の継承や家族からの寄贈は、結婚するカップルにとってはどうしても必要な生活の基盤だった。

　離婚をめぐる諸規則も歴史を通じて変化した。夫が一方的に、あるいは夫と妻のどちらか一方（あるいは双方）が主導して離婚が成立した時代、あるいは教会や国家が離婚の条件を定めた時代があった。また、結婚というものは、ほぼいかなる事情の下でも解消できないとみなされたこともあった。

七、家族の関係——家族内の権威、年齢別役割、感情や愛情、セクシュアリティといった構成メンバーの相互関係。夫と妻の二人が権威をもち、子どもたちもある程度平等に扱われる家庭は、現代の産物である。昔は父親が絶対的な権威を、時には生殺与奪《せいさつよだつ》の権力さえもっていた。この傾向は裕福な家は強く、妻の経済的貢献が不可欠な貧しい家庭は弱かった。夫と妻の年齢差も重要な要素で、妻よりもかなり年上の夫は、大きな権威を振るう傾向があった。

　歴史家や社会学者は、昔の家族について、その構造や規模だけでなく家族同士の情緒的関係についても多様な見解を発表している。フィリップ・アリエスは「中世の社会では、子供期という観念は存在していなかった」という興味深い主張を展開した。ただし、続けて「このことは、子供たちが無視され、見捨てられ、もしくは軽蔑されていたことを意味するのではない」との説明を加えている。とはいえ、アリエスは十七世紀からの乏しい資料をもとに、高い乳幼児死亡率が障害となって、親は子どもに深い愛情を抱くことができなかったと考えた。「十分起りうる損失とみなされるものには、大した配慮は払われていなかったのである」（以上、『〈子供〉の誕生』、杉山光信他訳より）。

エドワード・ショーターは、アリエスによる中世の子ども期の否定的なイメージをさらに強め、はっきりと「母親が幼児に無関心であるのは、伝統社会の特徴である」とまで主張した。ショーターの極端な見方によれば、「母親が幼児の養育に心を砕くようになったのは、近代になってからのこと」であり、十九世紀のかなりあとの時期まで下層階級では「親は幼児に対して関心をもたないのが普通であった」（以上、『近代家族の形成』、田中俊宏他訳より）。昔の子どもたちは組織的に虐待されていたとする考え方を、さらに生々しく描き出したのが心理学者ロイド・ドゥモースで、みずから編纂した論文集『子ども期の歴史』（一九七四年）の巻頭でこう述べている。「子ども期の歴史は、いまようやく、その長い悪夢から覚めようとしている。子どもの世話をする仕方のレベルは、時代をさかのぼるほど低かった。子どもが殺され、捨てられ、ひどい体罰を課され、威嚇され、性的虐待を受けることがいっそうありがちであった」（以上、『親子関係の進化――子ども期の心理発生的歴史学』、宮澤康人他訳より）。ドゥモースが正しいとすれば、人類がここまで生き延びられたのは奇跡に近い。

子ども期について近年に発表された著作の多くはドゥモースの暗い見方を反映しているのだが、それらを調べた歴史家リンダ・ポロクは、奇妙なことに気づいた。どの著者も、研究の中で取り上げた一定の（たいていは長い）期間の終盤になると事態は好転したと述べているのだ。それが十七世紀だったと考える人もいれば、いや十八世紀だ、十九世紀だと言う人も、いや二十世紀になってからだとさえ主張する研究者もいた。またポロクはもう一つ、さらに興味深いことに気づいた。調査の対象期間を短く絞り込み、一次資料を使った研究者は、子どもに対する態度について、ドゥモースが描いた状況とは明らかに異なる発見をしていたのだ——子どもたちは大事にされ、かわいがられていた。

昔の家庭においては親子の間だけでなく、他のメンバー同士の間にも家族的な感情は存在しなかったという見方がある。エドワード・ショーターやローレンス・ストーンは、産業化時代が始まる以前の夫婦の間に、優しい気持ちや愛情があったとは言い切れないと指摘した。この仮説も他の研究者から多くの批判を受けているものの、一般の人びとの間では一定の評価を得ている。

昔の人たちの感情を調べるのは、たしかに手間のかかる難しい研究だ。アメリカの社会歴史学者ピーターとキャロルのスターンズ夫妻は『アメリカ歴史評論』誌（一九八五年）の論文で、「情動学」という新しい学問分野を提唱した。「昔の人たちがわれわれと同じ情動経験をしたと……証拠もなく思い込む」ことはできないが、それでも「前近代社会の人びとの感情は、彼らの言葉遣いや子育てや恋愛をめぐる行動から現代の研究者が連想するほどには、われわれと大きく違わなかったと考えることができよう……。激しい愛情ではなかったかもしれない……それでも本物の愛情であったろう……」。はるか昔の貴族や農民や職人たちの暮らしの感情的側面を探ろうとする二十世紀末の研究者は、「現在の視座」対「過去の視座」をめぐる数十年前の歴史家たちのこうした論争を心に留めるべきであろう。セクシュアリティは、いつの時代も家庭生活の重要な一面だ。結婚の年齢や求愛の仕方、避妊方法やマスターベーションや売春、婚外交渉などに対する人びとの考え方など、セクシュアリティのさまざまな要素をめぐる情報は散在するものの、全体像を再現し分析するのは、子どもに対する親の愛情の問題と少なくとも同じくらい難しい。フロイトやエンゲルスら、十九世紀の思想家たちは、中世から今日までの時代を特徴づけるのは次第に強まる性的抑圧であると考えた。一方でエドワード・ショーターは十八世紀後半に性革命が起きたと主張した。フランスの歴史学者ジャン・ルイ・フランドランはより複雑な歴史を読み取った——十六世紀、若い男性の晩婚が進んだ結果、都市では売春やレイプが、地方では一定の形の婚前セックスプレーが広がった。十七世紀になると、はけ口としてのこうした行為が抑圧され、これが性的な感情の「内面化」につながったとフランドランは考えた。

八、家族の規模の抑制——家族計画は、現代ではぜひとも行うべきことだと広く考えられている。昔は、乏しい経済資源しか持たない大衆がしばしば必要に迫られてこれを行い、相続問題を抱える富裕層は時に一つの提案としてこれを受け入れた。晩婚は生殖可能期間を短縮する一つの方法であった。堕胎は過去何世紀にもわたって広く行われた。幼児殺しはほとんどの社会で実行されたし、これを合法と認めた社会もあった。さまざまな方法で避妊が試みられ、実行された。そして、禁欲が勧められ、強要された。

九、老と死の問題――人生の終わりの時期、老年期に対する家族の対応の仕方は、数世紀にわたって大きな変遷を遂げてきた。若さに最高の価値を置く文化もあれば、高齢であることに権威と尊厳を認める文化もある。加齢による障害への対応の仕方もさまざまだ。死についての考え方は急激な変化を遂げた。アリエスが著書『死と歴史――西欧中世から現代へ』で描いたように、伝統的社会では「飼いならされた死」(伊藤晃・成瀬駒男訳より)が一般的であった。死は大っぴらに予測され、人は死の準備をした。現代の「禁じられた死」――語られず、口に出してもいけない死――とは対照的である。

一〇、物理的環境――家族を取り巻く物理的環境もまた歴史的に大きな変化を遂げてきた。住宅建築はプライヴァシーや住み心地に、また共同体における家族の地位や他の家族との関係に影響を与える。住宅は次第に居室、寝室、食事の場を区別するようになり、やがて両親、子ども、召し使い、家畜はそれぞれ別々の居場所を与えられた。金のある家も貧しい家も、都会でも地方でも、居住スペースに仕事の場が組み入れられた。家具調度、暖房や照明器具――ベッド、ダイニングテーブルなどの家具、暖炉(中世の重要な発明品)、窓、ろうそく、ランプなど――の発達は、家族のメンバー同士がいかに触れ合うかに大きな影響を及ぼしてきた。

家族の歴史の研究が、近世から近代を中心に進められてきたのは当然であろう。膨大な記録史料が残っているからだ――手紙、日記、覚書、伝記、物語、説教集、訓話、肖像画、挿絵、戯画、工芸品、住宅建築、法律文書、訴訟記録、人口調査など、多岐にわたる史料である。

対照的に、中世に関する史料ははるかに少ないし、わかりにくいものが多い。中世前期の史料といえば、わずかに残る年代記や聖人伝、散在する法律文書や納税記録、あるいは考古学的遺物や教会堂内の像や墓碑などに限られる。様式化されてはいるが表情豊かなロマネスク彫刻といい、ゴシック期の具象絵画といい、中世美術は圧倒的に宗教的、象徴的なものが多い。記録文書などの文字史料は、西暦一〇〇〇年以降にわずかずつだが増えていった。中世後期になると現代的なタイプの文書史料が、とくにイタリアで残されたが、その数も多いとはいえない。中世も末期に近い時代に登場するのが肖像画だ。フィリップ・アリエスは中世には子どもたちの肖像画がなかったことを重視している。実のところ、中世を通して、墓石に彫る型通りの人物像を除けば、誰であれ肖像が描かれることはなかった。王や司令官らの肖像画は十五世紀、家族の肖像画は十七世紀になってから、ようやく生まれたのである。

本書では、入手可能な史料をめぐる最新の学術研究を援用しながら、中世一〇〇〇年（およそ西暦五〇〇～一五〇〇年）を通して、貴族や中流階級の人びと、農民や職人たちの間で、結婚と家族がたどった進化の主な道筋を描いていきたい。まず目を向けたいのは中世前期の五〇〇年間だ。ローマの世界とゲルマンの世界という二つの伝統を受け継ぎ、初期キリスト教会の影響を受けたヨーロッパの家族の変化をたどろう。次に、西暦一〇〇〇年から中世盛期を取り上げたい。家族の形と構成に重要な変化が見え始めた時期である。さらに黒死病流行という大災害を経て近代の始まる十五世紀までの家族の移り変わりを見ていきたい。

家族という概念、家族が社会で果たす役割、世帯構成、より大きな親族集団との関係、結婚に対する教会の捉え方の影響、家族内の権威の仕組み、所有地の扱いや物理的環境といった、さまざまな面から家族の変化を取り上げながら、家族の愛情や性に対する考え方にも踏み込んでいきたい。

以下の各章では、結婚と家族の社会史を専門とする中世学者たちが集めた情報のなかでも、最も適切で有益な情報が凝縮した形で、解説とともに提示されている。残された文書史料を通して、中世の人びとに、できるだけたくさん自分たちのことを語ってもらおう。

第二章　原点　ローマ人、ゲルマン人、キリスト教

現代の家族はヨーロッパ中世の歴史的産物だが、その原点を探ろうとすれば、さらに前の時代にさかのぼらなくてはならない。ローマ帝国の末期、ローマの文化とゲルマン諸民族（蛮族とも呼ばれた）の社会は次第に融合し、そこに第三の要素となるキリスト教の影響が加わった。他の文明や宗教の影響は、ほぼ常にこれら三要素を経由したものであった。ローマ人、ゲルマン人、キリスト教が相互に作用し合って中世前期の家族を、そして家族のスタートラインとなる結婚の制度を生み出した。法律や習慣にいくつかの特色をもたせ、家族の個々のメンバーに一定の明確な役割を与える制度であった。

家族の歴史のなかでも重要なこの初期段階を理解するために、まずこれら三要素が古代末期の数世紀にいかに衝突しながら融合していったかをざっと振り返ってみたい。古代ローマ国家は（古代王制転覆後に）農業中心の共和国として始まり、まずはイタリア半島全域を征服し、次に地中海沿岸一帯に領域を広げ、キリストが生きた時代には多民族から成る軍事帝国に成長していた。奴隷労働経済に支えられたこの帝国は、洗練された都市文明と盛んな遠方貿易と土木工学の優れた技術を誇っていた。古代ローマは国家として目を見張るような政治的冒険を何度か繰り返し、その過程で上流階級は富を蓄積したが、人口の大部分を占める大衆の日常が変わることはなかった。数々の征服によって可能になった、かの有名な穀物配

給は、ローマの怠惰な無産市民を養い、増やす効果はあったが、地方にはなんの益ももたらさなかった。手動式農具による自給農業、収穫量の少ない作物、ほんの数頭の家畜の飼育──これらが農民の仕事と暮らしの基盤であった。小麦中心の耕種《こうしゅ》農業を補ったのは、果樹やワイン用葡萄の栽培である。

文学や芸術や習慣について「ローマの」と聞けば、たいていの人が思い浮かべるのはアウグストゥスの時代であろう。共和政時代と帝政時代をつなぐ重要な一時期で、「元首政治」が行われた時代である。偶然だが、キリストが生まれたことから、西暦の紀元前と紀元後をつなぐ時代ともなった。また、ローマの法律や政治体制が重大な改革を経た時代でもあった。のちに遠くヨーロッパの家族にまで影響を及ぼした法律も、この時代に作られたものが多い。

約二〇〇年あまりのちに、アウグストゥス（在位前二七～後一四年）が築いたこの帝国はゲルマン人の大移動を経験する。ローマ帝国の長い衰退期に、ゲルマン諸民族は徐々にヨーロッパ西部と南部へと浸透していた。さまざまな（蛮族だけではない）原因による混乱が続いた「蛮族の数世紀」に、ゲルマン諸民族は概して平和的にガリア、イタリア、スペインに定住し、先住者たちと共存し交流して、新たな社会的、文化的、政治的な混合体に溶け込んでいった。

ゲルマン人についてわたしたちが知っていることは、わずかばかりの考古学的証拠に加えて、主として民族大移動前後の史料が情報源となっている。大移動の前の史料としては、二人のローマ人──ユリウス・カエサル（前一〇〇～前四四年頃）とタキトゥス（五五頃～一二〇年頃）――の観察記録がある。大移動後の史料としてはフランク人、ブルグント人、ランゴバルド人らの法典があるが、そこからは、かつてのローマと大差ない農民兵士社会が見えてくる。

民族大移動と時を同じくして、キリスト教会が台頭した。迫害を受ける無力な一教派は、やがてローマ帝国の国教に定められる。教会はとくにゲルマン人の間で著しい成功を収めた。ローマの民衆が段階的に、貴族階級はそれより遅れて慎重にキリスト教に近づいたのに対し、ゲルマン人侵入者たちは、部族を問わず、無邪気に熱心にキリスト教を受け入れた。ただしキリスト教は――ローマ法と衝突したように――ゲルマン人の習慣と深刻に対立する教えを含んでもいた。

ローマ人の家族

ローマ人は、ギリシャ人と同様に、親と子から成る一つの単位ではなく、一つの世帯に含まれる多くの人びとの集団を「ファミリア」と呼んだ（ラテン語のファミリアに相当するギリシャ語はオイコス）。貧しい世帯は両親と子どもたちに加えて、たとえば祖母や亡くなった兄弟の妻などの親類から成り立っていた。中流の世帯には、親族のほかに、自由民か奴隷の召し使いが三、四人いた。富裕層の世帯は数十人を超え、その多くは奴隷であった。最も豊かな層の世帯は、数百人で構成されることもあったという。共和政時代は小規模農場が圧倒的に多かったが、これは退役兵士に報酬として土地を与えるシステムがうまく機能したからだ。兵士はたいてい、妻子とともに農場に定住した。ところが帝政時代になると、ラティフンディアと呼ばれる大農場が増え、規模も拡大していった。

もともとローマ人の「ファミリア」は（他の文化における基礎的集団についても同じことがいえるが）、経済、社会、法律、教育、宗教などあらゆる面で社会の基本となる組織であった。家族が負う機能のなかで、まず重視すべきは、主たる生産単位としての経済的役割である。これは基本的な機能であり、他のすべての機能は必然的にこれに依拠していた。地所は家族が共同で保有した。一人ひとりのメンバーは、親族であれ、奴隷であれ、自由民の召し使いであれ、個人としての所有物や権利はほとんどなかった。犯罪は家族の中で罰せられるか、家族同士の合議によって処罰された。国家の安全や公共秩序が脅かされでもしないかぎり、公法はめったに介入しなかった。

宗教的儀式は、家庭を中心に執り行われたため、現代の学者のなかにはローマ人の宗教は「家庭生活に精神的意味を与えたものにすぎない」と主張する人もいる。ローマ神話の「いと高き神々」は礼拝の対象というよりも、むしろ文学的シンボルだったといえるだろう。ローマの人びとが神殿に詣《もう》でるのは願掛けをするときだけだった。一方で、どの家にも祭壇があり、そこには聖なる火がともされていて、信心深い女性たちはこの火を絶やさぬように絶えず気を配った。一家の全員がここに集まり、ラレスやペナテスという先祖につながる神々の像、つまり「死後に神格化された人たちの魂」に祈りをささげるのだった。古い時代には、ラレスの小像が所有地の境界を示すために使われていた。また、後代ヨーロッパで道のほとりに磔刑《たっけい》十字架が置かれたように、四つ辻にラレスの祠《ほこら》が建てられていたこともある。

皇帝アウグストゥスが元老院によって神格化されると、帝の像がローマの家々のラレスに加えられた。

「ファミリア」は、最も重要な単位ではあったが、唯一の親族単位だったわけではない。宗教行事では、一家族の先祖たちだけではなく、「ゲンス」、つまり氏族の始祖も崇敬の重要な対象であった。氏族とは、一人の始祖――実在人物であれ神話上の存在であれ――につながる子孫すべてが構成する大きな親族集団である。ローマ人独特の命名方式は、氏族という親族集団を基盤としていた。ガイウス・ユリウス・カエサルを例にとれば、ユリウスとは所属する「ゲンス」の名、カエサルは父親の名、ガイウスは個人名《プラエノーメン》であった。女性は所属する氏族の名前をもらった。カエサルの姉の名前はユリアであり、妹は小ユリアと呼ばれた。

　一つの氏族に属する家族は、二階級に分けられた――いわばその真正メンバーである上流階級と従属的な下層階級の二つである。ローマ人の家族の構造は、独裁制であった。一家の主は（個々のメンバーにとっては父親か祖父かおじであり、奴隷にとっては主人であった）、家長《パーテルファミリア》と呼ばれ、絶対君主のような地位を与えられていた。実際、父を意味する「パーテル」の語源には生物学的意味はなく、ただ指揮をする者を意味した（母を意味する「マーテル」も同様である）。つまりパーテルファミリアとは一家の指揮をとる者を意味していた。家長は、「家長権《パトリア・ポテスタス》」と呼ばれる絶大な権威を与えられていた。生殺与奪の権利であった。赤ん坊であれ、花嫁であれ、雇い入れられた召し使いであれ奴隷であれ、新たに世帯の一員になる者は誰であれ、家長の承認を得なければならなかった。子どもは生まれるとすぐに家長の前に横たえられる。家長が子どもを抱き上げれば、その子は家に迎え入れられ、名前がつけられる。抱き上げなければ、その子は「晒される」、つまり救出される可能性を残しながらも、捨てられるのだった。常に食うや食わずに近い状態の社会では、扶養家族が一人増えれば、家族全体の存続が危ぶまれることもあり得たのだ。伝説上のローマの建設者ロムルスも、双子の弟レムスとともに捨てられ、雌狼に救われたと伝えられている。

家長は宗教行事を執り行い、裁きを下し、一家の仕事の采配を振った。家長が死ぬと一家が所有する地所は分割され、残された成人男子それぞれに均等に分配され、息子たちが築く新しい世帯の基盤となった。このような分割相続の仕組みを可能にしたのは、利用できる土地がふんだんにあったこと、死亡率が高いため相続人の数が限定されていたことの二つの要因である。一つの家から生まれた新しい家は、同じ氏族に属するものとされた。

共和政時代の初期を通して揺らぐことのなかった家長の権威だが、やがて国家がその領域を侵し始める。この国の歴史の際立った特徴である数々の戦争を通して、家族関係が大きく変化していったのだ。伝統的に兵士の戦利品はその家族の合法的な所有物とされ、家長の管理下に置かれるのが常であったが、ローマの征服地が拡大し、戦利品が膨らむにつれて、当然ながら不満が募っていった。やがてこの問題に国家が介入し、その結果、退役兵士は戦利品をわが手にとどめ、自分の所有地を得るために使うことができるようになった。家族や氏族の所有権に対する概念として、個人の所有権が、初めて認められたのだった。

うち続く戦争は、ローマの女性たちにある程度の実質的な自由をもたらした。男性親族が戦場に出たため、家に残った女性は監督者の目から解放されたし、畑や所有地の管理といった男性の仕事を担うようになったのだ。アウグストゥス帝時代のローマの上流階級の女性がかなりの自由を享受していたことを、ギリシャ人の評論家が驚きの念を込めてこう記している――アテネでは社交は男性の役割で、女性は家庭内に閉じこもっているが、それに引きかえ、ローマの女性は夫とともにディナー・パーティなどに出かけていく、と。ささやかな、しかし注目すべき革命であった。世界史上初めて、優雅な男女参画社会が出現したのである。

ローマの上流階級は次第に広い住宅に住み始め、人びとの社会生活に今一つの側面が加わった。それまで、ほとんど皆無に等しかったプライヴァシーが、ある程度確保できるようになったのだ。大金持ちのローマ人は、都市部と地方の両方に石造りの邸宅を構えた。キケロ（前一〇六～前四三年）は八軒もの大邸宅に加えて、交通の便利な街道沿いの各地に住宅を所有していたことで知られていた。しかし、庶民の住宅事情はほとんど変わらなかった。農村部では、親と子、親族や召し使いや奴隷たちが一軒の家に密集して暮らしていた。家の規模は、家畜小屋も兼ねたみすぼらしい家から、離れ付きの木造農家まで、さまざまであった。都市に住む職人や小売商の家族は集合住宅に住んだ。住宅は仕事場も兼ねていて、家族全員が――パン屋、魚屋、皮なめしなどの――働き手であった。

現代人の目から見れば、ローマ人の結婚は私的で家庭的な特徴が際立っていたといえるだろう。アウグストゥス帝時代、ローマ人の結婚に聖職者が立ち会うことはなく、国家の役人が介入することもまったくなかった。それでもローマ人の結婚は宗教的、法的に極めて重要な意味があった。古代に結婚の主要な要素であった花嫁購入《コエンプティオ》は次第に廃《すた》れ、歴史時代には形骸化していた。代わって姿を現したのが持参金《ドス》である。逆の側からの、つまり花嫁の家族からの支払いであった。花嫁が求められていた時代から花婿が求められる時代へと、結婚市場の需要の変化がここに表れている。また持参金と花嫁購入との違いはもう一つあった――花嫁購入の代金は花嫁の家族や親族に支払われたのに対し、持参金は結婚生活を維持するために花婿自身が受け取ったことにある。

　花嫁購入は、花嫁に関する法的権限を花嫁の父親あるいは後見人から花婿へ委譲することを象徴していた。女性は法的人格を認められず、男性（父親、兄弟、後見人、夫）の権限《マヌス》（マヌスは「手」を意味する）のもとに生涯を送らなければならなかった。しかし、花嫁を従属的な立場に置いたとはいえ、ローマの結婚習慣は時代に先んじていた。合法的な結婚の条件として、当事者双方の合意を求めていたからだ。この原則は、「婚姻は、同棲ではなく、合意によって成立する」という法文に表れている。前三世紀、女性にとって決定的に有利な新しい形の結婚が姿を現した。無手権婚《シネ・マヌ》（権限の委譲を伴わない婚姻）である。この新しい形の結婚では、花嫁は夫の家に移り住むが、実父のファミリアの一員であり続ける。それによって、娘としての相続権を持ち続け、かなりの程度は夫から独立した身分を維持することができた。無手権婚の場合、夫が受け取るのは花嫁の持参金のみであったが、それさえも一定の条件を付されることがあった。帝政時代、無手権婚は圧倒的に一般的な形となった。ある歴史家によれば、ハドリアヌス帝（在位一一七～一三八年）時代になると、父親たちは「娘に結婚を強要しようとか、娘が選んだ相手に異議をとなえようとは、夢にも考えなくなった」という。

ローマの富裕層にとって、「婚姻に伴う責任」とは、一定の収入をもたらす地所を若い夫婦に与えることだった。資産の世代間移転の最も重要な手段は、共和政時代から帝政期の初期にかけては花嫁の持参金であった。だが、帝国が最盛期を迎える頃には振り子は大きく揺れ、花婿の実家が花嫁へ相当額の贈与《ドナツィオ》をする習わしが生まれ、三世紀には贈与の額が持参金を上回るようになった。五世紀半ばになると、花婿側が約束した贈与を花嫁側が実際に手にしないかぎり、結婚式は執り行われなくなり、贈与額が大きく膨らんだため、若い男性はなかなか結婚できなくなった。結局、男性は結婚を先延ばしする一方、若い女性（とその家族）はできるだけ早く縁組を成立させようとした。

ローマの結婚式　石棺の浮彫装飾の細部。マントヴァのデュカーレ宮殿（アリナーリ・アーカイブズ）

　異なる階級の人との結婚は、どんな形であれ、法的障壁や社会的非難によって禁じられ、妨害された。たとえ許可された場合も、こうした「非合法的婚姻」によって生まれた子どもは、両親のどちらか下層の親の身分に定められるという不利益を被った。階級を越えて結婚する人が後を絶たなかったことは、これに関する法律が繰り返し制定されたことからも明らかだ。奴隷の結婚は法的に認められていなかったが、だからといって奴隷たちが結婚しなかったとか、結婚を真面目に捉えなかったというわけではない。

　階級の異なる者同士の結婚よりも厳しく禁止されたのは、

近親婚あるいは「身内同士の」結婚であった。黎明期《れいめいき》のローマでは、またいとこ同士の結婚が禁じられていたが、禁令は徐々に緩和され、やがていとこ同士も結婚が認められるようになった。皇帝クラウディウス（在位四一～五四年）は姪のアグリッピナを四人目の妻に迎えて人びとに衝撃を与えたが、元老院は気をきかせて近親婚の法的定義を改定した。このほかに、おじと姪の結婚は（歴史家スエトニウスによれば）少なくとも二組記録されている。例外的であったにせよ、これらのケースからは族外婚の規則も融通をきかせれば多様な解釈ができることが明らかになった。中世で盛んになった論争の予兆をここに見ることができる。

ローマ人の婚約や結婚の式は、官の介入がなかった点では私的な、人びとの前で挙行された点では公的な行事だった。婚約や結婚を、共同体に広く知らせることが重要だと考えられたのである。婚約式では（花嫁の持参金や花婿からの贈与について）誓約が交わされたほか、花婿になる男性と、花嫁となる女性の父親が誓いの言葉を交わした――「ご息女を妻としてわたしに与えると約束してくださいますか」、「神々の祝福あらんことを！　娘の婚約を許す」。カップルはキスをし、青年はフィアンセの左薬指に鉄の指輪をはめる――一本の血管が薬指からまっすぐに心臓につながっていると考えられていた。哲学者マクロビウス（四〇〇年頃）によって中世へ伝えられたこの信念から、新郎新婦の薬指に結婚指輪をはめる習慣が生まれ、現在まで残っている。また婚約後間もなく執り行われた結婚式も象徴的な形式に富んだもので、その多くは長く後世に伝わった――白い花嫁衣裳やヴェール、花婿の介添人《ベストマン》（法的式文を宣言する人）、招待客が新郎新婦に振りかける（当時は米ではなくクルミの）シャワー、披露宴、花嫁を抱いて寝室の敷居をまたぐことなどは、現代まで受け継がれてきた当時の婚礼形式である。

無手権婚が一般化して以降、何世紀もの間ローマ人の結婚の形は大きくは変わらなかった。だが、結婚の解消となると、その形態はとくにアウグストゥス治世下に――必ずしも国家が意図した変化ではなかったとはいえ――大きく変わった。

ローマ人の結婚は古くから解消可能であった。夫にとってはごく簡単なことでさえあった。手権婚《クム・マヌ》という古い形の結婚形態から当然考えられることだが、女性は法的に一段低い立場に置かれていた。手権婚の場合、夫が妻と別れたいときは、親族会議――妻はまだその一構成員である――を招集し、離婚したい理由を明らかにした。姦通、毒薬調合、深酒、家の鍵の偽造などが理由として挙げられたという。夫が妻に対してもつ法的権限には、当然離婚する権限も含まれていたが、それでも離婚に際しての親族の承認は単に形式だけではなかったようだ。納得のいく理由もないまま妻を離縁すれば、男の評判が落ちたのだ。

征服に次ぐ征服でローマは富み栄えていくが、それにつれて上流階級の男たちは、意のままに離婚する権利を手にしていった。当時の特権階級の男性はこの権利を、複婚制や内縁関係に代わるものと捉えていたかもしれない。内縁の妻を囲うことは法律で認められてはいたが、その法律は厄介な二つの原則に基づいていた。男性は正妻と内縁の妻を同時に持つことは許されず、内縁の妻との間に生まれた子どもは相続人として認められないという原則だ。離婚が簡単にできるとなれば、わざわざ内縁関係を結ぶまでもなかったのである。

ところが、ローマの男性は、手にした自由をいつまでも独り占めにしてはいられなかった。まさに同じ頃に女性も無手権婚を通して、ほぼ同様の自由を手に入れたからだ。無手権婚の場合、女性は結婚後も父の家のメンバーであり続けるから、実家の男性保護者が離婚を宣言し、彼女を実家に連れ戻すことができた。実家に男性保護者が誰も残っていないなど、場合によっては、女性は完全な法的権利を持つ者として、みずからの自由を取り戻すこともあった。

共和政の末期になると、手権婚の夫婦も場合によっては——夫が妻を見捨てた、ある種の犯罪で有罪となった、あるいは戦争で捕虜になった場合など——妻の側から離婚することができるようになった。離婚に際しての最大の問題は妻の財産であった。妻を離縁するにあたって、夫は「自分の持ち物を持っていけ」という定型句を宣言し、妻は「自分の持ち物はとっておけ」と、これまた定型句で返すのだった。

そういうわけで、アウグストゥス帝の時代までには、双方の合意、あるいは一方の側の意思による離婚は、ローマの少なくとも上流階級では、珍しいことではなくなっていた。男性であれ女性であれ、何回も結婚する人はたくさんいた。前例を作ったのは、離婚経験のある若い女性を五人目の妻として迎えた軍人で政治家のスッラ（前一三八～前七八年頃）である。ユリウス・カエサルは妻ポンペイアを去らせるにあたって、たとえ潔白であっても、「疑いを招くようなことをしてはならない」という名言を残している。キケロは、長年連れ添い、子どももなした妻テレンティアを去らせ、自身が後見を務める裕福な一七歳の少女を妻に迎えた。テレンティア自身もその後、二度結婚した。上流階級の女性は過去のできごとを思い出すとき、当時の執政官の名前ではなく、最初の夫、二番目の夫というように、これまでに結婚した夫たちの名前を手がかりにすると、セネカ（前四頃～後六五年の政治家、哲学者）は指摘している。

アウグストゥス帝は――自身が離婚経験者であったことはさておき――ローマ人の家庭生活に関わる法律の整備という歴史に残る仕事をした。節操のない離婚は倫理的に問題だったが、それよりもアウグストゥスは国家の危機を感じ取ったのだった。国勢調査から、ローマの貴族社会を形成する元老院階級や騎士階級の男性は、圧倒的に独身者が多いことが明らかになったのだ。アウグストゥスは、子のいない者や独身者に不利になる相続法案をはじめ、婚約期間を二年に限定し、女性の父親に持参金の用意を義務づけるなどの一連の法案を元老院に提唱した。またこれに相応して、母になることは報奨に値するとされ、子どもが三人いる女性は男性の後見を受けない自由を与えられた。

これだけでも、男性が支配する家庭という聖域への甚だしい侵害であった。一言でいえば、アウグストゥスによる法整備は、家庭というものの古代の概念を完全に変えたのだった。家庭はもはやそれ自体で完結し自立した極小国家ではなく、社会の一下位組織とみなされ、そのメンバーは、この時代に興隆し始めた国家という権力の下で、それぞれが義務を負うことになった。

離婚した男女の再婚を促すために、離婚をより形式化する必要が生じた。この時代以降、結婚の解消には、それを証言する七人の証人が求められることになる。上流階級で一般的だった離婚手続きは、一方の配偶者が解放奴隷に離婚宣言を託し、もう一方の配偶者に遣わすというものだった。詩人ユウェナリス（五〇頃～一二七年頃）は不幸な妻についてこんなふうに言っている――「ビビュラの顔にしわが三本でも現れたら」、夫の召し使いがやって来て「『身の回りの物をまとめて出ていけ！　お前は厄介者になった』という夫の命令を伝えるだろう」。とはいえ、縁を切る権限は妻にも同等に与えられていた。詩人マルティアリス（四〇頃～一〇三年頃）は、きわめて簡潔な辛口の警句を残している。「結婚を繰り返す者は、結婚するのではなく合法的姦淫《かんいん》を犯しているのだ」。

いつの時代でもそうだが、結婚や離婚を繰り返す一部著名人の派手な行動が、社会全般の風潮を反映していたわけではない。古代ローマの夫婦は普通は離婚しなかったし、不倫がまかり通ることもなかったろう。人びとの尊敬を集めたトゥリアという貴婦人がいた。軍人マリウスやスッラらの内戦が続いた共和政末期、夫の命を救ったこの女性は、子宝に恵まれなかったため、夫に若い女性をめとるように勧めた。自分は妻の座から去るが、生まれる子どもたちを第二の母親として育てようと申し出たのだ。トゥリアの夫は憤慨してこの提案を退けた。そのときの言葉が墓碑に刻まれている。「子どもを持つことは、それほど意味のあることだろうか」。同様の言葉を刻んだ墓碑銘は多い――「わが命よりも大切な妻」、「彼女への愛のゆえに、再婚はしないとここに誓う」、「彼女は災いを何一つもたらさなかった、先立ったことを除けば」。寡婦たちもまた、亡き夫への愛の言葉を残している。

トゥリアの夫の意見はさておき、ほぼ一般的には、子どもは結婚の最も重要な結果だとされていた。先祖崇拝が行われた古代、出産は神秘的な大事だとされたが、それだからといって堕胎が行われなかったとはいえない。堕胎は顰蹙《ひんしゅく》を買う行為であったし、帝政時代の二世紀になると法律で禁止されたが、それもむなしい禁令だった。それ以前の時代には、家長の許可を得ずに行われた場合にのみ、堕胎は違法とされていた。また避妊も広く試みられたが、効果的であったとはいえない。精液を阻んだり殺したりするために膣内に調合薬を入れる方法は、周期避妊法と同じく、古くローマ時代以前から採用されていた。医学の祖ヒポクラテスが「誓い」で明確に否定したのは、避妊ではなく堕胎であった。そのヒポクラテスも、最も妊娠しやすい時期は月経の直後だと誤った説を唱えている。明らかなインチキ避妊薬が数多く出回り、迷信に基づくさまざまな避妊法が知られていた。避妊に対する関心が高かったこと、また確実な方法は知られていなかったことがわかる。

出産は助産婦が取り仕切った。助産婦はたいてい高い熟練技能をもっていた。上流家庭では、助産婦の次に乳母が雇われた。乳母の採用について、二世紀に書かれた婦人科の医学論文はこんな助言をしている。「乳母には……丈夫な体質で、大柄で血色のいい人を選ぶべきである。その乳房は大きすぎず小さすぎず、ゆるりとして柔らかく、しわのないものでなければならない。また乳首も大きすぎたり、小さすぎたり、あるいは乳が出にくかったり、出すぎたりするものであってはならない……。乳母は自制心をもち、思いやりにあふれ、気立てがよく、ギリシャ人で、きれい好きでなければならない」。

裕福な家に生まれた子どものためにこれほ

5世紀頃の母、息子、娘　ブレシアのサンタ・ジュリア博物館（アリナーリ・アーカイブズ）

どの気配りがなされたわけだが、それでも幼児殺しは容認された行為であり、貧困者の間では広く（余裕のある層では場合によって）行われた。ローマ法はまた、余分な子どもを売るという古代の慣習を、（前二世紀には）親が扶養できないごく幼い子どもに限り認めていた。二～三世紀にかけて、歴代ローマ皇帝は、極貧の場合を除いて子どもを売ることを禁じた。つまり、父親の権利を制限したのだった。三一八年、キリスト教的人道主義の影響を受けたコンスタンティヌス帝は、幼児殺しを死罪に定めた。人口減少を憂慮したためでもあった。

幼児殺しや子売りが認められていたとはいえ、ラテン文学には子どもに対する親の深い愛情を表す作品が多い。「両親は大切な存在であり、子どもたちもまた大切な存在だ」とキケロは書いている。というのも、「自然が人間のなかに、何にもまして植えつけたものは、わが子に対する強く優しい愛である」。詩人で哲学者のルクレティウス（前九八頃～前五三年）は「迎え入れてくれる幸せな家は、もはやない。われ先にと駆け寄ってきて、口づけで心を静かな喜びで満たしてくれる優しい妻もかわいい子どもらも、もういない」と家族の死を嘆いた。詩人ティブッルス（前五四頃～前一九年頃）は、父親の耳をつかんで口づけする幼い子どもや、子どもの片言のおしゃべりに辛抱強く耳を傾ける年老いた祖父の姿を詠んだ。ローマの標準的な家庭の子どもたちは、きちんとした食事や衣服を与えられていた（トゥニカやマント、トガやストラといったおとなの衣服の子どもサイズを着ていた）。地方の子どもは必然的に、働ける年齢になればすぐに仕事をさせられた。都市の中・上流階級の家庭は、子どもたちに将来担うべき（男女別の）役割に向けて体系的教育を受けさせた。アウグストゥスの時代になると、上流階級の子どもの教育は家庭外でも行われるようになった。とくに男の子たちは、将来国家の役に立つ人間になるための技能を公共広場《フォーラム》で習得した。

ローマ人の男性中心的な思考や習慣は、性活動にとりわけはっきりと表れた。キリスト教が伝わる以前のローマ史を通して、不倫は女性だけが犯す罪とされていた。共和政時代には、夫は妻の不貞の現場をとらえた場合、妻を殺す権利を持っていた。不倫の相手が解放奴隷か奴隷であれば、その男を殺す権利も認められていた。アウグストゥスの法令はこれに代えて、妻の持参金に応じた額の償い金を科すという、より人道的で現実的な罰則を定めた。またこの新しい法令は夫の行動にも言及していて、その後間もなく、夫が妻を裏切った場合、妻は持参金を取り戻すことができるという貴重な権利を与えられた。とはいえ、男女のどちらが犯しても、不倫は同じ程度の罪であるとローマで認められたのは、さらにその三〇〇年後、コンスタンティヌス帝の時代のことだ。実はアウグストゥス帝が主に懸念したのは夫たちの無頓着であって、その法令の主眼は離婚手続きを踏ませることだった。従来守られてきた私生活への驚くべき介入の一例を挙げよう——たとえ夫が妻の不倫を大目に見ようとしても、情報屋が妻に不利な証言をすれば（実際、金をもらってそんなことをする輩はどこにでもいた）、証言はたいてい認められ、離婚や密通者の処罰は避けられなかった。

慣習も法律も情報屋も、妻たちの品行を正すことはできなかった。アウグストゥスに続く幾代もの皇帝が同様の法律を何回も制定していることや、豊富な風刺文学がこれを証明している。「貞女とは、誰も言い寄ってこない女のこと。妻の情事に腹を立てる夫は、ただの野暮だ」とオウィディウスは書いている。風刺詩で有名なユウェナリスが語るとおり、同じ海の旅でも、夫の伴をするのと愛人と駆け落ちするのでは、女にとって天地の開きがあった。「夫の伴をするご婦人は、船に乗り込むのさえ嫌がる。船底の汚水にも、船酔いにも耐えられないそうだ。愛人と一緒なら、ご機嫌は上々。船乗りたちに交じって食事もすれば、甲板をそぞろ歩き、ロープ投げを楽しむ。一方、夫と一緒のご婦人は、とにかく気分が悪いと訴える」。

同性愛の、とくに男性同士の行為は、少なくとも上流階級の間では広く行われていたと見られる。男の子も女の子も奴隷は主人の（時として女主人の）性的な遊びの相手をさせられた（ただし、そのような不品行に耽《ふけ》る女主人は、コンスタンティヌス帝の法令で死刑に値するとされた）。意外なことに、ローマの歴史にもラテン文学にも婚外子はごく稀にしか言及されていない。おそらく、庶出《しょしゅつ》だからといって汚名を着せられることはなかったのだろう。政敵など敵を侮辱する言葉は、父親や先祖の卑しい出自を引き合いに出すことが多かった。また、これも意外なことだが、未婚女性への言及も稀である。結婚せずに女子修道会に入るという選択肢がまだなかった時代だが、文学にも法文にも、未婚の女性はめったに登場しない。

たいていのローマ人はひっそりと死を迎えた。苦しみを和らげる薬もなく、宗教も大きな慰めを与えてくれなかった。ローマ人は自分の家で、たいていは一人きりで、息を引き取るとセネカは簡潔に記している。「死にゆく人に寄り添う者は誰もいない。父親の死に立ち会いたいとどれほど望んでも、かなえられることはない」。

葬儀はうちうちで行われた。死は、人の一生のなかでも、いまだ国家の介入を受けない数少ないできごとの一つだった。古代ローマ国家は、それ自体の利益こそ常に最優先されるべきとして、結婚や離婚、性にまつわる行動など人の営みの多くに介入し、家族に、また社会全体に広範で永続的な影響を残したのだった。

ゲルマン人の家族

中世の家族の第二の源流となったのは「蛮族」と呼ばれたゲルマン人の家族である。「蛮族」という語には軽蔑的な意味合いが含まれていたが、ゲルマン人新来者を指す便利な用語として、今でも歴史学者たちはよくこの言葉を使う。なんといっても、文明という観点から見ればこの新来者たちはローマ人に立ち遅れていた。ただ、彼らはすぐに多くの専門技術をローマ人から学び取ったし、独自の技能をローマに紹介もした。

民族大移動が始まったのは三世紀の中頃、西ローマ帝国で経済が停滞し、社会的、政治的問題が持ち上がっていた時代で、これらのできごとは互いに影響し合った。ただし、ローマ人とゲルマン人の接触は、それよりもかなり前から始まっていた。すでに前二世紀の後半にはキンブリ人やテウトニ人が流入し、北部イタリアとローマ人がガリアと呼んでいた地（プロヴァンス地方）に侵入した。好戦的なこの二部族を追い出すのに、ローマ軍は何回も苦戦を強いられたから、「蛮族」は、それ以降のローマ人の意識の中にしっかりと組み込まれていった。カエサルは回想録で、ラインラントに兵を進めた二回の短期戦（前五五年、前五三年）で目にしたゲルマン人のことを記述しているし、歴史家タキトゥスは一冊の名著、『ゲルマーニア』を著した（九八年）。その中で、「蛮族」は脅威ではなく、むしろ純真さや品行方正の模範であり、ローマの貴族階級の手本になるだろうと、タキトゥスは述べている（以下、タキトゥスからの引用は、『ゲルマーニア』、泉井久之助訳より）。「彼処〔ゲルマニア〕では、誰もかかる罪を笑って済ますものはなく、誘惑したり、されたりを、『時世〔の習い〕』ともいわないからである」。

続く一世紀の間、ゲルマン人は取引をしたり、襲撃したり、時に侵略の脅しをちらつかせたりしながら、ローマ帝国の周縁にとどまっていた。が、突然、次々と押し寄せる波のように、西方や南方へと移動し始めた。それまで住んでいた地を離れざるを得なかったのは、いまだに解明されていないなんらかの大変動が起きたためだろう。移民の波は、五～六世紀に最高潮に達した。たしかに彼らは何かに――飢饉か旱魃か、あるいはアジアからやってくる遊牧の民フン人かに――追い立てられたのだが、それと同時にローマ帝国に惹きつけられもしたのだった。経済的、技術的に発展し、都会には邸宅や穀物蔵、倉庫や店舗が並び、さまざまな道具や貨幣や装飾品があふれているローマの地は魅力的だった。大移動は（現代の研究者の言葉を借りれば）一種の「ゴールド・ラッシュ」のような現象であった。北から東から、数千、数万のゴート人、ゲピド人、アレマン人らがやってきた。男や女、子どもたちや家畜が、ローマの防衛拠点を少人数ずつ、あるいは大挙して通過し、国境地帯に広がっていった。許可を得て波風を立てずに入ってくる人たちもいたが、暴力を使って、あるいはローマ軍の不在に乗じて通過する人たちもいた。皇位継承争いが起きるたびに将軍たちは兵を駆り出したから、国境警備は手薄になったのだ。

ローマの軍団自体も、次第にゲルマン化していった。兵士として入隊するゲルマン人が増えたからだ。実際、軍高官に上りつめたゲルマン人も多い。民族大移動時代も後期になると、ブルグント人、東ゴート人、西ゴート人、フランク人といった主な集団は、「同盟部族《フオエデラティ》」としてガリアやイタリアに定住した。一昔前、ローマ軍の退役兵士たちが農地を与えられて定住したように、彼らも交渉による合意によって耕作可能地で家庭を持つことができるようになったのだ。民族大移動の過程でのこうした形の定住は、新来者と定住者の間に大きな摩擦を引き起こさずに進んだようである(1)。

傭兵でもあり、雇われれば農家を手伝い、家畜の世話もする新来者たちは、ローマ人の洗練された社会や高度な技術とはまったく無縁であったから、十九世紀の歴史家たちは、ローマに救いようのない厄災をもたらしたと考えた。蛮族のせいで「暗黒時代」が始まった、西ヨーロッパは停滞し、長い間新たな光の時代に入れなかったのだと。しかし、現代の研究者たちは、考古学上の発見を根拠に、こうした見方を改めている。たしかに、蛮族は文字をもっていなかったから、歴史や文学を残さなかった。また、橋や水道や道路をはじめ、神殿やアーチ門も建てなかったし、競技場や公共浴場の建設を可能にしたローマ人の数学的技能や組織力も、地中海沿岸一帯に広まった優れた技術力も持ち合わせていなかった。だが、新来者たちは独自の能力をもち、新しい工夫や技能をもたらしたのだ。ヨーロッパ人の衣服にズボンを加えるという、重要な貢献をしたのも彼らであった。鉄製武器を作るとなれば、ローマ人に勝るとも劣らぬ技術をもっていた。彼らは徒歩で戦うことが多かったが、馬を駆る術《すべ》にも優れ、鞍と（のちに）鐙《あぶみ》という、少なくとも二つの馬具を大きく改良した。また、最近の考古学的発見によって、民族大移動以前のゲルマン人とヨーロッパ北西部の先住ケルト人との経済的、文化的つながりも明らかになっている。

そのうえ、ゲルマン社会は、かつて考えられていたほどローマ社会とかけ離れてはいなかった。それどころか、初期のローマ社会と共通点が多かった。昔のローマ人と同様に、ゲルマン人にとっても家族は、経済、社会、法律、宗教など生活のあらゆる面の基本単位であった。いくつかの家族がまとまり、「ジッペ」と呼ばれる一つの集団を作った。近年、ジッペの構成や特徴や機能などについて、広範な歴史学的研究が進められている。かつてジッペは、指導者を選び、そのあとに従う「供回り隊」と同義語だと考えられていたが、そうではないらしい。ジッペは血縁集団であったようだ。おそらくはある際立った人物が創始し、数世代続いたのちに散っていった集団であろう。大移動以前の時代、それぞれのジッペは、きちんと境界線で区切られた領有地を持っていたと考えられる。ジッペは、所属する家族に土地を割り当て、紛争を調停するなどの封建的諸権利を持ち、また狩りを招集したり、新たな領地への移動を組織したりといったある種の超《スープラ》家族的な機能も果たした。デイヴィッド・ハーリイーは『中世の世帯（*Medieval Households*）』でゲルマン人のジッペはおよそ五〇家族を超えることはめったになかったとの見方を示している。

前一世紀、カエサルはゲルマンの地では耕作は共同作業だと書いたが、同時に独立した農家のことにも言及している。そのおよそ一五〇年後、辺境の地方官吏としてゲルマン人と接触をもったタキトゥスは、私有（つまり家族所有）農耕地と（ジッペによる）共有牧草地の併存を報告している。大移動が起きた時代、ゲルマン人の家族は主に小麦や大麦を、時には亜麻や豆類を育て、羊か牛を数頭飼っていた。ローマ帝国領内に新たに家を構えた人たちは、すぐにローマの進んだ技術を取り入れた。ランゴバルド部族法は六世紀に書かれたものだが、それ以前の時代の様子が法令からうかがえる――そこには、垣根や塀が、また水車や牧草地が、あるいは葡萄の木などの果樹やオリーヴの木が、そして家禽や養蜂、豚や豚飼いが言及されている。

ゲルマン人は畑を耕すだけでなく、ものを作り、交易も行っていた。武器の製造など鉄工は男性の仕事であり、陶器作りは主に女性に任された（ろくろを使ったり、手でこねたりして成形した）。ローマ帝国の外側に広がるゲルマン人の地からは、古くから奴隷や毛皮、皮革や琥珀《こはく》が輸入されていた。大移動の時代、集団で移り歩くゲルマン人は、先々で略奪まがいの交易を行った。

ローマ人の父親がもっていた家長権《パトリア・ポテスタス》に相当するゲルマン人家長の権威は「ムンディウム」と呼ばれることがあるが、両者の間にはただ一点、違いがあった。ゲルマン人の息子は、成年に達すれば（成人年齢は部族によってさまざまであったが）法律上一人前と認められたのだ。法と秩序の基礎は家族の結束にあるとみなされた。犯罪は私犯として扱われ、家族や氏族は共同体として問題を解決すべき責任があるとされた。被害を被った者は家族の援助を当てにできたし、被害を及ぼした者の家族も当人を弁護し、適切な賠償を引き受けた。一人ゲルマン人は、賠償手続きを速やかに行うために、独特の法的手段を考え出している。

ひとりに「贖罪金《しょくざい》」(「人命金」とも呼ばれる)を定めたのだ。その金額は性別、年齢、地位によって決められた。賠償金は被害者の贖罪金に準じて——つまり贖罪金の倍数か分数が——支払われた。たとえばレイプ犯罪の場合、ブルグント法によれば、賠償金は被害者の贖罪金の九倍と決まっていた。タキトゥスの記述によれば、牛や羊や家財などの物品による賠償も行われていたが、ローマの貨幣経済圏に定住したゲルマン人は次第にソリドゥス金貨やデナリウス銀貨を使うようになっていった。

ゲルマン人の結婚の制度は、ローマ人のそれに輪をかけて家族中心的、男性支配的であった(タキトゥスは「かれらの倫理規範のなかでも、最も称賛すべき一面である」として褒めている)。婚約は花嫁の男性親族が取り決めた。本人たちの同意は必ずしも必要ではなかった。婚姻年齢はローマ人よりも若干高かったようだ。婚約式では両家が結婚を約束し、条件に合意する。続いて両家は祝宴を開き、その席上で花婿の家族から婚資の支払いが行われる。タキトゥスによれば、花嫁は花婿に武器を贈り、これによって結婚は完全なものになったという。こうした贈り物のやり取りがあったにせよ、結婚に際して贈り物をするのは、主に花婿側であった。この点が、ローマ人の結婚との大きな違いである。ゲルマン人は金を出して妻をめとったが、ローマ人は金を出して娘を嫁にやったのだ。このことからも、また誘拐婚が広く行われていたことからも、ゲルマン人の間で女性不足が起きていたことが見て取れる。これについては、女児殺しが行われていたからだ、あるいは特権階級に多くの妻や妾を持つ習慣があったからだと憶測されているが、いずれの説も明確な根拠を欠き、完璧な説得力はない。

ゲルマン社会で、結婚の解消はどのように行われたのか。初期ローマ社会でもそうであったように、離婚は妻にとっては不可能なこと、夫にとってはたやすいことだった。夫が負う唯一の義務といえば、離別した妻が戻っていく家に金銭的な補償をすることであった。タキトゥスの言葉を信用するとすれば、ゲルマン人女性はめったに不倫をしなかった。不倫をした妻はその場で夫から罰せられた。「夫は妻の髪を切り去って、これを裸にし、その近親の目前において、家より逐い出《いだ》し、鞭を揮《ふる》って村中を追いまわす」。女性がいったん名誉を失えば、二度と回復できなかった。「容貌、年齢、資産をもってするとも、もはや夫を見出すことは、おそらくはできるまい」。夫が不倫した妻を殺す権利が、さまざまな法典で認められていた。妻の愛人に関しては、夫は殺すか賠償を求めるかのどちらかを選ぶことができた。賠償額は、サリカ法〔フランク族の一支族サリ人の慣習法〕ではソリドゥス金貨二〇〇枚と定められていた。ランゴバルド法は、愛人に決闘裁判を申し込む権利を与えている。ただしこの権利は、愛人が奴隷の身分ではなく、現場を押さえられたわけでもない場合に限り認められた。

ローマ人の思想にも含まれていたダブル・スタンダードは、ゲルマン人の考え方に一層はっきりと表れていた。タキトゥスはゲルマンの貴族階級による一夫多妻婚を、結婚によって同盟関係を結ぶ必要があるからだと理解を示したが、同じくごく一般的だった愛人を囲う慣行は正当化できるものではないと批判した。一方、ゲルマン人の間では、売春行為はローマ人と比べて稀であった。ゲルマン人男性にとって、女遊びは限られた身分の者たちの特権だったといえる。

従属的な地位に置かれていたとはいえ、ゲルマン人の女性は大事にされていた。それも、セックスの対象として、あるいは子孫を残すためだけではない。女性たちは母親から娘へと伝えられる一定の技術を持っていた。陶器作り、糸紡ぎや機織りは女性の仕事だった。当時の女性たちの見事な腕前は、のちに考古学者たちが泥炭湿原から発掘した衣類が証明している。食べ物の加工や準備、病人の治療、またゲルマン人がすでに常飲していたビールづくりも女性が担った。法律文書からは、女性が今一つ別の意味でも貴重な存在であったことがわかる――人の系譜は女親の血筋をたどるのが一般的だったのだ。これには、父系よりも母系のほうが、より確実に特定できるからという、立派な理由があった。

タキトゥスはゲルマン人の子育てについても、結婚と同じようにバラ色の報告を残している。「あらゆる家庭において、彼らは裸体で、身なりや体のよごれにかまわぬ生活のなかで、われわれの感嘆するあの四肢、あの体軀に成人してゆく。ひとりびとりをその母が自分の乳房で育て、決して婢女や乳母にまかせることはない。主人と奴隷とがおのずから看別《みわ》けられるような、育ての上での柔弱さは少しもない。なんとなれば、年齢が自由民を「奴隷より」引き分かち、勇敢さが彼ら「の真に自由民たること」を承認せしめるに至るまで、彼らは「主筋の者も奴隷たちも」、共に同じ牧群のあいだに、共に同じ土地の上に起臥するからである」。

ゲルマン人を称賛してやまないこのローマ人は「子の数をかぎり、あるいは「遺言または嗣子がきめられた」あとに生まれた子を殺すなどは、忌むべき行為とされ」ていると指摘し、この点でゲルマン人の道徳心はローマの法律よりも優れているとまで述べている。しかし、タキトゥスは誤解していた。ゲルマン人の間でもローマ人と同様のやり方の幼児殺しが行われており、それは中世に至るまで続いた。赤ん坊は生まれるとすぐに父親の前に置かれる。父が子を抱き上げ、その上に水を振りかけ、名前をつけるなら、その子は受け入れられ、生きることを許される。古代から続く慣行は七世紀にようやく改められることになるが、それもキリスト教会の勢力が及ぶ地域に限られていた。

とはいえ、タキトゥスがこのようにゲルマン人を捉えたのも無理はないといえよう。そこには、アメリカ大陸の先住民を「高潔な未開人」と呼んだ十八世紀ヨーロッパの作家たちに通じるものがあった。ゲルマン人家族は農村で落ち着いた暮らしを営んでいた。一家は農地を耕し、家畜を世話し、糸を紡いで布を織り、衣服を作った。ズボン（ローマ人にとって革命的だった）であり、ショート丈のウールの上着やマント、そして寒くなるとそこに毛皮が加わった。家畜の毛皮が多かったが、狼や鹿、時には熊の毛皮も用いられた。また、鳥や魚など獲物を捕って主食の穀類に添えた。

ゲルマン人の家族が住む家といえば、主に二つのタイプがあった。一つは「ロングハウス」あるいは「通路のある家」と呼ばれた細長い四角形の建物だ。内部は三つの部分に分かれ、中央通路と、平行する二列の垂直木材で仕切られた脇通路があった。片方の通路の端には、牛など家畜用のいくつかの仕切りがあり、それぞれにまぐさ台が家の内部に向けて置かれていた。もう一方の通路の端の広い一部屋には家族が住んだ。これまでに発掘されたロングハウスは基礎部分の長さが約八メートルから三〇メートルに届かんとするものまで、さまざまである。年代の最も古いものは青銅器時代（前三〇〇〇〜前一〇〇〇年頃）までさかのぼるが、民族大移動のあともロングハウスは広範な地域で建てられた。

　第二のタイプは低い小屋、あるいは「グルーベン・ハウス」と呼ばれる一種の竪穴式住居である。地面に掘った浅い穴の上に建てた簡単な木造の住居だ。二～六本の柱で支えた棟木にポールを斜めに結わえつけた切妻づくりもあれば、ポールや木の大枝を窪みの縁まで斜めに立てかける造りもあった。壁は板張りか小舞壁《こまいかべ》――オークやヤナギのしなやかな枝を編み込んで骨組みを作り、そこに藁《わら》を混ぜた泥を塗り込んだ壁――であった。多種多様な道具を使いこなす大工は、尊敬すべき職業であった。旋盤も当時、すでに使われていた。

　ゲルマン人はテーブルやベンチ、ベッドや椅子などを使っていたと考えられるが、現存するものがエリート階級の埋葬地からの発掘品に限られ、タキトゥスも家具については触れていないため、一般の家庭の家具については憶測するほかはない。たしかに、彼らが使っていたのは非常にシンプルな家具であったろう。粘土や金属は木材よりも長持ちするから、ゲルマン人が使っていたバケツや皿、ふるいや鍋類など家庭用品についてはやや詳しく知ることができる。鉄製、あるいは鉄の部品がついた道具も使われたが、鉄の刃のついた鋤《すき》が使われ始めたのは、大移動時代も後期になってからであったようだ。

　このようにローマ人とゲルマン人は別々の社会に生きていたわけだが、この二つの社会における結婚や家族の制度には多くの共通点と若干の相違点が認められる。どちらの社会でも家族は社会の基本単位であった。より大きな血縁集団（超《スープラ》家族）は、ゲルマン人の間では強い絆を持ち続けたが、ローマ社会では国家の介入によって弱体化していった。どちらの社会においても、財産の移譲が結婚の主たる社会的、法的要素であった。またどちらの社会においても、夫は簡単に妻を離別することができた。ただし、ローマ社会では妻も、とくに裕福な妻は、離婚することができた。幼児殺しは主に貧困層で行われた。おそらく男児よりも女児が多く命を絶たれたと推測される。中絶も避妊も行われていた。後者は多くの場合、効果的でない方法がとられた。男の子と女の子は、主におとなになってからの役割に基づく男女別の教育を施された。男性世帯主は独裁的権力をもっていたが、ローマの国家はその一部を侵害していった。どちらの社会にも奴隷がいた。実際、奴隷労働はローマ経済の主要要素であった。奴隷は、性や結婚に関しても過酷な差別を受けた。一方、社会階層のトップにある人びとは広範な――ゲルマン人男性の場合は多くの妻をめとり、愛人を囲うといった――社会的特権を享受した。

キリスト教の影響

ゲルマン人大移動のうねりが頂点に向かい、ローマ帝国の広範な軍事・行政機構がその圧力を受けてひずみやひび割れを起こしていた四世紀、揺れ動くヨーロッパに一つの新しい勢力が登場した。三世紀にわたり迫害と無関心を経験してきたキリスト教が、パンテオンや家の祭壇に祀られたローマの神々を放逐しながら、地位と権威を有する成熟した宗教として台頭したのだ。キリスト教に改宗したローマ人は、地方よりも都市部で急速に増えていった。異教信仰は各地に残り、異教の習慣の名残は何世紀も存続し、恒久化したものさえあったが、それでもこの新しい宗団がヨーロッパ全域で勝利をおさめていくのを止めることはできなかった。キリスト教はまずローマ帝国で公認され(三一三年)、のちに格上げされて国教となった(三八〇年)が、注目すべきは、この間に国境を越えてやってくるゲルマン人たちのほぼ全体を掌握したことだ。ゲルマン出身の最初の偉大な文化人とされるウルフィラス(三一一頃〜三八三年)は、聖書を翻訳するためにゴート語表記法を考案した。

ゲルマン人とローマ人が、またそれぞれの制度がぶつかり合い、入り交じり、適応し合う中、キリスト教徒の共同体は結束し、崩壊しつつあるこの帝国の内部に史上初の大きな教会組織を打ち立てた。やがてこの教会は、革命的成功につきものの典型的な課題、つまり教義の逸脱に直面する。グノーシス主義、マニ教、アリウス派などさまざまな異端と闘うため、「正統派の」識者たちは多くの信条を系統立て、教義を定めた。難解な神学上の問題に答え、キリスト教徒に生活上の指針を与えるためでもあった。アウグスティヌス(三五四〜四三〇年)ら教父たちは、後者の点で、すぐさま問題に直面した。ローマ人とゲルマン人の間に定着していた結婚と家族のしきたりである。教父たちは、いくつかの重要な点で新しい見方を示した。教えのなかには既存の習慣や法典によくなじむ教義もあれば、論争中の問題に関して、教会が一方の味方につくこともあった。いずれにしても、教父たちが説いた教義——とりわけアウグスティヌスが説いた教義——は明白で断定的であった。その影響は、信者たちが一様に教義に忠実とはいえなかったときでさえ深かった。

新約と旧約の両方の聖書に教義の根拠を求めた聖アウグスティヌスは、両書の中で何回も繰り返されている信条はいくつもあるものの、調和のとれた一貫性を見つけることはできなかった。旧約聖書は結婚をよいもの、男女が性的関係をもつ自然な状態として描いていた。

一方、新約聖書は、結婚はよいものだと認めながらも、独身生活に高い価値を置いた。旧約聖書は、生殖を善である、いや実際には義務であると宣言しているが、新約聖書は渋々ながらそう認めるだけである。旧約聖書の一書『雅歌』は、人の性愛はそれ自体に価値があるとして歌い上げているが、別の一書『詩篇』はセックスを罪と関連づけている。新約聖書は愛の価値を雄弁に語るが、愛とは何かを明確に定義することはなく、ただキリストを模範として示すだけである。旧約聖書は姦通と近親婚を公式に禁止してはいるが、多くの妻をめとり妾をもつ者たちを描いている。旧約聖書に登場する男性たちは離婚ができた。一方で新約聖書は一夫一婦制を支持するだけでなく、結婚は解消不能だと宣言している。離婚が認められる例外はただ一つしかなかった。（以下、聖書からの引用は日本聖書協会口語訳より）「不品行のゆえでなくて、自分の妻を出して他の女をめとる者は、姦淫を行うのである」（マタイによる福音書一九章九節）。新約聖書は男女平等をほのめかしている点で旧約聖書とは対照的だ。イエスも聖パウロも、夫であれ妻であれ、配偶者としての務めを放棄してはならないと戒めている（マルコによる福音書一〇章一一〜一二節、コリント人への第一の手紙七章一一節）。

アウグスティヌスはじめ教父たちは、聖書だけでなく当時の異教やユダヤ思想の影響も受けていた。そのなかに、性を理性に従属させることを理想とするストア哲学の考え方があった。文人小プリニウス（六一〜一一三年頃）は、性交渉は夫婦間であっても生殖を目的としないかぎり道徳的に容認できるものではないと考えた（したがって、暗に避妊を否定した）。西暦一世紀に活躍した離散ユダヤ人哲学者フィロンは性的情熱を悪とし、夫は妻に対してみだらな行為をしてはならないと禁じた。

こうした先人たちの信条を、売春や性の自由が広く認められていたローマ社会の退廃的雰囲気に照らして社会的、法的な側面から考察したアウグスティヌスは、蔓延する悪徳を徹底的に非難する姿勢を打ち出した。神学上、これは簡単だった。が、取り扱いが難しいのは、結婚における性の問題であった。『創世記』は「生めよ、ふえよ」とのびやかに勧めているが、今は創世記の時代ではない。『創世記』の作者が思い描いたのは、始まったばかりで、人びとの誕生を待ち望む世界であった。だが、五世紀に生きたアウグスティヌスが目にしていたのは老いて死にゆく世界、審判の日を待つ世界であった。アウグスティヌスは、「生殖は、かつてのように必要とされていない」と結論づけた。

とはいえ、アウグスティヌスは、子をなすための結婚を真っ向から否定する反正統派のマニ教に賛同しようとはしなかった。結婚を否定すれば、「婚礼が執り行われる部屋は売春宿になりさがってしまう」ではないか。より好ましいのはあらゆることに中庸を保てというストア派の教えではないだろうか。聖パウロもこのように説いているのだから。「妻は自分のからだを自由にすることはできない。それができるのは夫である。夫も同様に自分のからだを自由にすることはできない。それができるのは妻である。互に拒んではいけない。ただし、合意の上で祈に専心するために、しばらく相別れ、それからまた一緒になることは、さしつかえない。そうでないと、自制力のないのに乗じて、サタンがあなたがたを誘惑するかも知れない」（コリント人への第一の手紙七章四～五節）。こうして結婚における性は新たな意義を与えられた――罪を犯さないためである。未婚者や寡夫は、「もし自制することができないなら、結婚するがよい。情の燃えるよりは、結婚する方が、よいからである」（コリント人への第一の手紙七章九節）とパウロは言う。

節度という概念を発展させた教父たちは、大家族よりも小家族を勧め、四旬節や祭日にあたっては禁欲を、男性も女性もできるだけ純潔を保つことを奨励した。教父の一人の聖ヒエロニムスは、イエスが語った種まきのたとえ話からヒントを得て、未婚者は一〇〇倍、寡婦は六〇倍、結婚している者は三〇倍の実を結ぶという一つの価値観を示した。

とはいえ、結婚はよいことだと、聖書ははっきりと認めている。また聖パウロは、夫婦は互いに対し熱意をもつべきだと説いているから、この点では「両人の合意」を重視したローマ人のさらに上をいったともいえよう。「教会がキリストに仕えるように、妻もすべてのことにおいて、夫に仕えるべきである」、「夫たる者よ。キリストが教会を愛してそのためにご自身をささげられたように、妻を愛しなさい」、「あなたがたは、それぞれ、自分の妻を自分自身のように愛しなさい。妻もまた夫を敬いなさい」（エペソ人への手紙五章二四〜二五、三三節）。結婚に関するこのような情緒的な見解は、結婚を性と財産の観点からのみ捉えたローマ人やゲルマン人の冷静な結婚観とは対照的で、これによりレベルの高い、理想主義的で神秘的でさえある新たな規範がもたらされた。こうしてアウグスティヌスは、キリスト教徒にとっての結婚は秘跡《サクラメントゥム》であり、永続的な結合とみなされるべきだと結論づけた。結婚には目に見える三つの善があった――信《フィデス》と子孫《プロレス》そして秘跡《サクラメントゥム》である。この聖なる結合は夫婦間だけのものではなく、血筋に連なるすべての人の結びつきとされたが、これはローマ人やゲルマン人ら異教の人びとにとってもなじみのある考え方であった。また同様にキリスト教の教義は、血縁者と結婚してはならないとし、近親姦タブーと族外婚の原則を打ち出した。この点で教会はモーセの律法（レビ記一八章六〜一八節、二〇章一一〜一二節）を強化したといえよう。

結婚は秘跡であると認められたわけだから、司祭の祝福が期待されたのは理屈の上からは当然であろう。ところが、正式な結婚における聖職者の役割は長い間、中心的というよりも、付随的なものにとどまった。五〜六世紀にかけてスペインやガリアを支配した西ゴート人の間では司祭の役割が重視され、（司祭の祝福を受けない結婚をした者は）罰として一〇〇ソリディ、あるいは鞭打ち《むちう》ち一〇〇回が科される恐れもあった。結婚式における教会の影響力が浸透するまでに、長い時間がかかった地域もある。

結婚は秘跡と定められ、このことからいくつかの結論が導き出された。一夫多妻や内縁関係は、男性のキリスト教徒には到底許されないことであり、マタイによる福音書（一九章六節）にある「神が合わせられたものを、人は離してはならない」という言葉によって、離婚は認められないことになった。この点で教会は、ローマ法と激しく対立することになる。ローマ法は（六世紀にユスティニアヌス法典としてまとめられ）、ローマの支配下にあったほとんどの地域で長い間効力を持ち続けた。コンスタンティヌス帝のあとに続いたキリスト教徒の皇帝たちは、長らく認められてきた「離婚できる自由」を制限しようとしたが、廃止しようとはしなかった。それでも教会の見解は、とりわけ男女平等に傾くその姿勢は、法律全般の趣に影響を与え、法体系に「実り多い新鮮な概念」をもたらした。

アウグスティヌスは、既存の世俗法で認められていた離婚理由――長期間の不在や監禁状

初期キリスト教徒が描いた聖家族　東方三博士の礼拝。4世紀、アルルのキリスト教美術館（著者撮影）

態など――をどれも認めなかった。フランスの法学者で教会法研究者アデマール・エスマン（一八四八～一九一三年）は、アウグスティヌスを「婚姻の不解消性の概念を完成させた仕事人」と呼んでいる。この教義を男性信者に向けて最もはっきりと説明したのは、アウグスティヌスと同時代の教父でミラノ司教の聖アンブロシウス（三四〇頃～三九七年）だったといえるだろう。「離婚を求めてはならない。というのも、妻が存命中は他の女をめとることはできないからだ……。それをすれば姦淫の罪を犯すことになる……。より由々しきは、法の権限により己が罪を正当化しようとすることだ」。ただし、教会はこの罪を大罪ではなく、小罪と定めるにとどまった。要するに、裏切られた側の再婚の問題に、教会もローマ法も満足な解決策を見つけられなかったのだ。ただし、ゲルマン人の法律は見つけている。が、それは夫の不倫にはまったく触れず、不倫をした妻に死を宣告するという解決策であった。

　生殖は夫婦間のセックスを正当化する唯一の理由であるとする教会の教えは、必然的に異教的な慣行や信条との根本的な決別をもたらした。教会は中絶と幼児殺しを厳しく罪と定め、またその論理的延長として避妊に反対した。ヒポクラテスやマニ教が提唱したリズム法も認めなかった。教会は胎児の中絶や乳児の放置を防ごうとしただけでなく、子どもを虐待から守ろうともした。子売りを罪に定め、優しく愛情深い親の姿勢を聖書から学べと信者たちに呼びかけた。よく引用されたのは、幼い頃の預言者サムエルや預言者ダニエルの青年時代、あるいはイエスの誕生の直後にヘロデ王によって殺害された幼子殉教者たちやイエス自身の幼年時代の物語である。アウグスティヌスは、子どもにはかつて自分がローマの学校で受けたような厳しいしつけを受けさせるべきだと説いたが、大教皇と呼ばれたレオ一世（在位四四〇〜四六一年）は「キリストは子どもを愛された。子どもは謙遜の教師であり、純真さの基準であり、愛らしさの模範である」と説いた。夫婦愛と同じく、親として子に愛情をそそぐことも教会の重要な教えの一つであった。

ローマ世界で政治的なまとまりが失われていったこの時代、代わって見え始めたのは宗教的なまとまりであった。結婚と家族のことに関してローマ人とゲルマン人とキリスト教会は、家族という集団の優位性や近親婚タブーの不可侵性、あるいは族外婚の必要性を認めるといったいくつかの点で、意見が一致していた。また、ローマ人とゲルマン人は男性の優位性を唱え、男性家長の権威を重視したが、そのどちらに関してもキリスト教は穏やかながら反対する意思を示した。結婚に関してはローマ法は「両人の合意」が必要であると主張し、これにはキリスト教も同意見であった。ローマ人とゲルマン人の婚約や結婚の儀式には、共通する要素がたくさんあった。また、妻を迎えるにあたって男性が一定の額を支払う「花嫁購入」が次第に廃《すた》れ、女性が持参金をもって嫁入りする慣行が取って代わったという歴史的経緯も双方に共通している。教会は、結婚の公的性格と花嫁のための寡婦産という結婚の二つの主要素を認めたうえで、結婚を神聖な秘跡と定めることによって、これに霊的な意味を持たせた。

ローマ人とゲルマン人は、結婚の解消については夫にかなり大きな自由裁量を認めていた。ただ、のちにローマ人は妻にもいくらかの裁量権を与えている。教会はいずれにも断固反対して結婚の永続性を主張した。ローマ人は人口を増やすという観点から生殖をきわめて重視した。ゲルマン人はそうした問題にはほとんど、あるいはまったく関心がなかった。教会は、独自の人道的、神学的な理由から幼児殺しや中絶や避妊に反対した。ゲルマン人とローマ人は男性に性的自由を与えたが、教会はこれを許さなかった。女性の性的自由を認めないという点では、ローマ人もゲルマン人も教会も同じであった。

一昔前、歴史の教科書はどれも「ローマ帝国の崩壊」を四七六年としていたものだ。最後の西ローマ皇帝が、実体のない帝位から退いたのがこの年であった。今日の歴史学者はもっと大まかな区切り方を好み、中世の始まりを五〇〇年とすることが多い。その頃に何か節目となる重大事件が起きたわけではない。むしろ、さまざまなできごとが重なり合った結果、時代は古代から中世へと移り変わっていった。結婚と家族に関して言えば、ローマ人やゲルマン人の文化、あるいはその両方が入り交じった政治的、経済的、社会的仕組みから、新しいシステムが始動したのが、この時代である。それは古い要素の一部を残し、他を捨て去り、新しい要素を付け加えて生まれたシステムであった。続く一〇〇〇年の間、ヨーロッパ社会は近世に向けて進化し続ける。その過程で個人も家族も多くの刺激的な経験をしていくのだが、そうした歴史的発展をわたしたちがはっきりと知り始めたのは、つい最近のことである。

原注

(1) ウォルター・ゴッファル著『蛮族とローマ人――西暦四一八～五八四年(*Barbarians and Romans, A.D.418-584*)』によれば、すでに定住していたローマ人やガリア人らの土地を没収して新来ゲルマン人に与えるといった政策はとられなかった。ゲルマン人は国境守備兵として雇われ、後続のゲルマン人に対する守りを固めた。その地方の通常の税収の一部が給金に割り当てられた。

第二部　中世前期

第三章　ヨーロッパの家族　五〇〇～七〇〇年

中世の幕開けとともに、西欧社会は社会的、経済的に最も重大な変化の一つを経験することになった。家族の社会史を決定的に方向づけるほど重要なこの変化は、ひっそりと、ほとんど表舞台に表れないまま進み、文字に記録されることもほとんどなかった。ローマ帝政末期、ヨーロッパの耕作地の大部分は、奴隷労働に支えられた大農場《ラテイフンデイア》で占められていた。だが、七〇〇年代になると大農場は姿を消し、代わって小さな農家の集落がいたるところで姿を現していた。ジョルジュ・デュビイの言葉を借りれば、歴史家にとって農村の風景は「突然、光の洪水を浴びた」のだった。

この時代の農村の大きな変貌は、中世全般を通して続き、その過程で農民とその家族が奴隷から農奴という中間的な地位を経て自由民になり、奴隷社会が自由社会へと姿を変えた長い進化の始まりを示していた。自由を手にした農民階級は、西欧文明の基本的人的資源となっていく。

このような変貌が、正確にはどのように進んだのかを突き止めるのは難しい。たとえば農民の身分を示すことになるさまざまな用語の意味さえ、はっきりとはわからない（わかれば用語の由来も説明がつくのだが）。変化の一つの重要なカギとなったのは、畑仕事の組織革命だったと考えられる。それまでは大農場の広大な畑地を奴隷たちがグループで耕作していた。しかしこの時代になると、小規模な畑や細かく分割された畑地をそれぞれ個人の農家が耕すようになった。小作農は労働奉仕をしたり、農作物の一部を納めたりする形で地主に借地代を払った。この革命の大きな原因となったのは、帝政後期に奴隷保有のコストが高騰したことや、奴隷労働の非効率性が認識されたことだろう。小作農は自分の利益のために意欲的に働いて効率性を高めた。また労働組織としても、小作農には奴隷グループにない優れた点が本来備わっていた。やがて勤勉な小作農家族は、農地を使用する「道義上の《モーラル》」——中世の用語では「慣習上の《カスタマリー》」——権利を持つようになった。この権利は子孫に受け継がれていった。

変化のもう一つのカギは植民活動である。自由民や奴隷が未墾の地に移住していった。植民者は荒れ地を切り開いて改良し、作物を植え、その見返りに家族が永久的にその土地を利用する権利を得た。この場合もやはり、植民者は活動を組織した事業者に借地代を支払い、労働奉仕をする義務を負っていたし、その土地の使用権は植民者の家族が代々受け継ぐものだとの了解が成り立っていた。

新たに出現した小さな畑地で働く農民たちの生まれや身分はさまざまであった。ラテン語に小農民を意味する用語がいくつも存在するのも、そのためである。「リーベル」は自由民、「セルヴス」あるいは「マンシピウム」は奴隷の子孫であった。「コロヌス」はローマ法の発明の一つで、「自由民」だが、植民した地所に生涯とどまる義務があった。中間的な身分の「リドゥス」はローマ政府が定住させたゲルマン人兵士の子孫であったと考えられる。不自由民の小作農は、ローマ人にもゲルマン人にもなじみのない、新しい社会的身分であった。これを表す言葉として奴隷を意味するラテン語「セルヴス」がその後数世紀にわたって文書などで使われたが、これは次第に奴隷ではなく、「農奴《サーフ》」を意味するようになった。農奴は、奴隷が決して持つことのなかった権利を持っていた。そのなかでも最も重要だったのは、自分のために畑を耕す権利である。農奴は、耕作をいつするかを決めることができたし、自分や家族の農作業を計画し、組織することができた。

六～七世紀、小さな畑地を耕していた農家の規模や構造を記録する文書は何一つ残っていないため、わからないことが多い。ただ一つ確実なのは、この親族世帯が農業分野の基本的経済単位になりつつあったことだ。また、中世の初めの数世紀というこの重要な時代については、他の種類の情報源があり、家族の暮らしのさまざまな側面に光を当てている。こうした史料は以下の五項目に分類できる。

一、教会会議の決定。諸々の決定事項は、教会が家族の行動規範を定めていく過程を、つまり裏を返せば、教会がどのような状況に対処しなければならなかったかを記録するものだ。

二、「償いの規定書」として知られるおびただしい数の道徳手引き集。聴罪司祭が（告白された）罪に対して相応の償いを科すことができるようにと、修道僧たちが作った一種のマニュアル本で、六世紀に現れ、中世前期に盛んに流布され、一〇〇〇年以降は使われなくなっていった。償いの規定書は教会の正式な承認を得たものではなかったが、広く利用されたので今日まで失われずに残っている。償いの規定書のなかにはゲルマン人の法律や文化の影響を受けたものも多い。教会会議の記録と同様に、償いの規定書も規範を示しながら、同時に現実を描き出している。つまり、修道僧たちが正すべきだと考えた状況と、望ましい行動が示されているのだ。これこれの罪には、これこれの償い（主に断食や禁欲）を科すべしと、償いの規定書の指示は明確であった。ゲルマン法に倣《なら》い、人身傷害の償いとして罰金を科した規定も多い。

三、ゲルマン諸部族法典。この時代に初めて成文化されたものが多い。

四、聖人たちの伝記（聖人伝）。四世紀以降、数多く書かれた。

五、年代記。なかでもトゥール司教グレゴリウス（五三八〜五九四年）による『フランク史』はゲルマン人貴族階級の家庭生活について、生々しく、時に身の毛もよだつような情報を提供してくれる。

六世紀の西ヨーロッパで併存していたゲルマン文化とローマ文化は、相互交流や結婚を通して徐々に融合していった。グレゴリウスの『フランク史』は、ガリア・ローマ人名士たち（ローマの元老院階級につながる人びと）が征服者フランク人貴族たちとは別個の、だが同格の地位を占めていたことを描いている。

クロヴィス一世（在位四八一～五一一年）が新たに築いたフランク王国は、ゲルマン人のジッペがもつ機能のいくつかを早いうちから奪い取ったが、それでもジッペは、とくに司法の分野で、無視できない権威を持ち続けた。殺人、傷害、レイプなどの犯罪が起きた場合、被害者のジッペは血の復讐〔犯罪被害を受けた者の血族団体が加害者の血族団体に対して同程度の被害を刑罰として与える集団的復讐〕を行うか、あるいは贖罪金（金銭による賠償）を求めた。同時に、加害者とされる者のジッペには当人を弁護したり――その結果、しばしば長期間の反目が生まれた――、求められた賠償金を支払ったりする義務があった。支払い義務を負っていたのは、まず加害者とされる者の父親と兄弟、次に父方三人、母方三人の最近親者六人であった。被害者の親族は受取金の分け前にあずかることができた。サリカ法の下では、殺人被害者の贖罪金は二等分され、半分を被害者の子孫が、残り半分は被害者の父方、母方双方の親族が受け取ることになっていた。

フランクの王たちは公共の秩序を守るため、血の復讐を不法とし、罪を犯した本人に贖罪金を払わせようとしたが、古いしきたりを廃するのは難しかった。グレゴリウスの『フランク史』は血で血を洗う抗争を数多く記録しているが、その多くは一族の女性の名誉をめぐる争いであった。六世紀末、トゥルネーの町にふしだらな女たちにうつつを抜かし、妻を顧みない夫がいた。妻の兄弟が戒めたが、夫は行いを改めず、結局妻の兄弟に襲われ、殺害されてしまう。そのとき夫の家族の数人も殺された。だが、殺した男も同様に、復讐に出た夫の家族に殺されてしまう。両家は復讐を続け、グレゴリウスによれば「しまいには、双方の家系で生き残りはただ一人になってしまった。敵対者は誰もいなくなったからだ」という。だが、この段階で遠い親戚筋が抗争に加わった。そこで王妃フレデグンドは、事態がこれ以上悪化して「社会の迷惑」にならないうちに争いを止めるように命じた。この命令が無視されたのを見た王妃は、みずから対策を講じることにする。対立する二家族の主だった人物三人とその従者たちを宴会に招き、ワインをしこたま飲ませたのだ。三人が酔いつぶれ、従者たちも眠り込んだのを見た王妃は、斧を手にした家来三人に合図を送った。家来たちは「斧を振りおろし、男たちの首を切り落とした」。

グレゴリウスは、ゲルマン人の家族の強い結束の例をもう一話紹介している。パリである女の醜聞が流れた。夫を捨て別の男と不倫の関係にあるという。そこで夫の親類は女の父親のところに出かけていき、娘の潔白を証明しろと迫った。証明できなければ「わが一族を不倫の汚名で汚さぬよう、娘には死んでもらいたい」。父親は殉教者聖ディオニシウスの聖廟にかけて娘の潔白を誓ったが、そこで口論が持ち上がり、両者は剣を抜いてわたり合い、聖堂内に血が飛び散った。司教は両家に罰金を科し、問題の女性は、グレゴリウスによれば、首を吊って命を絶ったという。

別の例もある。ル・マンの町のある司祭が食道楽や淫欲などの罪に耽《ふけ》っていたが、ある女と深い関係に陥った。「女は自由民の出身で……良家の娘だった」。司祭は女の髪を短く刈り男装させて、別の町に連れていった。これを知った女の親類は、「一族の恥をそそがんと急いだ」。親類たちは司祭を捕縛し、ル・マンの司教にこの男の自由を買い取らせた。女は「生きながら火あぶりの刑に処せられた」。

グレゴリウス自身も一族の力に頼った。一人の司祭に司教としての自分の権威をないがしろにされたとき、「トロア（大司教区）の歴代司教は、たった五人を除き、全員がわたしの一族の血縁だということを、哀れにもあの愚か者は知らなかったようだ」と言っている。グレゴリウスは問題を起こした男を修道院に監禁し「厳しい見張りをつけた」。

家族は結束してよそ者に対抗したが、家族間で暴力事件が起きることも珍しくはなかった。多くの場合、原因となったのは継承権争いである。複婚や内縁関係によって、跡継ぎが何人も生まれることが多かった。グレゴリウスによれば、クロヴィス一世は兄弟をはじめ甥やいとこたちの命を奪い、所有地や財産を没収して王国の支配権を固めていった。そのクロヴィスがあるときフランク人に呼びかけて集会を開き、こう語ったという。「わしがいま、孤独な巡礼者のように、他人ばかりに取り囲まれて暮らしているのは、なんと悲しむべきことであろう。いざ災いが迫っても、わしを助けてくれる親戚は誰も残っていない」。だがこの言葉は、クロヴィスの本心ではなかったと、グレゴリウスは言っている。「本当に彼らの死を悼んでそう言ったのではない。こう言ってだまし、まだ生き残っている親戚を見つけ出して殺すつもりだったのだ」。

ローマ人の親族組織は父系で構成されていたが、一〇〇〇年頃までの中世社会の親族構成は一般的に共系（双系）であった――父親と母親の双方の出自が（ほんの数世代ではあったが）たどられたのである。家族は社会的地位を父と母の双方から等しく受け継いだし、父母双方の親族が血縁者としての権利を持ち、（贖罪金の支払いなどの）義務を負った。こうした親族構成は自己《エゴ》中心的、つまり、さまざまな務めを帯び、一定の結びつきを有し、一定の立ち居振る舞いを期待された一個の人間を取り巻くように築かれたネットワークなのであった。

双系の親族関係をもつフランク人は、成人したのちも兄弟姉妹が緊密な関係を保ったことが、グレゴリウスの年代記に表れている。たとえばキルデベルト一世（在位五一一〜五五八年）は妹クロティルデを夫アマラリックの手から救おうとして、スペインへ遠征した。カトリックのクロティルデは信仰の違いのゆえにアリウス派の夫から虐待を受けていて、夫に殴られたときに出た「自分の血をにじませたハンカチ」を兄に送り届けたのだった。また、ボルドーの司教ベルトラムは、夫のもとを去り母親が設立した修道院に入った妹ベルトグラントをかばい、夫と一緒に暮らすべしとのグントラム王（五九三年没）の命令をずる賢い方法で回避することまでやってのけた。

結婚による、とりわけゲルマン人貴族とガリア・ローマ人上流階級との結婚による同盟関係はフランク王国の政治に重要な役割を果たした。女性たちも婚姻戦略に積極的に参画したようである。

フランク王国を建てたクロヴィスの洗礼（上部パネル）『聖ディオニシウスの生涯』の一部（フランス国立図書館、MS Nouvelle Acq. Fr. 1098、f. 50）

グレゴリウスの著作に登場する人たちの名前を見ると、ゲルマン系とローマ系が入り交じっていることに気づく。カエサルの時代以降、ローマ人の命名法は大きく変化した。ゲンス（氏族）を表す古来の命名法が衰退し、母方の血筋も配慮されるようになった。

たとえば、二世紀から続くローマ貴族の出であったグレゴリウスの名前――グレゴリウス・フロレンティウス・ゲオルギウス――は父親、父方の祖父、母方の曾祖父からとった名前であった。だが、同じくローマ人の子孫だったグレゴリウスの大叔父は、のちに広く用いられるようになったゲルマン人の命名法に倣い、単にグンドゥルフスと呼ばれた。一語から成るゲルマン人の名前は、家族の合法的所有地の一部を表すことが多く、何世代にもわたり同じ名前がつけられることもあれば、一代ごとに少し変えてつけられることもあった（テウデリク、テウデバルト、シギベルト、ダゴベルト、カリベルトなど）。

六世紀、貨幣や動産については女性も男性と同じ相続権があったが、土地の相続となると、女性は認められないことが多かった。ゲルマン人の法令は通常、長子に特権を与えることなく、所有地を息子たちが均等に分け合うように定めた（分割相続）。息子がいない場合、娘たちの相続が認められることもあれば、娘が男性傍系親族に次ぐ第二順位相続人と定められることもあった。ただし、跡を継ぐ息子がいないという事態は、少なくとも貴族階級では、珍しい。男性が繰り返し結婚し、愛人を囲い、離婚も簡単にできる習わしのおかげで、たいていは逆の事態が持ち上がったからだ――大勢の息子たちがそれぞれ自分の相続分に不満を抱き、話し合いで問題を解決することもできず、殺し合いを繰り広げたのである。

分割相続は、所有地と同じく王国にも適用され、同様の結果を招いた。クロヴィス一世が残した王国を継いだ四人の息子たちは、陰謀を巡らし、互いに戦《いくさ》をしかけて殺し合いを続け、残ったのは結局一つの家系だけであった。グレゴリウスの『フランク史』にはそうした血なまぐさい兄弟の争いの数々が記録されている。

結婚に関するゲルマン人の旧来の考え方は、中世前期を通して、キリスト教会の新しい教えとぶつかり合った。衝突は、初めのうちは目立たず、教会は時間をかけて教義を固め、その考え方を広めながら、教えに従わせる力を蓄えていった。論争点の一つとなったのが族外婚と近親姦タブーで、最初の小競り合いがこの時代に始まった。教会は姻戚関係にある者同士の縁組みを繰り返し非難し、教会会議を開くたびにこうした縁組みに「近親姦」の烙印を押した。償いの規定書は（たとえば聖パトリキウスの教令集にあるような）聖書に基づく理由づけを詳しく説明している。「なんとなれば『ふたりの者は一体となるべきである』（マタイによる福音書一九章五節）と主は言い給うたからである。それ故、汝の兄弟の妻は汝の姉妹なり」。第三パリ教会会議（五五七年頃）は「近親婚を禁止」し、「兄弟の寡婦、義理の母、おじの寡婦、妻の姉妹、義理の娘、おば」と結婚してはならないと定めた。教皇グレゴリウス一世（在位五九〇〜六〇四年。大グレゴリウスとも呼ばれる）は、初代カンタベリー大司教聖アウグスティヌス（六〇四年頃没）から提示された一連の質問への答えの中で、継母、あるいは義理の姉妹と結婚することは「忌むべき罪」であると言っている。というのも、結婚によって二人は一体となるからであり、「あなたの父の妻を犯してはならない。それはあなたの父をはずかしめることだからである」と記されているからである。実際、洗礼者ヨハネはこの真理を掲げ、兄弟の妻と結婚したヘロデ王を非難したために殉教したのだと、グレゴリウス教皇は説いた。

ただ、あいにくこうした結婚はきわめて便利だった。フランク王クロタール一世はまず兄の寡婦と、のちに妻の妹と結婚した。別のフランク王メロヴィクスはおじの寡婦と結婚した。また、西ゴート人の王レオヴィギルド（五八六年没）も兄弟の寡婦を妻にした。一方で、教会の主張を便利に利用した人や家族がいた。たとえば縁談をめぐって対立が起きた場合、機略に優れた家族なら、相手方が近親婚を実行あるいは画策していると言い立てることができた。六世紀を通して教会の教令はゆっくりと広まり、徐々に世俗法に取り入れられていった。五九六年、キルデベルト二世が制定した法令は、父親の寡婦、あるいは妻の姉妹と結婚した男性、および亡き夫の兄弟と結婚した女性を死刑に定めた。七世紀初め、クロタール二世は継母と結婚した貴族に極刑を科した——王自身の祖父は妻が生存中にその妹をめとっていたのだが。

ローマ法は、おじ、おば、甥、姪ら四親等以内の親族との結婚を禁止していたが、いとこ同士は自由に結婚できた。当初は教会もこれに同意していたが、アグド教会会議（五〇六年）はいとこ、あるいはいとこの子（またいとこ）との結婚を禁止した。教皇グレゴリウスは優生学的な理由を挙げている。「このような［いとこ同士の］結婚からは子が生まれないことを、経験を通してわれらは知っている」。テオドルスによる償いの規定書（七世紀末）は、三種類の結婚を区別した——またいとこ同士は自由に結婚してよい、いとこ同士は結婚できないが、すでに結婚している場合は容認される、さらに結びつきの近い親族同士は、もし結婚しているなら、別れるべきである。

近親姦タブーと族外婚の問題は、しばらくの間、あいまいなまま残った。しかし、一夫多妻や愛人関係に関しては、教会の態度ははっきりしていた。ただし、教会が示した行動規範がすんなり受け入れられたわけではない。六〜七世紀の王や貴族たちは愛人を囲い、複数の女性を妻としていた。夫はたった一言で、あるいはちょっとした素振りで、妻を離縁し、他の女性を妻を迎えることができた。若い男性が結婚前に愛人を囲うのは、ごく当たり前のことだった。キルデベルト二世が一五歳で妻を迎えたとき、すでに愛人との間に息子がいた。クロヴィス二世は一五歳になる前にイングランド人の女奴隷バルティルドを愛人に囲い、のちに結婚した。

クロタール一世には同時期に少なくとも二人の、いやおそらくは四人の妻がいた。その息子のカリベルト一世は妻に仕えていた侍女の姉妹に夢中になり、妻を離縁したうえ、順次この姉妹と結婚したのだが、その間にある羊飼いの娘をもう一人の妻に加えた。パリ司教聖ゲルマヌス（五七六年没）は好色な王を破門したが、それでも王は行いを改めなかった。グレゴリウスの『フランク史』はこの王の最後の妃は「神の裁きに撃たれて死んだ」と満足げに記している。カリベルトの兄弟キルペリクは「すでに数人の妻を所有していたが」西ゴート人の王女ガルスインタと結婚した。また、ダゴベルト一世は一人の妻を離縁したあと、三人を同時に妻に迎え、その間も――年代記作者フレデガリウスによれば――全員の名前はとうてい書き切れないほど多くの愛人を囲っていた。

「妻は一度に一人」という原則は、八世紀にはかなり広く受け入れられた。しかし、王侯貴族の行状は相変わらず模範的とはいえなかった。

今一つ議論を引き起こしたのは、結婚の合意の問題である。結婚をめぐる二種類の合意のうち、両親や親族の合意は古くからのしきたりとして確立されていた。問題となったのは

「当事者の合意」である。これに関して聖書が触れているのはただ一ヵ所、「妻は……夫が死ねば、望む人と結婚してもさしつかえないが、それは主にある者とに限る」という聖パウロの言葉（コリント人への第一の手紙七章三九節）しかなかったが、それでも初期教会の教父たちは、婚姻は花嫁と花婿の合意により成立するというローマ法の概念を取り入れた。パウロの注解者として知られる四世紀の人イサクは、「意に染まぬ結婚はよからぬ結果を生むことが多い」と、現実的な指摘をしている。教会はこの原則を守るようにと次第に圧力を強めたが、当時は早婚が普通であり、両親の強い関与があったことを考えると、当事者同士の真の自由な合意が得られたかどうかは疑問が残る。誰と結婚するか——男性は、いったん成人年齢（一二〜一五歳）に達すれば法的には自由に決めることができたが、経済的理由からほぼ常に親の承諾が必要であった。女性は（かなり遅く、二〇〜二五歳で）、成人とみなされても、男性と同等の自由は与えられなかった。七世紀に書かれたランゴバルド人の法令は、女性の父親（あるいは兄弟）は本人の承諾なしに結婚相手を選ぶことができるとしている。だが、五世紀半ばという早い段階で、パトリキウスの教令集は「父親は娘の意向を尋ねるように」と強調している。ただし、「娘は父の望むことをなすべし、なぜならば男は女の頭であるから」とも言っている。のちに書かれたテオドルスによる償いの規定書はさらに踏み込み、「少女は一七歳に達すれば自身の体の支配権を持つ……。娘がその年齢を超えれば、父親は本人の意思に反して結婚させてはならない」と定めた。

結婚に関して親の強要は認められないとしても、親の承諾は求められた。ゲルマン人の法令はどれも、女性の父親の承諾を得ぬまま結婚した男性に重い贖罪金を科した。教会は教会法を定めてこうした世俗法を強化した。第四回オルレアン教会会議（五四一年）は「その女の両親の意に反して女をめとる者は破門の脅威にさらされる」と宣言した。

親の承諾を得るという面倒な手続きを避ける一つの方法に、中世前期になってもまだ広く行われていた略奪婚があった。略奪といっても、女性本人が協力する場合もあった。六世紀初めの法令が主に関心を寄せたのは、さらわれた女性の家族をはじめ、婚約者や夫など、損害を被った男性に対する賠償問題であった。血の復讐の芽は摘み取っておこうというわけだ。一方で、強姦した者や女性をさらった者を花婿に仕立てるための式文が作られた。略奪犯から花婿に転じる際、男は次のような言葉で公に謝罪した。「愛する妻よ、わたしがおまえとおまえの両親の意思に反しておまえをわがものとしたことは、すでに世に知られているとおりである。わたしの略奪の罪により、おまえはわたしの定めに結ばれたものとなった。司祭はじめ高貴な方々のお力により理解と平和が回復されていなければ、わたしの命は危険にさらされたかもしれない。わたしは、おまえに与えるべきもの［贈与］について合意した。賠償行為として、わたしは以下をおまえに与える［以下、財産目録］……」。

さらわれた女性の承諾が、たとえあったとしても、結婚が法的に認められるとはかぎらなかった。重い罰金を科す、あるいはそのような結婚を無効とする法律もあった。五五七年の教会会議は、両親の意思に反する略奪婚は破門に値する罪だと宣言している。五九五年、キルデベルト王は、力ずくでの拉致を死罪と定めた。女性が結婚に同意しても、両親の承諾が得られない場合は、罪を犯した男女は流罪か死刑に処された。

ゲルマン人の結婚式が通常は婚約、条件の合意、結婚の祝宴という三つの要素で構成されていたのは、タキトゥスの時代と変わらない。トゥールのグレゴリウスは、婚約式は青年が婚約者に指輪と一足の履物を贈り、接吻することで完了すると書いている。女性の家族に対し男性は「保証金《アルハ》」を支払わなければならない。花嫁代償を支払った古代の慣習の名残で、「アルハ」とはラテン語に由来し、元来は商品の配達を保証するための支払いを意味した。これによって婚約は双方の合意がなければ破棄できなくなる。女性が婚約の解消を申し出た場合、男性よりも重い罰則を受けた。

だが、「アルハ」さえ支払えば花婿は義務を全うできたかといえば、そんなことはない。六～七世紀にかけてゲルマン人の結婚事情は経済の面で大きく変化した。古代の花嫁代償は全額が女性の家族にわたったが、この時代になると花嫁への贈り物は花嫁自身が手にするようになった。そのうえ、結婚の翌朝には、「朝の贈り物《モルゲンガーベ》」が花嫁に贈られた。女性が純潔を捧げたこと、今や花婿が性的権利を持つことを象徴する贈り物だった。モルゲンガーベをはじめ花嫁への種々の贈り物は、普通は条件の話し合いの中で金銭に換算して決められたが、やがて土地の形で支払われるようになった。つまり、花嫁へというよりも、新婚世帯への寄贈になっていったのだ。リプアリ部族の法令は、一般的な「朝の贈り物」を五〇ソリディと定めていた。自由民男性の「人命金」の四分の一、牡牛二五頭分の値段であった。

こうして、結婚は（ローマ人が考えたように）双方の合意によって、あるいは（ゲルマンの古いしきたりのように）婚資の支払いによってではなく、性交の成就と花嫁に対する支払いによって成立するものになった。中世史家ダイアン・ヒューズによれば「中世前期、結婚は性交の正式な成就によって成立するものとなり、朝の贈り物はその象徴であった」。教会はこの新しい考え方を認め、教皇や教会会議は合法的な結婚には花婿から花嫁への贈与が不可欠であると宣言した。同時に、古来の「ムンディウム」――家長として夫が妻に関して持つ権利――はやや重みを失った。ランゴバルド王ロターリの法令（六四三年）は、夫がこの権利を得ない結婚も合法と認めている。

結婚にあたって花嫁が持参するものは土地や金銭ではなく、嫁入り道具《トルソー》、つまり貧しい階級では新所帯のための寝具や家財道具、貴族階級では宝石や衣装や調度品であった。フランク王国のリグンティス王女は西ゴート王のもとに嫁ぐため、金銀宝飾品を荷車五〇台に積んでスペインへ向かった。しかし不運なことに、豪華な嫁入り道具の大半は旅の途上で護衛の兵たちに、残りはトゥールーズ公に盗まれてしまう。トゥールのグレゴリウスによれば、失意のリグンティスは家に戻され、「誰とでも寝るようになってしまった」という。

現存するごくわずかな史料からいえることは、六世紀に結婚式で最も重要とされた要素は、公表することであった――アルル教会会議は花嫁への贈与を結婚の必須条件とすると同時に、「結婚は公表しなければならない」と定めた。この時代、司祭の祝福を受けることは多くの地域で習慣になっていたが、司祭がいなければ結婚式が成り立たないわけではなかった。

結婚の不解消性の教義は、ローマ人やゲルマン人の離婚法と明らかに矛盾していたが、中世の最初の二世紀の間に何回か開かれた教会会議が、この問題に熱心に取り組んだとはいえないし、たとえ教会がなにがしかの努力をしたとしても、ほとんど効果はなかったろう。当時の法的手続きの定型文は単刀直入だった。「何某《なにがし》とその妻何某の間に神が命じ給うた愛はなく、不和が厳存し続け、したがって両人は意見の一致を見ることはできず、離別を希望し、それを実行している……。両人はそれぞれ自由に神に奉仕する修道生活に入るか、あるいは新たな婚姻契約を結ぶことにした」。

ゲルマン法の下では、男性は依然としてさまざまな理由をつけて妻を離縁することができた——不妊、不倫（その場合、夫は妻と妻の愛人を殺すことができた）、病気によって妻が夫婦の務めを果たすことができないことなどが離婚の理由になった。夫が妻の財産に関する権利を放棄し、妻に補償を支払うなら、離婚の理由を説明する必要は一切なかった。一方、妻はといえば、たとえ夫が浮気をした場合も、自分から離婚を申し出ることはできなかった。法律の関心は道徳面にではなく、ただ家族の利益と財産の管理に向けられていたのだ。

対照的に教会は、何よりもまず道徳面を重視したが、その取り組み方は慎重であった。アグド教会会議（五〇六年）は、妻を去らせるにあたって、夫は司教区裁判所に届け出なければならないと定めたが、ほとんどの場合この教令は無視された。のちの数回の教会会議（七五七年のコンピエーニュ教会会議、七五八年と七六八年のヴェルブリー教会会議など）は離婚の正当な理由としていくつかの事例を挙げた——重い皮膚病にかかった、相手の殺害を画策した、修道会に入会した、奴隷になった場合などである。奴隷になったケースについて、ヴェルブリー教会会議が定めた特例には心を打たれる——配偶者の一方が家族を飢えから救うために奴隷として身売りした場合、居残った配偶者は再婚してはならない。償いの規定書は不仲な夫婦に対しては慎重に忍耐を説いたが、別居を禁じることまではしなかった。六世紀の聖人フィニアンによる償いの規定書は、不妊の妻を離縁してはならないと戒めている。年老いたアブラハムとサラに子どもが生まれたと『創世記』にあるように、神は子を授けてくださるかもしれないからだ。また妻が不倫をした場合も、夫は「その妻が生存中は、別の女を妻としてはならない」とし、妻が償いを果たしたのちは、「信心深く従順な奴隷として」再び迎え入れるべきだとしている。同様に夫に離縁された妻も再婚してはならず、夫に再び迎え入れられるまで「忍耐強く貞操を守らねば」ならない。夫も妻も、不倫をした者は、償いとしてパンと水の断食と独り寝を一年間続けなければならないとされた。

女性は、夫が不倫した場合でさえ、夫を離縁することはできないと、テオドルスによる償いの規定書は明確に定めている（ただし、夫が修道生活に入ることを認める場合は別だ）。実際、合法的に結婚した夫と妻は、双方の合意がなければ離婚できないのだった。とはいえ、初婚の場合は、夫（妻）は相手が修道院に入ることを認めることができたし、夫が妻を去らせたのちに再婚した場合も、少々長い期間の償いが科されただけであった。妻が夫の不能を証明すれば、その結婚は解消し、妻は再婚できた。妻が夫を「嫌って」そのもとを去り、そのまま帰らない場合、夫は五年間待ってから「司教の承認が得られれば」再婚できた。テオドルスは、不倫を犯した妻が夫と和解することを期待し、「妻に対する罰は聖職者の関与することではなく、夫が決めることだ」と言っている。

再婚を思いとどまらせようとする教会の姿勢は、一家の財産の保護と初婚による子どもの利益を守ろうとしたゲルマン人の法律や習慣と、ある意味で共通点があった。テオドルスによる償いの規定書は次のように定めている――再婚者は一年間にわたり毎週水曜日と金曜日に断食し、それに加えて連続四〇日間の断食を三回にわたり行うこと。三度目の結婚をした者は、同様の断食を七年間続けること。とはいえ、新たな結婚生活に入るまで待たなければならないと定められた期間は比較的短く、寡夫は一ヵ月、寡婦は一年であった。

聖職者の結婚という、教会にとってよりデリケートな問題が持ち上がっていた。純潔に価値を置く聖パウロの偏った考え方に従って、司祭は早くも三世紀には妻帯を禁じられていたが、すでに妻帯している男性が聖職に就くことはしばしばあった。総督や元老院議員、軍高官など俗界の有力者がキリスト教に改宗し、司教に任ぜられることも珍しくはなかった。三〇六年、スペインのエルビラで開かれた管区会議は、妻帯者であれ独身者であれ、司祭と司教は性的活動を控えるべきだと宣言した。しかし、その後開催されたより大規模な第一ニカイア公会議（三二五年）はこの問題を検討したものの、明確な立場を強く打ち出さないことに決めた。これに関して難しい問題が持ち上がったのは六世紀に入ってからだ。この世紀初めの頃に開かれた教会会議は、複数回結婚した男性、あるいは寡婦を妻とした男性が聖職に就くことを禁じたが、それ以外の既婚男性の叙階（聖職に就くこと）を認めていた。そこで疑問が生まれた。司祭や司教は妻と寝ることが許されるのか、それとも性行為という汚濁を避ける義務を負っているのか。いくつかの管区会議が、その義務があると主張し始めた。第四回オルレアン教会会議は「司教はおのが妻を妹のごとく遇すべし」と宣言した。実行は難しいことを認めた同会議は、既婚のすべての上級聖職者、助祭、副助祭には「聖職者が一人、常に伴い、どこへでも同行し、同じ寝室で休むべし。この監視の役務は副助祭、読師《どくし》〔聖書朗読を役務とする下級聖職者〕あるいは信徒の七人が交代で行うべし」と定めた。なぜならば「妻と同棲する司教は悔悛どころか放蕩《ほうとう》の博士であり、尊敬どころか軽蔑の対象とすべきだ」からであった。

グレゴリウスは妻帯司教のエピソードをいくつも書き記している。ブリトン人貴族マクリアヴスはヴァンヌ司教になったとき妻を離縁したが、一家の領地を相続することになると還俗して再び妻を迎えた。マクリアヴスは破門された。クレルモン゠フェランの司教ウルビクスは元老院階級の出身で改宗者だった。妻帯者であったが、妻は修道女になり、二人は離れて住んでいた。だがやがて妻は「悪魔の邪悪さに取りつかれ」て「夫への欲望に燃え、新しいエヴァとなって」、夜闇《よやみ》の中を司教の館へと走った。そこですべてが施錠されているのを見ると、妻は扉をたたき、大声で呼びかけた。「司教様、わたしはあなたのれっきとした妻ですよ、なぜ私を遠ざけ、耳をふさいで聖パウロの言葉を聞こうとなさらないの？　パウロは『それからまた一緒になることはさしつかえない。そうでないと……サタンがあなたがたを誘惑するかも知れない』（コリント人への第一の手紙七章五節）とおっしゃっています。わたしはここ、あなたのもとに帰ってきました。よその人のところではなく、わたしの夫のもとに帰ってきたのですよ」。司教は「聖職にある者としてのためらいを忘れ、妻を寝室へ通すように命じ、彼女と共寝したのち、去れと言った」。司教はのちに深く後悔し、司教区内にある修道院を訪れて「大いに嘆き、涙を流しながら」おのが罪の償いをしたのち、自分の町へ帰っていった。この抱擁で妻は身ごもり、娘を生んだ。この娘は修道女となった。司教とその妻はその後二度と同棲することはなかったが、のちに妻と娘は司教の傍らに葬られた。

大多数の司教は妻と完全に別居するか、一つ屋根の下に暮らしても性的関係を公式に絶つことで、この問題を解決したようだ。やがて司教は独身であるべきだとの考え方が定着したが、下級（若年の）聖職者は、叙階時にすでに妻帯している場合、普通の結婚生活を送ることができた。諸規定が明文化されたのは七世紀の終わり、コンスタンティノポリスで開かれたトルロス教会会議においてであった。実に三〇〇年以上にわたり、ヨーロッパ全域でカトリック聖職者の妻帯が認められていたわけである。

中世前半の数世紀というもの、家族の事柄に関して夫や父親が持っていた権威に大きな変化はなかった。女性が結婚後も実家のメンバーであり続ける無手権婚《シネ・マヌ》というローマ人の結婚習慣は廃《すた》れ、ゲルマン法では一度として認められなかったから、妻は完全に夫の家長権《ムンディウム》の支配下に置かれた。とはいえこの時代、妻や年少の息子や未婚の娘たちに対して夫が持つ権力は、ローマの家長《パーテルファミリア》ほど強大ではなかった。ゲルマン人の法律には、父親の権力をある程度制限するさまざまな規定があったからだ。たとえば、多くの場合、成人した息子は父親から独立すること、家族の重要案件については妻の意見を聞くこと、夫は妻の財産を本人の同意を得ずに売ることはできず、寡婦は遺産を管理し、未成年の子の養育権を持つことなどが定められていた。

父親あるいは親としての権力の乱用に関しては、教会法も、償いの規定書もゲルマン法も等しく沈黙を守った。父親たちは依然として生まれた子を否認したり、売ったりする権利を持っていたが、フランクの王たちは教会と一緒になってこの慣行をやめさせようとした。

　この時代の家族たちは互いにどのような心情を抱いていたのか――そこに光を当てる史料はほとんど残っていない。トゥールのグレゴリウスの年代記によれば、フランク王たちは政治目的の結婚もしたが、愛情で結ばれることも多かったようだ。クロタール一世は妻のイングンドを「心から愛し」ていたが、妻の妹アレグンドをめとった。アレグンドへの「欲望に満たされた」からである。カリベルト王は妻に仕えていた侍女姉妹を「激しく愛し」た。ただし、グレゴリウスが使う「愛」という言葉はあいまいである。キルペリク王は西ゴート人の姫ガルスインタを深く「愛したが、これはこの姫が多額の持参金を持ってきたからである」。だが王は「すでに妻であったフレデグンドも愛した」。王は暗殺者を送り込んでガルスインタの首を絞めさせ、その持参金をわがものとすることで、この複雑な愛情問題を解決した。

　六～七世紀の人びとの子どもに対する態度を明らかにする日記や回想録や道徳書などは何も残っていない。だが、グレゴリウスの年代記はこの面にも一条の光を当ててくれる。そこからは、この荒々しい時代にも人びとは子どもたちにまったく無関心だったわけではないことがうかがえる。グレゴリウスは赤痢の伝染についてこう書いた。「この病はまず幼い子どもたちを襲い、命を奪った。われわれは胸に抱き、腕にかかえて運び、食事を与え、これほどの愛情をもって育てた愛しくかわいい幼子たちを失っていった。これを書いているあいだにもわたしは涙をぬぐい、『主が与え、主が取られたのだ』という義人ヨブの言葉〔ヨブ記一章二一節〕を今一度思い起こそう……」。「当代のヘロデでありネロでもある」キルペリク王とその恐るべき妃フレデグンドさえ、息子二人をこの病で亡くしたときは深い悲しみに沈んだ。王妃は「こぶしで胸を打ちながら」、貪欲の罰として自分たちは「持てるもののなかで最も美しいもの」を失ったと嘆き、罪滅ぼしに課税台帳の焼却を命じさえした。王と王妃は「悲嘆にくれて」子どもたちの亡骸《なきがら》を葬った。さらに数年後、王夫妻は二歳の三男を赤痢で失い、悲しみに打ちひしがれる。フレデグンド妃は、「絹であれ毛皮であれ、息子の服」や持ち物をすべて集め、燃やしてしまった。金銀のものは原形をとどめぬよう炉に入れて溶かした。「息子を失った悲しみを思い出させるものは何も残さない」ためであった。

赤痢の流行に直面した庶民の親の絶望は、償いの規定書からうかがい知ることができる。母親たちは子を救おうと、魔術にすがった。極端な場合、「熱病をいやす」ため、病気の子を家の屋根の上に横たえたり、竈《かまど》の中に入れたりした。そんな魔術を行った者に対しては厳しい償いが科された。

親の思いは幼い子どもの墓碑からも読み取れる。フランス東部ヴィエンヌのサンタンドレ・ル・バ教会に集められた六世紀の墓碑のなかには、二〜一六歳の子どものためのものが二〇基以上含まれる。七歳のドゥルシティウスや三歳のヴァレリアの墓石のように、たいていの碑文は型にはまったもので、復活への希望の言葉とともに「安らかに憩わんことを」と刻まれている。三歳六ヵ月八日で亡くなったマルシウスの墓には享年とともに、(エルセンティアヌスとパレスタという) 両親の名前と「愛をもってここに葬る」との言葉が刻まれている。

償いの規定書は幼児殺しに厳しい償いを科したが、これを中絶や避妊に取って代わるものとして広く認められた手段として扱った。幼児殺しには三つの段階があり、段階が上がるごとに、より厳しい償いが科された。まず、胎児が生命の兆しを見せる前（つまり「魂が肉体に入る前」）の段階、次が「いのちを吹き込まれた」あとの段階、最後に実際の誕生後の段階である。テオドルスの償いの規定書は、生命の兆しを見せる前の胎児の中絶には一年間、受胎から四〇日以上が経過した場合の中絶には三年間、実際に生まれた子どもを殺せば一〇年間の償いを女性に科した。償いには経済的な理由があれば手心が加えられた。「貧しい女が子を殺した場合、［本来ならば一〇年の］償いの期間を七年に減ずる」。コルンバヌス（六〇〇年頃）による償いの規定書は、乳幼児に覆いかぶさって死なせた「信徒の男性あるいは女性」に、パンと水の断食を一年間、さらに二年の間ワインと肉を絶つ償いを定めている。寝ている間に子どもに覆いかぶさり、死なせてしまう事故は、のちの時代の償いの規定書や訴訟記録で、現代に至るまで頻繁に言及されている。

障がいのある子どもは、売り飛ばされるか命を絶たれることが多かった。当時、子どもの障がいは親の罪の因果だと考えられていた。年代記作者グレゴリウスによれば、ある母親は生まれたわが子の形態異常は、罪深くも日曜日に受胎した結果だと信じ、その思い出を消し去るために子どもを売り飛ばしたという。聖女オディリアの父親は、目の見えない子が生まれたのは自分が犯した罪の罰だと考え、この子を殺せと命じたが、母親がとりなしたので子は生き永らえ、聖女になった。

償いの規定書は大部分のページを割いて性の問題を取り上げるが、その姿勢は一貫してパウロやアウグスティヌスの考え方に沿っていた。「強く勧め、忠告したいことは結婚生活における禁欲です」とフィニアンの規定書は説いている。「禁欲なき結婚は法に背くものであり、罪です。［結婚は］情欲のためでなく、子どものために神の権威によって認められているのです」。教皇グレゴリウス一世は、当時広まっていた、乳母に授乳させる慣行を、女性の性的欲望と結びつけて非難した。「悪い習慣が蔓延している……女たちが［子に］乳をやることを嫌がり……ほかの女にやらせている」。女性は通常、子どもが離乳するまでセックスを控えるものとされていた。

理想とされたのは、男女の完全な霊的レベルの結合であった。年代記作者グレゴリウスは、教訓的な話を紹介している。フランス中部の町クレルモン＝フェランの裕福な元老院議員階級の青年インユリオーススは、同程度の階級の家の娘と結婚した。結婚式が祝われ、二人が寝室に導かれたとき、娘は激しく泣いた。「わたしはこの小さな体をキリストのために取っておこうと決めていたのです、男に触れて汚すまいと……。ところが今……純潔のローブをまとっているはずのこのときに、この結婚衣装はわたしにとっては栄誉ではなく恥辱です……。四方にひろがったあなたの地所や領地は、わたしにとってはなんの意味もありません。わたしが切望しているのは楽園の喜びだからです」。青年は娘の涙を見て心を動かされたが、こう言い返した——ぼくたちの親はクレルモンの最上流家庭に生まれたが、自分たちの子どもといえば、ぼくたちしかいない。だから、ぼくたちに子どもが生まれるように願って、この結婚を取り決めたのだ。「自分たちの死後、財産が家族以外の手にわたることがないように」と。しかし、青年はやがて娘の説得を受け入れて言った。「君がぼくとの肉の欲を遠ざけたいと心に決めているなら、ぼくも君の言うとおりにしよう」。二人は「手を取り合って眠りについたが、それ以後の長い年月、毎夜一つの寝床で身を横たえながら、誉むべき純潔を保った」という。二人は死後、別々の墓に葬られたが、グレゴリウスによると、埋葬の翌朝、離れていた二つの墓が隣同士に並んでいた――「彼らの純潔を証明する奇跡であった」。

詩篇113編の挿絵――「主は子を産まぬ女に家庭を与え、多くの子供たちの喜ばしい母とされる」(大英図書館、Harley MS 603、f. 58r)

教会は禁欲を勧めると同時に、夫婦は互いに務めを果たすべしという、パウロの今一つのテーマも重視した。これは夫婦は互いに相手の欲望を満たす義務があるが、これは不品行に陥ることのないためである。夫と妻は合意の上で禁欲の誓いをたてることができるが、そのような決意を一方的にしてはならない――と、六世紀の教会会議は定めたのだった。

償いの規定書の多くは、四旬節の間の禁欲を規定していた。フィニアンによる償いの規定書は、土曜日と日曜、および一回四〇日間にわたる禁欲を三回行うように勧めた。妻の妊娠期間、とりわけ最後の三ヵ月と出産後四〇日間は、性行為を避けるべきとされた。テオドルスの規定書は「夫は妻の裸体を見てはならない」とまではっきり言っている。広く禁じられたのは「自然にもとる性行為」であった。仰臥《ぎょうが》した女性の上に男性が乗る体位は最も受胎の可能性が高いとみなされ、それ以外は「自然にもとる行為」とみなされた。男性が妻の背後から入れば、とくに一回目ならば、科される償いは比較的軽かった。しかし、アナルセックスは「動物と罪を犯した場合と同等の償いを果たすべき」とされた。オーラルセックスは「最も邪悪な罪」であった。こうした行為は自然にもとるばかりか、妊娠を妨げるとみなされた。奇妙なことに、避妊そのものは、初期の規定書では言及されていない。

「姦淫」についてはありとあらゆる償いが規定された。聖職者は一般信徒よりも厳しい償いが求められたほか、たとえば相手の女性が処女だったか、あるいは隣人の妻だったかなど、さまざまな状況に応じて異なる償いが規定された。コルンバヌスによる規定書は、他人の妻との間に子をもうけた男は、三年間「汁気のある食物を絶ち、自分の妻との関係も控え」ることで償いを果たし、不当な扱いを受けた夫に罰金を支払わなければならないとしている。寡婦との姦淫は一年間の償い、少女が相手の場合は二年間の償いに加えて「少女が被った屈辱に対する賠償金」をその両親に支払うことが規定された。ただし、男がその少女と結婚することにすれば、二人は一年間の償いが科されるだけであった。

マスターベーション、同性愛、獣姦を犯した者には重い償いが科された。一般男性よりも聖職者に、少年よりも成人男性に、より厳しい償いが科された。聖職者が果たすべき償いには複雑な段階があった。「みだらな想像」や「邪悪な思い」をもつことから、夢精、女性と「親しくなり」、「触れたり、接吻したり」すること、女性を誘惑し、性交渉を持つこと、マスターベーション、少年や男性と性交渉をもつこと、「獣とみだらな行いをすること」に至るまで、罪の重さに従って償いの業が科されたのである。罪深い思いを抱くことも、実際に罪を犯した場合ほど厳しくはないにしろ、償いが求められた。フィニアンの規定書は「〔多くの〕女性と交渉をもち、彼女らのみだらな抱擁に身を任せた」聖職者や修道僧に厳しい償いを科した。だが、「処女または一人の女性に対して劣情を抱くが、その思いを口に出さない」聖職者は軽い償いで済んだ。「継続的に劣情を抱くが、その思いを遂げられない」者、つまり「心の中で密通をした」者にはいくらか厳しい償いが科された。最も重大な罪は男が、とりわけ聖職者が、年長であることや高い地位にあることを利用して――たとえば聴罪司祭が女性懺悔者に、あるいは高位聖職者が少年に――みだらな行いをすることであった。男が、妻がいるにもかかわらずマスターベーションや獣姦の罪を犯せば、独身男性よりも厳しい償いが求められた。

償いの規定書に記された性に関する規定は、大部分が男性に向けられているが、テオドルスの規定書は女性の同性愛についても触れている。「もし女が女と悪を行うなら、三年間の償いを果たさねばならない」。その女に夫がいれば、さらに厳しい償いが科された。

避妊と同様に売春も、初期の規定書では一切触れられていない。中世初期の大部分は農村だった環境の下では、売春はほとんど行われなかったのだろう。

償いの規定書による近親姦の扱い方は興味深い。償いが規定されているのは、母と息子の間の関係（人類学者ロビン・フォックスによれば「近代ではきわめて稀で、皆無に近い」）、あるいは兄弟と姉妹の間の（フォックスによれば、これもめったにない）関係である。七世紀に書かれたクミアヌスによる償いの規定書には「自分の母親を汚す者は、償いとして三年の間、絶えざる巡礼を続けるべし」とある。一方でテオドルスの規定書は、兄弟姉妹の間の罪の償いとして、七〜一五年間、巡礼を続けるべしと定めた。また、「自分の幼い息子にみだらな行いのまねごとをした母親は、償いとして三年間は肉食を絶ち、一週間に一日（つまり夕の祈りの時間まで）断食すべし」という規定もあった。ところが父親と娘の関係（ロビン・フォックスに言わせれば「明らかにもっとよくある事例」）について、償いの規定書は一切触れていない。グレゴリウスの年代記は悪業の、それも血なまぐさい犯罪のカタログと呼べるが、それでも近親姦をほのめかすのは一ヵ所だけである。フランク人のある小国の王は「とんでもない放蕩者で、自分の家族の女性にまで手を出さずにいられなかった。この王にはファロというみだらな行いを共にする家来がいた」。この王が手を出した女性が実の娘であったか息子の妻であったか、グレゴリウスは詳しく述べていない。

六〜七世紀の家族を取り巻く物理的環境を語る史料は、ほとんど残っていない。ローマ帝国以後のヨーロッパには石造建築がめったになかったから、建物の跡もほとんど残っていない。裕福な家族も普通は木造家屋に住んでいた。グレゴリウスは、ル・ヴレ地方のある金持ちが酔った敵をだまして家に閉じ込め、「木の板でできた家の戸を」閉じて鍵をかけ、穀物を家の周囲と屋根にうずたかく積み、「まったく見えなくなるまで家を完全に被いつくして」から火を放った事件を記録している。オルレアンの住民とブロウの住民が結託してシャトーダンを襲撃したあと、報復に出たシャトーダン側は「家の中にも外にも何一つ残さず……家そのものを打ち壊した」。あるフランク人軍隊長はトゥールに向かう途中、「教会の建物をばらばらに解体」させ、兵士たちは「建物に使用されていた釘」を袋に詰め、貴重な略奪品として持ち帰った。当時の建物の多くは、グレゴリウスが描いたパリの市門の近くの教会堂のように、木材を高く組み合わせて作られた。実際、グレゴリウスの『フランク史』には町が炎に包まれる情景が頻繁に描かれている。

グレゴリウスは屋内の様子も、折に触れて垣間見せてくれる。王妃フレデグンドが対立する二家族を招いてもてなした家には、「フランク人の風習に従って」長椅子と可動式の食事用テーブルが備えられていたが、これは中世を通してごく一般的な習わしとなった。招かれた客の男の召し使いたちは、主人と同じ部屋で食事をした。フレデグンド妃の娘リグンティスの執事長は、「家を箒で掃き、長椅子に覆いをかけておけ」という自分の命令に従わなかった召し使いの命を奪った(が、殺された召し使いの息子に殺された)。金持ちは金や銀の食器を使って客人たちをもてなしたが、木の皿も使われた。オルレアンでグレゴリウスをもてなしたグントラム王は、重さが一七〇ポンド（約七七キログラム）もある大皿を持っていると自慢した。ブルンヒルデ女王は「金と宝石で作った途方もなく大きな盆」に「金と宝石で飾った……一対の木製の鉢をそえて」ヒスパニア王に贈った。

考古学的証拠は、中世の初めの二〇〇年間にヨーロッパで村が生まれたことを示している。古代のそれぞれ孤立した農園に代わって、小さな集落が姿を現したのだ。中世ヨーロッパの農村の最も顕著な特徴はこの段階ではまだ欠いていたものの、教会か城を取り囲む集落には規則正しい一定のパターンがあった。農場にはたいていいくつかの建物が建てられた。

住居といえば、牛小屋兼住居の広いものから、人間だけが住む狭い家までさまざまであった。竪穴式の小屋は、畜舎や貯蔵庫として使った。

そういうわけで、中世の最初の二世紀の間に、地方の革命はひっそりと、文書に記録されることなく進行し、家族と親族集団《ジッペ》は社会を支配し続けた。所有地は息子たちが分割相続し、娘たちは父親か夫の保護の下に置かれた。ただ、母系親族が重要な役割を果たすこともあり、兄弟姉妹は強い絆で結ばれていた。

族外婚をめぐる教会のさまざまな概念は、まだ形成の途上にあった。七世紀、教会は義理の関係にある者との結婚を禁じ、一夫多妻に反対する姿勢を強めた。しかし、「解消不能な一夫一婦婚」という教会の基本的な概念は、新興ヨーロッパの支配階層になかなか受け入れられなかった。

第四章　カロリング朝時代

八〜九世紀、農業革命は他のさまざまな変化と結びつきながら、中世ヨーロッパ特有の社会パターンを作り上げていった。八〇〇年に戴冠したシャルルマーニュの帝国は、現在のフランス、ドイツ、イタリアを版図におさめ、一時はローマ帝国の再現ともみなされたが、やがてヨーロッパは再びばらばらになり、ヴァイキングやサラセン人の襲撃にさらされた。侵略を受けるたびに小規模な、だが破壊的な小競り合いが続き、土地持ちたちは、武装して城に住む戦士というエリート階級を作り上げていった。農民の家族は戦士たちの保護を頼みにした。

こうした社会的変化が、八世紀の終わりから九世紀初めにかけて、初めて記録に残されるようになった。記録の主なものは、（その形状から「幾重にも折りたたまれたもの」を意味する）「ポリプティクス」と呼ばれる所領明細帳である。ポリプティクスには、一家族が保有する小農地《マンス》（ラテン語「マンスス」から）ごとに借地人の名前と地代や労働奉仕の評価が記されている。マンスという語は地域によっても使い方が違い、時代とともにさまざまな意味を持つにいたっているが、基本的には「土地の保有」を意味した。家屋、庭、畑地から成る地所で、領主に対する多大な貢納義務を伴ったが、そこを耕す小作農の家族はその土地を代々受け継ぐことができた。

農民の暮らしと同じく、貴族の生活についても、史料はごくわずかしか残っていない。ただ、『ドゥオダの手引書』〔邦訳／『母が子に与うる遺訓の書――ドゥオダの『手引書』』、岩村清太訳、知泉書館、二〇一〇年〕と呼ばれる、いささか謎めいた書がある。カロリング朝上流貴族の考え方や家族に対する気持ちを、わずかに――ほんのわずかにだが――垣間見せてくれるユニークな書である。

当時の社会の第三の構成要素であった教会は、結婚や家族に関する教義や政策に関して広範な文書資料を残した。

農民と所領明細帳

所領明細帳のデータは書式がさまざまで、現代の研究者に言わせれば、それぞれ長所も短所もある。どの明細帳も内容は中途半端で、所領地のすべての住民を確実に記録しているとはいえない。また、後代の荘園裁判所の記録とは異なり、住民の私生活についてはほとんど語ってくれない。わずかに残る文学作品や考古学的史料からは、当時の小作農の男は目の粗い亜麻布のシャツの上にゆったりしたフード付きのチュニックを着て、レギンズを穿《は》き、重い靴を引きずって歩き、たいていは木製の簡単な農具を使って働いていたことがわかる。農民が住んでいたのは、木材と粘土でできた一間きりの家で、家具といえばテーブル一台とベンチが一、二脚といったところ。一家は土間に藁布団を敷いて寝た。

所領明細帳は、当時の家族の規模や構成については重要な、また農民の生活様式についてもかなりの程度の情報を提供してくれる。ローマの東のアペニン山麓にあるサンタ・マリア・ディ・ファルファ大修道院で八二〇年頃作成された所領明細帳は、一貫した書式で農園の小作人を記録しており、人口統計学的分析にはまたとない資料といえる。一家族ごとに、戸主、その妻、未婚の子どもたち、（同居していれば）既婚の息子とその妻や子どもの順に記名され、最後に「家と所有物」と家畜が記録されている（たいていは驢馬《ろば》一頭、それに牝牛や子牛、牡牛や馬が加えられることもあった）。農家で家禽が飼われていたのは明らかだが、所領明細帳に家禽の記載はない。ただ一ヵ所に、ある家族の未納分として（ほかにもあるが）、物品払いの地代の鶏一羽が載っている。残念なことに、当時の地代が記されているのは、この一ヵ所だけである。

世帯ごとのリストの初めには、常にその農家の責任者の名が記入された。借地人の年齢や借地面積は記されていないが、各世帯の経済状況は、その家が所有する家畜の数と、住民名簿に載っている順番で推し測ることができた。暮らし向きのよい家がリストの先に載ったからだ。

歴史家リチャード・リングはファルファ大修道院で一般的だった家族の形を突き止めようと、まずピーター・ラスレットの分類方法を使って所領明細帳の情報を分析し、世帯を五つのグループに分けた。

一　単身世帯
二　未婚の兄弟姉妹の世帯

三　単純（夫婦）家族の世帯
四　拡大家族の世帯
五　複合家族の世帯

明細帳には、一一四七人が構成する分類可能な二四四世帯〔原文ママ。二七二世帯の誤りか〕が記載されているが、このうち、独身者世帯の数は一一、未婚の兄弟姉妹の世帯数は三にとどまった。圧倒的多数（全体の七二パーセントにあたる一九四世帯）が単純家族、すなわち夫婦（子どもがいることもいないこともある）、または寡夫（婦）と子どもで構成される世帯であった。拡大家族（一組の夫婦に男性家長の縁者一人以上が加わった家族）の世帯数はわずか一八（全体の六パーセント）、二組以上の夫婦が構成する複合家族の数は四六（一七パーセント）であった。

単純家族の一九四世帯のうち、子どものいない夫婦のみの世帯は二七を数えた――「アウタリとその妻」、「サビニアヌスとその妻マリア」。夫婦と子どもが構成する世帯の数は一五四であった――「ペトルスとその妻ローサおよび子どものフスルス、アド、シンピュラ、アディレウパ」。一家の長を寡婦が務める世帯の数は一〇、寡夫が務める世帯の数は三であった。

拡大家族の一八世帯の大多数は、上に向かって広がっていた――つまり、夫の父親か母親が寡夫（婦）となり、息子夫婦と同居していた。横に拡大していたのは四家族で、そのうち家長の既婚の兄弟がいるのは三家族、未婚の姉妹がいるのは一家族であった。夫婦に姪や甥が加わるという、下方に拡大した例は二世帯あった——「パルンブスとその妻テューダおよび彼の姪シンデュラとラトゥラ」。

複合家族の四六世帯の半数が、夫婦と一組の息子夫婦から成り立っていた。七世帯が夫婦と二組の息子夫婦で構成され、さらに未婚の子どもたちが加わった世帯もあった。三組の息子夫婦が一世帯を成していることもあった。おそらくは、兄弟による土地の共有システム（「フレレシュ」あるいは「フラテルニタス」と呼ばれる）があったのだろう。

こうした分析から、いくつかの事実が明らかになる。第一に、これはすべての世帯に当てはまることだが、父親は死ぬまで家長であった。妻に先立たれた男が息子夫婦と同居する場合も、父親が家長であった——「アントニウス、およびその息子テューウディムンドゥスとその妻グッタ」、「フレド、およびその息子シンドルフスとその妻ロデルディと息子」。複合家族の四六世帯のうち、父親に代わって息子が家長になっていたのは、二世帯のみで、どちらのケースも父親が非常に高齢であった。また、父親の死後に跡を継いだ息子たちは、たいてい既婚者か寡夫であり、どちらとも説明がされていない男が家長を務めていたのは一世帯だけであった。

第二に、複合家族には一組かそれ以上の息子夫婦がいたが、注目すべきは娘夫婦あるいは姉や妹の夫婦が含まれていないことだ。娘は結婚すれば家を出ていき、寡婦になっても実家に戻る人は稀であった。一方、息子は結婚すれば自分の世帯を構えるか、父親の家に妻を連れてくるかのどちらかであった。ただ、二組以上の息子夫婦がいた可能性がある家族は一例しかない。

「婦人部屋」で羊の毛を刈り、機を織る女性たち
『ユトレヒト詩篇』の一部（ケンブリッジ大学トリニティ・カレッジ、MS R 17、I、f. 263）

第三に、継子や養子のいる世帯はかなりあったが、血のつながりのないメンバーがいるのは一世帯のみ——サクサに住む子どものいないある夫婦のところには女奴隷が二人いた——であった。明細帳でこのほかに奴隷が言及されているのはただ一例である——フォルコーネの修道院の農場におよそ一〇〇人の奴隷集団がいた。その四分の三は女性で、おそらくは「婦人部屋」と呼ばれた織物作業場で働いていたのだろう、「よく働く」とか「ある程度働く」と評価されていた。残りの（男性）奴隷は厩舎係、鍛冶屋、料理人、粉挽き、庭師などであった。

継子として記録された子どもがわずか（五人）しかいないことから、子どものいる寡婦はなかなか再婚できなかったことがうかがえる。単純家族一〇世帯の寡婦たちは貧しかったようである。家畜を飼っていたのはそのうちの二人だけであった——アイデリンダとその四人の息子は子牛一頭と驢馬一頭、アウデラーダとその三人の息子と二人の娘は驢馬一頭を飼っていた。

第四に、平均的な世帯規模は四・七人〔原文ママ〕であるが、ここには重要な事実が隠されている。全世帯の半数が四人以下のメンバーで構成されていたが、全住民一一四七人の半数が六人以上のメンバーがいる世帯に住んでいた。
第五に、リングの分析からは、経済的、心理的な圧力が複合世帯の分裂を促す働きをしていたことが明白に読み取れる。未婚の子どもたちは、兄弟の一人が妻を迎えたのちも家にとどまったが、夫婦に子どもが生まれ始めると家を出ることが多かった。兄弟のうち二人が既婚の場合、未婚の兄弟姉妹は、とりわけ両親が亡くなっていれば、たいていは家を出た。兄弟の二組の夫婦のうち、兄のほうに子どもが生まれると、弟夫婦が家を出る傾向が強かった。

この調査では単純（夫婦）家族が圧倒的に多数であったが、これはおそらく当時の人びとが望んでいたものではないだろうと、リングは主張した——農民が理想としたのは（大勢の）息子たちが結婚後も実家に住む、いわゆる合同家族であったろう。だが一家の農地は狭く、乳幼児死亡率は高く、寿命は短かったから、たいていの人はそんな望みをかなえることができなかった。

ほとんどすべての家族はいくつかの段階を経て、夫婦を中心としたサイクルを繰り返す。結婚した夫婦によって新しい世帯が始まり、やがて子どもが生まれる。子どもは成人すると家を出て新たな夫婦家族を築く。息子たちが妻を迎えて親の家に一緒に住めば、複合家族が生まれる。父親が死ねばこの複合家族は分裂し、新たな夫婦家族がいくつか生まれる。夫婦家族は同じような経過を繰り返すだろう。ただ、複合家族に発展できない家族もあったに違いない。成人に達するまで生き延びた息子がいない、息子が結婚年齢に達する前に父親が死んだ、あるいは一家の農地が狭く、増えた家族を養うだけの収穫が上がらないなど、さまざまな事情が背景にあったと考えられる。

　跡継ぎの息子たちが農地を平等に分ける習慣があった中世前期の農民社会に、合同家族が存在したと考えるのは理論的に妥当であろう。わずかばかりの農地をさらに小分けにする代わりに、息子たちは共同で畑仕事をしたかもしれない。ファルファの調査結果を合同家族制が存在する社会の統計モデルと比較したリングは、次のような結論に達した。「［ファルファの］住民の少数とはいえ、かなりの数の人が、一度か二度は……合同家族の世帯に住んだことがあり……おそらく多数の人が人生のある時期に、夫婦と未婚の子と［一組の］息子夫婦と一つ屋根の下で暮らしたことがある、と考えることができるだろう」。

　九世紀初めにファルファ修道院の農場に住んでいた農民家族を、ヨーロッパの他の地域の家族と比べるのは難しい。当時は大きな家族集団が好まれたといわれるが、ファルファ以外の少なくとも二つの所領地調査がこの見方を支持しているようだ。最もよく知られ、規模も大きな調査は、パリ近郊のサン・ジェルマン・デ・プレ修道院で（八〇一〜八二〇年にかけて）行われたものだが、欠陥もかなり多い。そこにはすべての借地人が記録されているわけではないようであり（不可解なほど多くの単身者が記されている）、同一人物が別々の立場で複数回記録されている。さらに小農地《マンス》に住む幾組かの夫婦間の続柄が記載されていないため、さまざまな解釈が可能になる。歴史家エミリー・コールマンは、これらは血縁関係のない夫婦であると推定し、核家族はこの所有地で最も多いというよりも、唯一の家族形態だと結論した。その一方で、デイヴィッド・ハーリイーはこれら幾組かの夫婦は親類だと推定し、全世帯の大部分（四三パーセント）が複合家族の世帯だが、三世代家族は稀であったという結論を導き出した。さらにハーリイーは、最下層の農民の子どもたち、とりわけ女の子は召し使いとして裕福な家に入り、結婚年齢に達すると実家に帰されるという、後代に一般的な慣行がすでに見られるとも結論づけた。

一方、マルセイユのサン・ヴィクトール修道院の所領一三ヵ村をめぐる調査（調査が行われたのは八一三〜八一四年、プロヴァンスがサラセン人の襲撃にさらされた時代である）は、断片的ではあるものの、農場の大部分（三五パーセント）に複合家族が住んでいたことを示している。通常は二組の夫婦が、時には三〜四組、いや五組もの夫婦が一緒に住んでいた。さらに注目すべきは、調査された一三ヵ村のうち、すべての農場に人が住んでいたのは四ヵ村にとどまることだ。二つの村では農場はすべて無人であり、七つの村では無人農場が三〇パーセントに達している。しかも、成人の未婚者の数は非常に多かったが（男性一二七人、女性一二〇人が「独身の息子」あるいは「独身の娘」として記載されていた）、男女六〇人が「外来の」――つまりこの修道院の所領地の外から連れてこられた――配偶者を持つ者として明記されている。「外来の」配偶者はここにやってきて、従来からここに住んでいた妻（夫）の家族と共に暮らしたのである。中世研究者スティーヴン・ワインバーガーはこの調査結果を分析した結論として、サラセン人の襲撃を絶えず受けていたサン・ヴィクトールの農民は、「最大限の安全と安定」を求める社会を作り上げたのだと指摘している。家族は互いに頼り合い、他所から人を迎え入れて人数を増やし、過度な負担のかかった土地資源に集まったのだった。

たしかにサン・ヴィクトールの調査からは、保護を求めて身を寄せ合う家族の姿が浮かび上がってくる。世紀の後半になると、住民は完全に農場を見捨て、山地に逃げ込んだことが年代記に記されている。だが、のちの文書からは、次の世紀（一〇世紀）に人びとが戻ってくると、居住形態をはじめ、社会的地位や家族構成に、またそれまでの停滞した経済にも革命的変化が起きたことがわかる。農場はどこも人が住み、農奴制に代わって小作制度が広がり、拡大する経済を背景に、より緩やかで柔軟性のある形の家族が姿を現した。つまり、サン・ヴィクトールの拡大家族、複合家族は危険があふれる環境の中で防衛機能を果たしたのであり、単純家族の世帯は安定と自由の産物だということができる。

バイエルンのローターバッハという、めったにない俗人所領地の台帳も、同じ時代に作られたものだ。そこには農業経営の効率化を図る領主が、いかに働き手を配置し、農奴の結婚を仲介したかが示されているという、中世研究者カール・ハマー・ジュニアの指摘は興味深い。農民は通常は自分が属する共同体のメンバーの中から結婚相手を選んだと思われるが、ふさわしい相手がいなければ、よその所領地の農奴と結婚した。こうしたやり取りは、二つの所領地の間で農奴を交換することでバランスが取れるのだった。同様に、この農場では単純家族の世帯が圧倒的な多数を占め、家族の規模もおおよそ均一であったが、その背景には管理者の積極的な操作があったと考えられる。子どものいない借地人や子どもがすでに独立した高齢の夫婦の家には、他の使用人が住み込むなどして、労働力を供与したのだろう。こうすれば小作地はすべてくまなく耕作され、しかもどの小作地も、扶養できないほどの人数を抱えることはない。それは同時に、若者には仕事を、高齢者には援助を与えることになる。ここに見られるのは、個々の家族というよりも所領地全体のライフサイクルだといえよう。ハマーがいみじくも言ったように所領地は「文字通り一つの大家族」なのだった。

サン・ジェルマン・デ・プレとファルファの住民調査に表れた男女比から、幼児殺しが行われていたとみる学者もいる。サン・ジェルマン・デ・プレの子どもの男女比は、女児一〇〇人に対し男児一四三人、ファルファでは女児一〇〇人に対し男児一三六人であり、こうした数字は女児殺しが行われていたという主張の根拠となっている。たしかに幼児殺しは行われていたかもしれない。ただ、この二ヵ所の調査だけでは確実なことはわからない（たとえばファルファでは、成人の男女比は女性一〇〇に対し男性一〇三と、不可解なほど男性が減っている）し、報告が不十分であったなど、他の原因があるかもしれないというのが、大方の学者の見方である。なお、サン・ヴィクトールの調査では女性の数が男性の数を一〇〇対九三の比率で上回っていた。

所領明細帳は、家族経営農場の出現と、それとともに農民家族の誕生を記録する重要な文書史料である。農民家族の形や規模は人の誕生や死、あるいは経済状況という偶然の要素に大きく左右されて実に千差万別であり、おそらく当人たちの希望通りになることはめったになかっただろう。わたしたちが目にするこうした無名の人びとの情報が――フレド、アド、アウタリ、アディレウパ、グッタ、セクスラといった個人名までも――一〇〇〇年以上も保存され、そのおかげでヨーロッパの家族の謎に包まれた起源が明らかになったことは、ちょっとした奇跡といえるだろう。

九世紀の貴族の家族

『ドゥオダの手引書』はフランク王国の貴族の女性ドゥオダが一五歳になる息子ギョームに宛てて、八四一～八四三年の間に認《したた》めた勧告集である。ドゥオダの家の男性メンバーの多くは歴史上に名を残しているが、ドゥオダという人物の存在を証言するのはこの書のみで、他の文書にも同時代の年代記にもドゥオダは言及されていない。

ドゥオダの夫の父、ギョーム・ド・ジェローヌは、シャルルマーニュがイベリア半島でイスラム教徒と闘った戦争で数々の武勲をたてた英雄であり、のちに「ギョーム・ドランジュ」の名で叙事詩に歌われた人物だ。シャルルマーニュの実のいとこであり、トゥールーズ伯に任ぜられている。ギョームはジェローヌに修道院を創設し、晩年は八一二年に没するまで、そこで過ごし、のちに列聖されて（ジェローヌの）聖ギョームとして慕われた。ドゥオダの夫のベルナール・ド・セプティマニー（南フランスのスペイン国境に近い地中海沿岸地域の地名）は、シャルルマーニュの子ルイ敬虔王に側近として仕えた。実際、ルイ王はベルナールの洗礼の名づけ親であったし、ベルナールはルイの末の息子の後見役を務めるほど親しい間柄であった。

ドゥオダは『手引書』の序文で夫ベルナールとの結婚について語る。アーヘンの宮殿での結婚式は、大帝（シャルルマーニュ）の崩御から一〇年後の八二四年六月二十九日のことだった。年代記や考古学的調査から、七九四年にシャルルマーニュが建築を始めた宮殿の模様を再現することができる――四つの門のある城壁の内側に、四つの建物群が中庭を四角く囲むように配置されていた。まず大広間があり、それに隣接して文書や財宝を保管する大塔があった。次に王の居住棟があった。王の寝室は上階だ。兵舎と裁判所を兼ねた建物があり、これは大広間と屋根つき通路でつながっていた。さらにいくつかの宗教施設が十字の形に集まっていた。その中央にあるのが、ドゥオダの結婚式が執り行われた八角形の聖堂だ。年代記作者アインハルトによれば、この聖堂は「金銀で飾られ、ランプや格子戸や頑丈な青銅の扉」がついていて、ローマやラヴェンナから運ばれた大理石の柱で支えられていた。シャルルマーニュの伝記作者ノトケルによれば、「抜け目のない」大帝は、宮殿の周りに家臣の居宅を建てさせたが、その際、「自分の寝室の窓から家臣の動きや出入りを、相手に気づかれることなく、すべて見渡せるように」配置した。宮殿の敷地内には墓地や狩場や動物園もあった。

ルイ敬虔王　ドゥオダの夫ベルナールが主君と仰いだ王。その宮殿でベルナールとドゥオダは結婚式を挙げた。フラバヌス・マウルス著『聖なる十字架の賛美について』(831-840)の一部(オーストリア国立図書館、ウィーン、Cod. 652、f. 3)

　年代記や写本のイラストや彫像からは、当時の宮廷人の服装を想像することができる。シャルルマーニュや後継の王たちが身に着けていたのは「(アインハルトによれば）フランク人独特の衣服」であった。亜麻布のシャツと下穿きを肌にじかに着け、その上からタイツを穿き、絹の縁取りのあるチュニックを着た。靴を履き、脛《すね》には布のゲートルをまき、冬になると毛皮のヴェストや大外套を着た。女性は袖のゆったりしたチュニックをまとい、宝石の飾りがついたベルトを締め、その上にマントを羽織った。頭はヴェールで覆い、金のヘッドバンドで留めた。

ベルナールはドゥオダと結婚式を挙げた直後に、イスラム教徒の攻撃からイベリア半島を守るべく、国境防衛の任に就いた。八二六年十一月二十九日、ドゥオダは出産（その場所は明らかにされていない）、生まれた子は祖父の名を取ってギョームと命名された。「あなたはわたしから生まれた子、待ちに待った長子です」とドゥオダは書いている。その翌年、イベリア半島で勝利を収めたベルナールは、アーヘンの宮廷でルイ敬虔王の侍従に任命された。ベルナールは「帝国内の第二の権力者」となり、「王の反抗的な息子たちの鎮圧に際して王の副官をつとめた」と年代記作者ニタールは記している。

政治家、軍人として経歴を重ねる夫に従って、ドゥオダは各地を転々と移動したようだ。著作の最終章では、夫の成功を支えるために大きな負債を負ったことを息子のギョームに打ち明けている。また借金は「父上があなたとわたしから離れることがないようにするためでした。多くの人びとがそのような経験をしています」とも言っている。ベルナールは八三〇年、主君ルイ敬虔王の二人目の妻ユーディトと密通したとして政敵から糾弾されるのだが、この事件のことをドゥオダは一言も書いていない。ユーディトは（ニタールによれば）「自らの親族とともに人びとの前で誓いの言葉を述べ、身のあかしをたてた」のだった。また八三〇年代に続いた王と息子たちの抗争に一家が巻き込まれ、数々の不幸を被ったことにも、ドゥオダは『手引書』では一切触れていない。ベルナールの姉妹ゲルベルガは（ニタールによれば）「まるで魔女のように」樽に入れられてふたを封印され、ソーヌ川に放り込まれて溺死した。また、兄ガウセラムは斬首され、同じく兄のヘリベルトは目をつぶされた——すべてルイ敬虔王の長男ロタール一世の命令であった。

骨肉の抗争は次から次へと続いた。ベルナールは一時期、ルイの孫であるアキテーヌ王ピピン二世の陣営に加わったが、そんな人生の岐路（八四一年三月）に、ドゥオダにもう一人の息子が生まれたのだった。一五年ぶりの子どもであった。ニームに近いユゼスで出産したドゥオダは、おそらく三〇代後半か四〇代にさしかかっていただろう。しかし、生まれた子が洗礼を受ける前に——ドゥオダ自身の言葉によれば「まだごく幼い時に」——、ベルナールはユゼスの司教の手を借りて赤ん坊をアキテーヌの自分のもとに呼び寄せた。おそらく政敵から子どもを守るためだったろう（二男は父と同じくベルナールと名づけられた）。長男のギヨームは父親と一緒にいたようである。ドゥオダは、「わが主君［ベルナール］の命令に従い、その成功を喜びながら」ユゼスにとどまっていたが、「もう長い間離れ離れになったままです」と記している。生まれたばかりの子と引き離され、長男も遠く離れた地にいるドゥオダは孤独だった。

王位をめぐる骨肉の争いは、ベルナールが仕えていた側が敗北して終わった。ベルナールは長男ギヨームを勝者の一人のシャルル禿頭王《とくとうおう》の宮廷に遣わして忠誠を誓わせ、見返りにギヨームの領地と称号の承認を取りつけた。ドゥオダが稿を起こしたのは、まさにこの時期である。ドゥオダの著書は、若者に宮廷の礼儀作法や政治術を教えるというありきたりの目的ではなく、息子の道徳的、霊的な安寧を確かなものにするために書かれている。「この書に、あなたは鏡を見出すでしょう」とドゥオダは息子に語りかける。「この鏡によって、自分の魂の救いについてよく考えなさい」。中世書物の例にもれずにラテン語で書かれ、聖書への言及や聖句の引用が詰め込まれてはいるが、この書はドゥオダの真情を十分に表している。自伝的な序文でドゥオダは、息子のために「この小著を認《したた》めさせた［実際に文字に起こしたのはおそらく聖職者だった］」目的を説明している。

最初の部分は若者のための宗教的な教えであり、神の愛、神の探求、神の偉大さ、三位一体の神秘、さまざまな美徳（とくに愛徳）、祈り方などが説明されている。次にドゥオダはギョームが負う社会的恩義について語る――父親に、主君（シャルル禿頭王）に、司教や司祭たちの恩義に報いなければならない。またドゥオダは悪徳について語る――うぬぼれを勇気に、傲慢を柔和に変質させなさい。聖霊の助けによってさまざまな他の悪徳と戦いなさい。とりわけみだらな行いを避け、禁欲を実践すれば色欲に打ち勝つことができます。「純潔を保つことはなんと素晴らしく力強いことでしょう。それによって、死すべき人間は天使と同じようになり、その仲間となるのです」。人間には絶望、偽りの富、迫害、誘惑、貧困、苦難、危険、病などさまざまな試練が降りかかりますが、それでも神の栄光を称え続けずにはいられません。

さらにドゥオダは完徳に至る道を示し、二つの誕生（肉による誕生と霊による誕生）と二つの死（一時的な死と永遠の死）について語り、人びとのために祈りなさいと勧める――聖職者と王たちのために、主君と父上のために、また一家の祖先、とくにおじで名づけ親のオータン伯ティエリーのために祈りを捧げなさい、と。興味深いことに、ドゥオダは続く数ページを、当時の人びとが好んだ数霊術に割いている――アダムという名前の字数とその意味をはじめ、六（世界史の六時代区分）、八（ノアの箱舟に入って洪水を生き延びた人数）、九（天使の九つの位階）など、数字の意味が説明される。最後にドゥオダは故人となった縁者たちの名をあげて、彼らのために祈りなさいと勧め、自分の墓に刻んでもらいたい碑文を記す――神に罪の許しを願い、「老いも若きも、男も女も、ここを行き来する、すべての人びと」に自分のために祈りを捧げてほしいと呼びかける八連の詩であった。

八四一年十一月に起草されたドゥオダの手引書は、翌年のギョームの一六歳の誕生日までには書き上げられ、その年の冬に数編の覚書が加えられた。著者についてこれ以上のことはわからない。ある年代記作者がギョームの妹の結婚に言及していることから、ベルナールが八四三年にユゼスにいたドゥオダのもとを訪れ、翌八四四年には二人の間に娘が生まれたとみる学者もいる――だがこの年、ベルナールはシャルル禿頭王に反逆の疑いをかけられ、トゥールーズで処刑されたのだった。一九歳のギョームは禿頭王の甥でライバルのピピン二世のもとに走り、八四五年にはボルドー伯の称号を授かった。しかしその四年後、ギョームも処刑された。弟のベルナールはおそらく八七二年まで生き、ベルナール・プランテヴェルと呼ばれたようだ。のちにクリュニー大修道院を創建したアキテーヌ公ギョーム（敬虔公）は、このベルナールの息子であったとされる。

『ドゥオダの手引書』は、中世初期に俗人が、しかも女性が書いたユニークな書だが、それ

シャルル禿頭王　『シャルル禿頭王の詩篇集』の一部。9世紀（フランス国立図書館、MS lat. 1152、f. 3v）

ばかりでなく、九世紀ヨーロッパの貴族の家の三つの側面に光を当てている点で不朽の価値がある——家族が互いに抱いていた感情や家庭内の権威、そして九世紀の人びとの家族意識が、ここに見事に映し出されているのだ。

　ドゥオダは夫と息子から遠く離れたところに住まなければならないと、嘆き悲しむ。「わたしは多くのことに心を占められていますが、なかでも最も大きな望みは、いつの日かこの目であなた方を見ることです……。わたしの心はこの願望に悩み苦しんでいます」。ドゥオダはまた、この遺訓を幼い弟もいつか必ず読むように見届けてほしい、兄弟で愛し合うように、とギヨームを諭す。「わたしがいまも名前も知らないあなたの弟が、キリストによる洗礼の恵みにあずかったなら、この弟をかならず導き、教え、愛しなさい……。なぜなら彼は［旧約聖書ヨセフ物語にあるように］あなたの骨肉であり、弟なのですから」。

　しかし、ドゥオダが最も重要だとして力を込めて説くのは、ギヨームの父親の権威であった。ドゥオダ自身、夫を「わが主君」と呼んでいる。「おそばにいる時も、離れている時も、何よりもまずあなたの主君であり、父親であるお方を、畏れ、愛し、忠誠を捧げなさい……。重要な事柄に関していつも父上に聞き従い、その助言に耳を傾けなさい」。おそらくルイ敬虔王の反抗的な息子たちを思い浮かべてのことだろう、ドゥオダは、ギョーム自身もおとなになったら子どもをもつだろうが、「反抗的で高慢で貪欲な」子どもではなく、「慎み深く、穏やかで、従順な子」であってほしいと願うだろうと語る。そのような子をもつ人は「自分自身も忠実な子であったことに喜びを見出すでしょう」。ギョームは王や皇帝たちにも忠誠の義務を負うが、生涯を通じて、第一に忠誠を尽くすべきは「あなたの父上です」。そのお方こそ「真正の敬意と忠誠をささげられるべきお方」であり、自分がこの世にあるのは父上のおかげだということを、決して忘れてはなりません。

亡くなった人びとのために祈りなさいと、ドゥオダはギョーム、クンゴンデ、ゲルベルガ、ギボルグ、テオドリク、ガウセラム、ガウナリウス、ロドリンガという八人の親類を挙げるが、彼らの称号や関係は説明していない。ただ、そのうち六人はベルナール側の親戚であったことがわかっている——ギョームとクンゴンデはベルナールの父母、ゲルベルガは姉妹、ギボルグは継母、テオドリクとガウセラムは兄弟であった。ドゥオダはまた、「親族のうちある人々は、神のみ恵みによりこの世におられます」が、もし、あなたが生きている間に、このうちのどなたかが亡くなったら、その方の名を死者のリストに加えて祈らなければなりませんとつけ加えている。リストに名前が記されているのは(ベルナールの側であれドゥオダの側であれ)これだけであり、祖父母より前の祖先については、手がかりや情報は何もない。

ドゥオダは自分の墓碑に刻む銘文を書いたが、葬《はぶ》りの場所については何も言っていない。ギョームの生地についても触れてはいない。ドゥオダとベルナールの結婚式は、どちらかの家族の所領地ではなく、皇帝の宮殿で挙行された。九世紀の貴族は土地を、それもあちこちにたくさん所領していたが、一族の拠点となる居住地、いわゆる「居城」が定まっていた例は少ない。一族の者がそこで生まれ、結婚し、葬られる地、家族のアイデンティティと系譜を表す土地を、貴族たちはまだもっておらず、当時の貴族の称号や役職は世襲のものではなかった。ギョームの祖父は「トゥールーズ伯」であったが、ギョームの父親はこの称号を受け継いでいない。子孫たちはみずからの力で称号と役職と、それに伴う封土《ほうど》を獲得しなければならなかった。九世紀の貴族が最も重視したのは、「王との親密さ《コーニグスナーエ》」であった。封土と称号を与えてくれる支配者との距離である。貴族たちは一族の中心的な所領地ではなく、重職にある親戚の周りに集まった。ある歴史家はいみじくもこう述べている。「カロリング朝とそれに続く時代の貴族たちの世界は……流動性があり、歴史家の目には、縦方向というよりも、妙に横方向に広がる特徴があるように見える……。これら大家族は重心のかけ方を、いやアイデンティティ意識そのものさえ、ほんの数世代で変えることがあった」。父方と同様、母方の系統も尊重されたが、(ドゥオダのリストに表れているように)より重視されたのは父方であった。当時の記念禱の書《リブリ・メモリアレス》にも同様の傾向がうかがえる。リブリ・メモリアレスとは、修道院に(生者、死者を問わず)登録された一族のメンバーのリストで、貴族の葬式ではこのリストにある人びとのために祈りが捧げられた。つまり、こうしたリストにあるのはたかだか二〜三世代の人びとで、かれらは代々つながる血筋ではなく、同じ家系の者たちと受け止められていたのだ。

『ドゥオダの手引書』は両親と子どもたちが（父方、母方の）祖父母やおじやおばたちと近しい関係を保つ、当時の貴族が理想とした家族を描き出す。だが、現実は理想と違った。「多くの女性はこの世でわが子と共に過ごせる喜びを味わっていますが」とドゥオダは嘆く。「しかし、ああ、わが子ギョームよ、わたしドゥオダは、あなたから遠く離れています」。子どもたちと引き離され、不在の夫も危険の中にあり、散り散りになったドゥオダの親類の多くは命を絶たれた。ドゥオダは、動乱の世、外からの力によってばらばらになり、打ちのめされた家族の姿そのものである。

カロリング朝時代の教会と結婚

ゲルマン人の結婚習慣は、カロリング朝時代までは教会の影響をあまり受けなかった。教会が、結婚の制度に関して生ぬるい態度を取り続けたからだ。教会は公式には生殖のためのセックスの必要性を認め、セックスとは時に満たされるべき要求だという聖パウロの見方さえ渋々受け入れた。が、その一方で聖ヒエロニムスの厳しい見解に、ともすれば傾きがちであった。快楽のためだけのセックスは、夫婦の間でさえ、大罪に分類された。

教会は、七世紀末頃までに一夫多妻婚との戦いで相応の成果を挙げ、いとこ同士と姻族同士の結婚を禁止することにも成功していた。しかし、カロリング朝の下で教会が血族結婚を大幅に禁止するようになる兆しなどいささかもなかった。新たな禁止令は二つの要素からなっていた。まず、血族結婚の定義が広げられ、血縁者、姻族にとどまらず「霊的家族」――つまり洗礼時の名づけ親と名づけ子――との間の結婚も禁止された。第二に、禁止対象となる親等が大幅に拡大された。

教会はなぜ制約を増やしたのか。それは謎だ。満足のいく答えは今もまだ出ていない。一八九三年、イギリスの人類学者ジャック・グッディが大胆な提言をした――教会が一夫多妻、内縁関係、離婚、再婚に反対し、かつ、同族の範囲を広げて血族結婚を禁じた裏には、生まれてくる後継者が増えないように貴族の結婚に制約を課し、かれらの所領を遺贈を通じてもっと容易に手に入れる目論みがあった、と。そのような策略を巡らせるには、密かに、かつ申し合わせたように一致して行動する能力、それも企みが存在することを隠し通す能力を中世の教会が持っていたと仮定しなければならない。だが実際には、教会の方針は公の場で討議され、その過程は多くの場合、一歩前進二歩後退で、教会会議の討論、司教会議の宣言、そして教皇の決定を経て決まっている。グッディの説はそのことを考慮に入れていない。

中世の家族研究の第一人者とされるアメリカの歴史家デイヴィッド・ハーリイーは、グッディとは異なる説明を試みている。教会は「金と権力を握った男たちが［然るべき分け前以上に］多くの女たちを集め、独り占めにすることがないように」したかったのだという。グッディが唱えた説に比べればもっともらしいとはいえ、これもまた裏づける記録はない。実際、教会の新たな方針を説明するには、事実を積み重ねて真相に至る心理学にも似たある種の作業が必要かもしれない。だが、これはあいにく歴史学者にはいまだ手の届かない能力である。

血縁関係の範囲を拡大したのは、イギリス生まれの宣教者で、教皇代理としてフランク王国の教会へ派遣された聖ボニファティウス（六七二頃～七五四年）であった。八世紀の前半まで、教会法は親族関係をローマ法に由来する方式で数えていた。夫婦の一方から夫婦二人に共通する祖先にさかのぼり、そこからもう一方までの世代数を数える方式で、同族婚を四親等以内（父母、祖父母、おじおば、いとこ）と位置づけていた。

七二一年と七四三年にローマで開かれた教会会議が、姪やいとことの結婚（ローマ方式で姪は三親等、いとこは四親等）を禁じた。ボニファティウスが結婚の習慣（この習慣によってフランク王国の大貴族たちは姻戚間の同盟ネットワークを築き上げてきた）の改革に乗り出したのは七四七年。大貴族たちの同盟ネットワークを王権への脅威と感じていた国王ピピン三世（在位七五一～七六八年）は、ボニファティウスの改革を支持した。ボニファティウスは教皇と図り、血族結婚の範囲を七親等に拡大すべきだと提案し、この新たな規定はフランク法の一部となった。つまり、禁止範囲の拡大は、純然たる教会の発案というよりも、宗教者の理想主義と国王の自己利益がうまく合致した結果だといえよう。

ボニファティウスは、近親姦の禁止範囲を別の方向へも広げた。男性は関係をもった女性の親族と結婚してはならないとしたのである。この禁制を無視して結婚すれば、その結婚は無効とされ、男性は結婚することが一切禁止され、生涯にわたる償いを科された。この新手の禁制は、意外にもヨーロッパ社会に根づき、その後数世紀にわたって影響力を発揮した。

時を同じくして、教会は新境地を切り拓く。八世紀半ば、ローマ法が触れてこなかった分

血縁関係を示す図　関係の遠近の度合いはローマ方式で数えられている。中央の顔は「わたし」。父と母（上の円）、息子と娘（下の円）は「わたし」と1親等の関係にある。兄弟姉妹（左右の円）は2親等、甥姪は3親等となる。13世紀の写本の一部、パリのゴーティエ・リボード工房（モーガン図書館）

野に、教会は見解を表明した。洗礼や堅信の儀式によって生まれる信徒間の関係に、血縁関係の力学を持ち込むようになったのである。こうして洗礼や堅信を受けた子どもとその家族は、名づけ親（代父母）とその家族の親類とみなされるようになった。名づけ親の人選は、新たに生まれる親族関係を勘案したうえでなされたから、この新しい考え方は社会的に一定の支持を得た。しかし、ボニファティウス自身は、疑念を表明している。友人の子どもの名づけ親になった男が、その友人の死後、残された妻（名づけ子の母親）と結婚したことについて（ボニファティウスはその結婚を承認していた）、カンタベリー大司教に宛てた手紙で

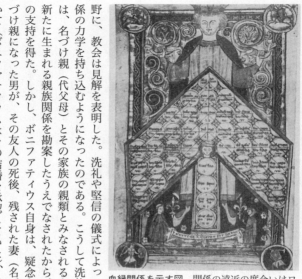

こう打ち明けたのだ。「ローマでは、これは罪だと、しかも大罪だと言われ、この場合、二人は離別《ディヴォルティウム》(1)しなければならないとされています……［が］結婚において霊的関係がそれほど問題になるとは、わたしには理解できないことです。洗礼によってわたしたちはみなキリストの子どもになり、教会ではみな兄弟姉妹なのですから」。

さらに奇妙な新機軸が追い打ちをかけた。九世紀に編纂され、のちの教会法令にしばしば取り入れられた文書――いわゆる「偽イシドルス文書」――に、ボニファティウスが大幅に拡大した同族婚禁止のことが記されている。それらは親等の数え方を変更するという、まるで手品のようなやり方で取り決められたのだった。教会がそれまで一貫して採用してきたローマ方式は、本人から共通の祖先にまでさかのぼったのち、配偶者（となるべき者）にまで下って世代数を数えた。ゲルマン方式は、それとは対照的に、二人に共通の祖先までしか数えなかった。そのため、いとこ同士の間柄はローマ方式で四親等だが、ゲルマン方式では二親等にとどまった。ローマ方式をゲルマン方式に切り替えた結果、「偽イシドルス文書」の記録によれば、曾祖父から四代さかのぼる祖先につながる人との結婚まで近親結婚と裁定されることになった。

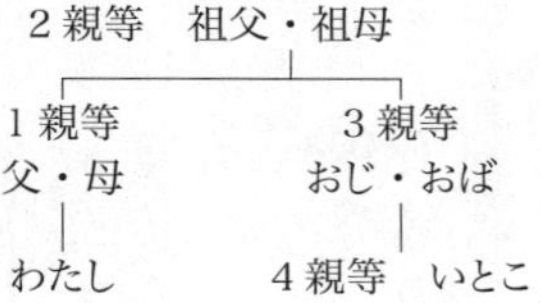

この同族婚禁止が馬鹿馬鹿しいことは言うまでもない。貴族階級の狭い世界では、この禁制を守っていては誰も結婚などできなかったろうし、ありったけの想像力を動員しても、それほど遠い祖先を突き止められる人はいなかった（実際、八人の曾祖父母の名がすべてわかっている

人は、当時は貴族の間でさえ、ほんの一握りしかいなかっただろう）。教会法研究者アデマール・エスマンは、「七親等ルール」は東方教会では採用されたことがないことから、ローマ法適用地域だけで活動していたら、西方教会でもそんなルールは生まれなかったかもしれないと考えた。それでもこの禁令が常軌を逸していたことに変わりはない。

実のところこのルールは、同族結婚であることがもっと明白な場合に、主としてそれを回避するために適用されたらしい。遠戚同士の結婚が影響を受けることは滅多になかった。ただ、これは、ある予想外の結果をもたらした――不自由な結婚から解放されたい王や貴族たちに便利な口実を与えたのだ。この法律上の戦法、配偶者との間に違法な血縁関係があることが明らかになったという虫のいい申し立て――初めて用いられたのは九世紀だった――に洞察力のある聖職者たちはすぐさま懸念を表明した。高名な学者でドイツ中部フルダ大修道院の院長であったフラバヌス・マウルス（八五六年没）は、近親姦の定義が広すぎると主張し、配偶者との間に血縁関係があったと結婚無効の申し立てをする者は、離婚という一層重要な問題をめぐる教会の主張を体よくかわそうとしているのだと、いみじくも看破した。

カロリング朝の時代、結婚にまつわる大きな問題は、実は族外婚ではなく、教会による一夫一婦制と結婚の不解消性（一人の人との生涯にわたる絆）の主張であった。メロヴィング朝の王や貴族たちは大っぴらに多くの妻をめとったが、カロリング朝の人たちは一度に一人の女性と結婚した。ただ、かれらが受け入れた一夫一婦制は、愛人の存在によって色づけされていた。貴族の間では結婚前の若者に一人か二人の愛人がいるのは普通のことだったし、みんなが結婚後にこの習慣をやめたわけではない。しかし、教会の最大の関心は愛人関係ではなく、離婚にあった。八世紀後半の教会会議は以前の立場からいくらか後退し、離婚と再婚のための正当な理由をいくつか――不倫、奴隷の身分、レプラ（重い皮膚病）、合意の欠如、不能、配偶者の一方が修道院に入る場合など――認めている。ただし、当時の法律文書から広く行われていたことがわかる双方の合意による離婚には、教会は強固に反対し続けた。

シャルルマーニュは若い頃、ランゴバルド族の王女と政略結婚するために愛人を去らせたが、一年後にはその妻を離縁した。子どもが授からなかったからだとみられる。ところが、七八〇～七九〇年代になると、司教たちの圧力を受けて離婚禁止令を制定した。離婚は、理由の如何を問わず禁止された。それ以後、シャルルマーニュは模範的な結婚を三回繰り返した。一度に一人の女性をめとり、毎回妻が死ぬまで添い遂げたのである（が、のちに愛人を四人侍《はべ》らせて老いの日の慰めとした）。息子のルイ敬虔王は離婚禁止の方針を支持したばかりでなく、自身も二人目の妻ユーディトとドゥオダの夫ベルナール・ド・セプティマニーとの密通が取りざたされたときでさえ、妻を去らせようとはしなかった。ルイ敬虔王の治世下に開かれた数度の教会会議は、不倫は離婚の理由としては不十分であるとの新しい方針を強く打ち出した。

九世紀の後半、一人の王の離婚問題を契機に始まり、中世を通して続いた王権と教会の激しい対立は、政治史だけでなく結婚の制度にも大きな影響を及ぼした。

八五八年、ロタリンギア（ロレーヌ）王ロタール二世は、子のない妻テウトベルガを離縁しようとした。愛妾《あいしょう》ワルトラーダと結婚し、二人の間の子どもたちを嫡出子《ちゃくしゅつし》とするためだ。離婚の理由として王は、テウトベルガの不貞を、それも近親者との密通を訴えた。結婚前に兄フーベルトと性的関係を結んだと非難したのである（フーベルトは道徳的に芳しくない司教だと評されていた）。ロタール王の主張は二つの点で容易に信じられないものだった――なぜ結婚後二年もたってから訴えを起こしたのか。王は結婚直後、伝統に従って「朝の贈り物《モルゲンガーベ》」を贈り、花嫁が処女であったことを公式に確認したではないか。これに対して王は、途方もない説明をする。フーベルトは、王の主張によれば、妹とアナルセックスを行ったのだった。そのためテウトベルガの処女性は損なわれなかった。そのうえ王はさらに恐ろしい理由を加えた――テウトベルガは、フーベルトとのセックスから妊娠することはなかったにせよ、魔術によって子を宿し、堕胎したのだと。王がなぜ、つじつまの合わない中傷をこれほど並べ立てたのかは、謎である。

テウトベルガは潔白を主張し、神明裁判で裁かれることを求め、無罪を勝ち取った。王妃の代理人は、煮えたぎる湯に沈められながら、無傷で浮かび上がったのだ。ロタールはしかし負けを認めず、別れることに同意するまで妻を幽閉した。その後テウトベルガは、おそらく強要されたのであろう、王家付き司祭でケルン大司教のギュンテルに非公開の告白をした。その内容を記録した文書が八六〇年一月、アーヘンで開かれたロタリンギアの司教たちによる教会会議に提出された。テウトベルガが公の場で告白を繰り返すことを拒否すると、司教たちは、結婚無効宣告を出す前の段階として、テウトベルガが修道院に入ることを「認めた」。すぐさまロタールは、再び大っぴらにワルトラーダと暮らし始めた。同じ年の二月、二回目の教会会議が招集されると、王妃は、拷問の脅しを受けてのことだろう、居並ぶ司教たちの足元にひれ伏し、罪を告白した――「わたしの兄で聖職者であるフーベルトは、少女であったわたしを汚しました。数回にわたり、わたしの体に対して自然にもとる行為を行い、不義をはたらきました」。テウトベルガは公の贖罪《しょくざい》を命じられたが、この段階でロタリンギアの司教たちは二の足を踏んだ。王に再婚の許可を与えないばかりか、教会法の権威であるランスの大司教ヒンクマルス（八〇六～八八二年）の判断を仰いだのである。

これは王の離婚が大きな事件となった初めてのケースであった。その背景にある政治問題、つまり世継ぎの必要性が深刻なことは、衆目の一致するところだった。実際、それはロタール王国の命運を決する問題だった。ロタール二世のおじにあたるシャルル禿頭王と（東フランクの）ルイ二世は、分裂したシャルルマーニュの帝国のうちの二王国を支配していたが、隙あらばロタリンギア（ロレーヌ）を二人で分け合おうと虎視眈々と狙っていたからだ。ロタールはルイ二世に領土割譲の言質《げんち》を与え、離婚問題についての支持を取りつけた。するとテウトベルガはシャルル禿頭王の宮廷へ逃れた。禿頭王はヒンクマルスの後援者であった。

ヒンクマルスはロタリンギアの司教たちが寄せた一連の質問に答える形で、「国王ロタールと王妃テウトベルガの離婚について」と題する論文を発表した。

ヒンクマルスはまずこう指摘する――この離婚問題はきわめて平凡なタイプであるが、ロタールは神から選ばれた王であるから、ほかの人びとより多くの責任を負っており、その一つは模範を示すことだ、と。続けて、次のように説いた――アーヘンでの教会会議の動きは作為的であった。あの告白を引き出すために、どのような圧力が王妃に加えられたのか。王妃はすでに神明裁判によって潔白が証明されていたではないか。その説明としてロタリンギアの司教たちは「この女性は代理人を裁判の場に遣わすにあたって、心の中で兄ではなく、別人の名を思い描いた。それで代理人はやけどをしなかったのだ」と示唆しているが、そんな主張は受け入れられない。神明裁判は聖書によって正当化されている有効な手続きであり、神ご自身の裁きが表明される場である。王妃テウトベルガの代理人は傷を負うことなく浮かび上がった。それゆえ、王妃は潔白である。

司教たちはヒンクマルスにこんな質問も呈していた――「堕胎をしても女は子を宿し、処女のままでいることができる」ことを聖書も教父たちも認めているかどうか、またそのような罪を犯したのちの結婚は有効なのか。そうした司教たちの質問に対しては、通常の受胎の過程をこと細かに説明し、最後に見事な皮肉を込めてこう結んでいる。「性交を行わずに女性の性器が精液を受けること、また子宮が閉ざされ、陰門が閉じられた状態で女が子を宿し、生きた子を産む、あるいは堕胎するなどということは、比類なき幸せと恩寵にみちた聖処女マリアの例を除いて、古今東西聞いたこともなければ、真実の書である聖書に書かれているのを読んだこともない。聖処女の懐胎は自然によるものではなく、恩寵によるものであった」。さらにヒンクマルスは疑問を呈する。「国王陛下がこの女性を処女として迎えたのなら、なぜ今になって彼女が汚されていたと仰せられるのか。だが、もし処女でなかったとすれば、陛下はなぜこれほど長期間にわたり傍にとどめておかれたのか」。もし悪事が実際に行われたとすれば、その罪は報復と償いの業という二つの方法によってのみ、贖うことができる。真実を明らかにするためには、フーベルト自身に証言させせなければならず、もしテウトベルガの同意がないままことが行われたと証明されれば、フーベルトが罪の責任を負い、罰せられなければならない（この点でヒンクマルスはみずからの後援者で、フーベルトと同盟を組んでいた禿頭王と意見を異にした）。

ヒンクマルスは続ける――王妃を非難する行動において、司教たちは四つの過ちを犯した。第一に、非公開の告白が、たとえ複数の司教の前で行われたとしても、その秘密は保たれるべきである。

第二に、司教たちには、別居を宣告する権限はなかった。というのも、あの段階で公開裁判は行われておらず、法的能力を有する証人（この場合、主たる証人はフーベルトであろう）が証言し、そのうえで判決が出たわけではなかったからだ。別居の理由として唯一認められているのは密通である（離婚の理由としては、いまなお認められていない）。それ以外の訴えは、償いを科し、罪の赦しを与えて対処すべきであった。

第三に、司教たちにテウトベルガを裁く資格はなかった――こう述べたヒンクマルスは、危険をはらむ問題に踏み込んだのだった。結婚と家族をめぐる訴訟に関して、徐々にではあれ確実に支持を広げて影響力を増したこの時代の教会裁判所は、世俗裁判所と実質的に同等の力をもつライバルになっていた。ヒンクマルスは、複雑なこの問題を真正面から取り上げ、結婚についてこう主張した――結婚は二種類の司法を必要とする。社会的側面をもつゆえに世俗の、秘跡として霊的な側面をもつゆえに教会の司法が必要である。世俗の司法は、夫婦それぞれの実家一族やその同盟者の間の不和の回避を重視するが、教会が重視するのはただ一点、結婚の不解消性である。ヒンクマルスはここで、二種類の司法がよく協力した例を挙げた。八二二年、ルイ敬虔王治世下のことだが、ノルティルダという名の貴婦人が夫のアゲムベルトゥスに「恥ずべき方法で」交わることを強要されたと、教会会議に訴え出た。この時教会は別居を宣告しようとはせず、この訴訟を、こうした問題によりよい判断を下せる「既婚の男性一般信徒」による世俗裁判所に委ねた。世俗裁判所が夫を有罪と判断すれば、教会は償いを科すであろう、と。聖と俗のこうした形の協力は可能であるばかりでなく、不可欠だとヒンクマルスは説いた。教会の司法は世俗の司法と競合してはならないというのであった。

テウトベルガの場合は、なすべきことは明確である。ロタールは、世俗裁判所に訴えるべきだ。テウトベルガは、もしそこで有罪判決を受けたなら教会裁判所に控訴することができる。教会裁判所は世俗裁判所が下す判決——死刑——に代わって、一〇年間の償いと終生の純潔を科すであろう。もしテウトベルガが無罪とされるなら——ヒンクマルスは明らかにこれを信じていたが——、ロタールは彼女を再び迎え入れなくてはならない。

第四に、司教たちはテウトベルガに対して不当に厳しく、ロタールに対しては不条理なまでに寛大であった。ロタールは最終的な判決が出るのを待たずに、愛人との関係を再開した。たしかに近親姦は不倫よりも大きな罪かもしれないが、だからといって不倫が許されるわけではない。テウトベルガとロタールの結婚は有効であり、それゆえ解消できない。王にはワルトラーダと結婚する権利はない。

それでもロタールはあきらめず、しかしあえて愛人との結婚に踏み切るわけでもなく二年が経過した。やがてアーヘンで開かれた教会会議に「きわめて暗い表情で」姿を見せたロタールは、自分には妻が必要だと「不満を込めて」訴えた。「もし［テウトベルガが］床入りにふさわしい身であって、近親姦のおぞましい汚れに染まっておらず、告白によって公に有罪とされることがなかったら、余はテウトベルガを妻として傍らにとどめていただろう」。結局この教会会議は、近親姦を理由に二人の結婚を無効と宣言した。ロタールはワルトラーダと結婚し、王妃としたが、その後もこの状態の合法性に確信がもてないでいたようだ。というのも、八六三年になってメッスで開かれた別の教会会議が、ロタールのために新たな裁定を下しているからだ――ロタールとワルトラーダの関係は当初から一貫して合法的な結婚であった、ロタールはフーベルトから脅され、「意思に反して」強制的にテウトベルガと結婚させられていたのだから、との判断であった。

そこでテウトベルガは逆提訴した。自分は「暴力を受けて強制的に」告白をさせられたのであり、いまだに大きな圧力にさらされていると教皇ニコラウス一世に訴え出たのだ。教皇はロレーヌに調査団を遣わし、ロタールとワルトラーダの関係のこれまでの経緯を調べさせた。調査の焦点は、王が「法と慣習に従い、証人たちの前で、あらかじめ取り決められた持参金とともに彼女を受け入れたか」どうか、また「彼女は公式の発表によって彼の妻として認められたか」どうかであった。そうであれば、次に調べるべきは、ワルトラーダがなぜ遠ざけられ、ロタールがなぜテウトベルガと結婚したかであった。だが、もしワルトラーダとの結婚が正式の手続きを経ていないなら、ロタールはテウトベルガと――「彼女が無実ならば」――和解しなければならない。

教皇調査団の報告はテウトベルガの申し立てを決定的に裏づけるものだった。教皇ニコラウスはみずから教会会議を招集し、メッス会議の決議を取り消した。くだんの決議を宣言した司教たちは罷免され、ロタールはテウトベルガを再び迎え入れるように命じられた。シャルル禿頭王に加え、今やルイ二世の後押しも受けたテウトベルガは八六五年、正式に王妃の地位を回復した。国王の主だった臣下一二人から、王妃にふさわしい敬意を払うとの誓約も得た。メッスのアドヴェンティウス司教は、ロタールとテウトベルガが並んでミサにあずかり、王と王妃として共にテーブルについたこと、その後「噂によれば、ロタールはいそいそと夫婦の務めに取りかかった」ことを教皇に報告した。さらに「テウトベルガを戻すようにとのご命令を受けてから、ロタールはワルトラーダには触れておりません」とも断言している。ところがその数ヵ月後、この司教は友人の司教に手紙を送り、教皇に知られれば二人は破門されるから、その前にロタールを説得してワルトラーダと寝るのをやめさせてくれ、と頼むことになった。

実際、ロタールは初めの計画をあきらめてはいなかった。八六六年、ロタールはテウトベルガに無理やり離婚の申し立てをさせる。教皇ニコラウスへの手紙でテウトベルガは、自分が不妊であること、またロタールとワルトラーダが結婚していたとされることを理由に、離婚を認めてほしいと願い、修道院に入る許可を求めた。教皇の返答は厳しかった――不妊は離婚の理由とはならない。子が宿らないのは、不妊の体のゆえではなく「あなたの夫の悪徳行為」のゆえである。テウトベルガが修道院に入ったとしても、ロタールは再婚することはできない。

八六七年の初頭、ニコラウス教皇はシャルル禿頭王に書簡を送り、ロタールがテウトベルガの殺害をもくろんでいると耳にしたと、懸念を表明した。殺すか、あるいは決闘裁判で有罪に持ち込み、処刑しようと企んでいるらしい、と。同時に、教皇はロタールにも書簡を送り、テウトベルガを傷つけたなら、神からの厳しい罰を受けることになると警告した。それに、ロタールはすでにワルトラーダと密通しているのだから、万一テウトベルガが亡くなっても、ワルトラーダとの結婚を認めることはできないと教皇は宣告した。

だが、テウトベルガは争いに嫌気がさしていた。八六八年、彼女はローマへ赴き、ニコラウスの跡を継いだ教皇ハドリアヌス二世に謁見《えっけん》した。だが夫婦の和解を求めていたわけではない。その場にいて訴えを耳にしたある司教によれば「テウトベルガは、あの偉大なロタール王の顔をもう一度見るくらいなら、異教徒たちのところへ逃げていく方がましですと言い切った」そうである。

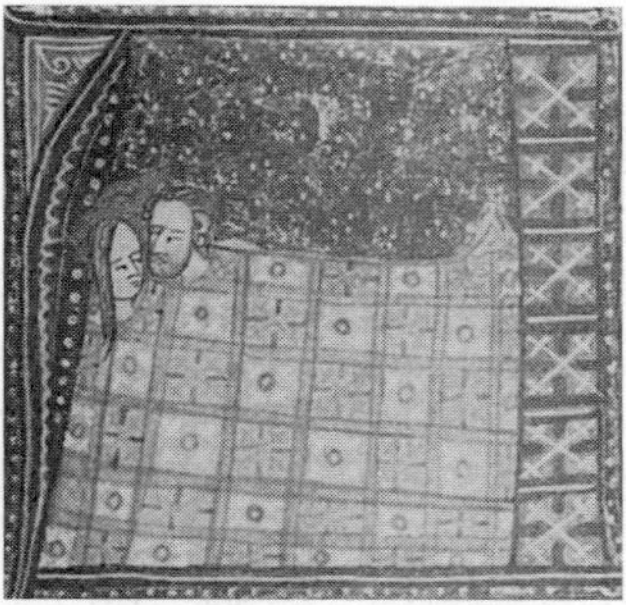

密通　教会法の書から（大英図書館、MS Royal E VI、f. 61）

離婚をめぐる法的争いは八年間続いた。離婚の理由としてロタールが次々と持ち出したのは近親姦、すでに結婚していること、自分の同意を抜きに結婚が進められたこと、妻側の不妊、妻が修道院入りを希望していることなどである。こうした申し立ての一つ一つを、教会は断固として却下した。膠着状態はワルトラーダとテウトベルガが二人とも修道院に入るまで続いた。八六九年、悔悟者としてローマを訪れたロタールは教皇ハドリアヌス二世から赦免を受けたが、帰国の途上で世を去った。嫡子がいないままだった。敵側に言わせれば、まさに天の摂理であった。翌年、ロタールが残した王国を、二人のおじたちが分け合った。

ロタールの離婚騒動とほぼ同時期にヒンクマルスが重要な役割を担い、教会法の立場を強めた離婚訴訟が、ほかに二件ある。その一つは北イタリアのボッソ伯とその妻で夫の従者と(八五六年に)駆け落ちしたインギルトゥルードの離婚であった。和解を勧める教会の通常の方針の下、ベネディクトゥス三世とニコラウス一世の二人の教皇はインギルトゥルードに夫のもとへ帰るよう命じた。夫は妻の不倫を非難しながらも、妻が戻るなら受け入れると言明していた。ところが、夫に殺されるのではないかと恐れたインギルトゥルードは、ロタールの宮廷へ身を寄せ、教皇から破門を宣告される。そこでケルンの大司教ギュンテル(テウトベルガの秘密の告白を聴いた人物)はヒンクマルスの意見を求めた。インギルトゥルード に公の贖罪を科し、そのうえで彼女が夫と離れてケルンに滞在するのを認めるべきか、それともあくまで夫のもとに帰れと説くべきか。

これに対し、ヒンクマルスはギュンテルに、インギルトゥルードの別居を認めることも、償いを科すことも適切ではないと答えた。ギュンテルがなすべきは「彼女が夫から公正な扱い」を受けられるよう見届けることだ。そのうえでインギルトゥルードは夫のもとに帰るべきである。もし夫が彼女にひどい仕打ちをするなら、夫が属する司教区の司教が教会法によって裁くことになる。夫婦は和解しなければならず、妻の身の安全は保障されなければならない。だがこの二つのうちでより重要なのは和解である。

駆け落ちから九年後の八六五年、インギルトゥルードは教皇使節に伴われてローマに上ることに同意した。だが、その途上で気が変わり、身を隠してしまう。教皇ニコラウスは、不倫は離婚の正当な理由ではないとの教会の方針を堅持し、ボッソ伯の再婚を認めようとしなかった。

もう一つのケースは、オーヴェルニュ伯シュテファンが、自身の結婚は成就していないと教会会議に訴え出た件である。シュテファンはトゥールーズのレモン伯の娘と婚約する前に、その娘の親類筋のある若い女性と関係をもっていた。聖ボニファティウスが拡大した近親婚タブーの範囲内の者との関係であったから、シュテファンは良心の咎めを感じて婚約を解消しようとしたが、レモン伯は娘の結婚を強引に進めた。シュテファンはおとなしく金銭面の話し合いに合意し、結婚式を挙げるに至ったが、床入りにあたってしり込みしたという。シュテファンは、「神のみ前でその救いにあずかり、レモン伯と和解して平和な関係を築くため、なによりもあの貴婦人の安全と名誉を守るため」に、何事であれ教会の助言に従うつもりだと明言した。

このケースはロタールとテウトベルガの離婚にあたってヒンクマルスが提言したとおり、聖俗二つの法廷で裁かれることになり、地元司教たちによる会議が招集されると同時に、国王の裁判所が開かれた。前者は倫理問題、つまりこの結婚は解消可能かどうかを検討し、後者はレモン伯とシュテファンのそれぞれの家族とその支援者の間に起こり得る政治暴力の芽を摘み取り、シュテファンに制裁金を科す場合はその査定をすることになっていた。ヒンクマルスは、花嫁の言い分を聞くことが重要だと強調した。「シュテファンと同じことを言うだろうか。男女のことになると、一方の言い分をもう一方が否定することがしばしばある」。結婚成立の要素、つまり婚姻の秘跡それ自体について、また当事者が自由な立場にあり、性的結合があったかどうかを一つ一つすべて詳しく調べなければならない。その後ヒンクマルスは、シュテファンの結婚は解消不能にあらずとの結論に達した。この結婚を成就させなかったシュテファンは正しかった。二人はこの関係を解消しなければならない。教会会議もこの結論に同意した。花嫁は父親の保護権の下に戻され、結婚するも修道院に入るも自由になった。ヒンクマルスはシュテファンに「教区の司教から科される通常の償いを果たし……赦しが与えられたあとに、もし抑制できないなら……再び姦淫の罪に陥らないために、正式に妻をめとるべきである」と助言を与えた。シュテファンがその後結婚したかどうかはわからない。

ヒンクマルスが論文で詳述した考え方は、結婚についての教会の教義を、とりわけ結婚の不解消性の教えを強化し、明確化した――結婚において「神は男と女を合わせ、二人を一体とされる。人は、神が合わせ給うたものを離すことはできない。離すことができるのは神だけである」。キリスト教徒はこの事実を、それがもたらすあらゆる結果とともに受け入れなければならない。ヒンクマルスは男性に対し、妻とする人を慎重に選ぶようにと助言した。というのも、いったん妻にすれば、聖ヒエロニムス（三四七頃～四二〇年）が生々しく描き出した諸々の欠点を耐え忍ぶことになるからだ。「大酒飲みでいつも不機嫌、ずぼらで好色、貪欲で大食いで、そのうえ浅はかで口論好きで下品な女であったとしても、いったんめとったら好むと好まざるとにかかわらず、妻にしておかなくてはならない」。

ヒンクマルスは妻を離縁しようと、あれやこれやの手を使う男たちの姿を描いている。夫たちは「妻の密通を言い立て、何の証拠もなく、裁判にもかけず、正当な理由もないまま殺してしまう。そこにあるのは憎しみと残忍さ、あるいは別の女を妻にしたいとか愛人を囲いたいという欲望だけである」。また、「妻を市場に連れていき、そこで肉屋に殺させ、遺体をブタに投げあたえた」男がいた、あるいは妻を「自分の手にかけた」夫がいたと、尾ひれのついたエピソードもいくつか語っている。男たちは結婚して二、三年もたつと、あらゆる機会をとらえて、夫婦関係を絶とうとするものだ。愛人を囲い、妻を中傷し、妻に強要して愛人がいると認めさせる。妻に聖職者の前で夫の不能を証言させたり、修道院で隠遁生活を送りたいと言わせたりするのだと、ヒンクマルスは主張している。

もし、思うままに離婚して別の結婚生活に入ったり、秘密のみだらな行いで身を汚したりする自由が人に認められたなら、数え切れぬほどの元妻や元夫たちの集団が生まれるだろう。この人たちは、人間の掟にはるかに優先する神の掟を破っていることになる。この哀れな集団には男も女も含まれていたが、ヒンクマルスの重点は男に置かれていた。結婚の制度を脅かしているのは、勝手な男たちの残忍性と放蕩《ほうとう》であった。

ヒンクマルスは、完全な純潔を保てれば、それがいちばんよいという聖パウロの説を認めながらも、結婚は秩序と安定性をもたらすから、結婚すれば人は魂の救いに専念することができると説いた。密通や姦淫《かんいん》は魂の安定を損なうものであった。

ヒンクマルスによれば、合法的な結婚とは四つの要件を満たさなければならない――

（一）平等で自由な当事者同士の合意があること、（二）女性が父親によって花婿に渡され、適切な資産を与えられること、（三）結婚が公開の場で祝われること、（四）結婚の行為が成就されること。婚約式や結婚式は重要ではあるが、結婚の二次的な、つまり社会的、法的な側面に関わるものにすぎない。結婚の不解消性は、社会的、法的な側面ではなく、前述の四要件と密接に関わり合う次の三つの要素に基づいている――（一）秘跡であること。つまり、キリストと教会の一致になぞらえられる神聖な行為であること、（二）互いの合意と（三）交合があること、の三要素である。シュテファンの結婚は、社会的、法的な形は整っていたが、互いの合意はなく、交合もなかった。ゆえに、この結婚に秘跡性はなく、解消可能である。一方、ロタール王のケースでは、王は結婚に合意し、交合を成就させたのだから、この結婚は合法であった。

さらにヒンクマルスは、夫も妻もそれぞれ「自分のからだを自由にすることはできない」（コリント人への第一の手紙七章四節）と説く聖パウロを引用しながら、はっきりとこう結んでいる。「それゆえ、教会の権威者によれば……性交については、結婚している夫婦は他の者にではなく、互いにその義務を負うのである」。キリストの目には、「男性にとっても女性にとってもただ一つの法」しかない、とヒンクマルスは説いた。

とはいえ、男女平等は一夫一婦制という最重要問題から偶発的に生まれた概念にすぎなかった。ヒンクマルスは、妻の病気や不妊、妻が魔術を使うこと、夫婦の一方が奴隷状態に陥る、あるいは修道院に入ること、不義密通など、それまで世俗法や教会法で認められていた離婚理由をすべて退けた。当時の通念では、（ボッソ伯のように）自身は不倫をしていない夫は密通した妻を離縁し、再婚する権利があるとされていたが、ヒンクマルスはこれにもノーと言った。婚姻の秘跡は不義密通によって解消されるものではない。その説明として、ヒンクマルスは洗礼の秘跡を挙げる。洗礼を受けた人が罪を犯したとしても、洗礼が取り消されるわけではない。適切な償いによって、洗礼による恵みは回復されるのであるから、密通した人も償いを果たし、和解することができる。

そういうわけで、結婚を解消する唯一の根拠は、その非合法性となった。つまり、その結婚は正しく成立しなかったという証明である。

ヒンクマルスの著作の影響により、離婚だけでなく、結婚そのものの概念が次第に変わっていった。家同士の同盟や財産の交換といった契約関係を重視する結びつきから、夫婦の合意と二人の身体的結合を前提とした個人的結びつきへの転換であった。同時に社会の関心は、新郎新婦の家族やその同盟者から、新たに形成される夫婦家族へと移っていく。むろん、結婚には経済的、政治的な側面がついて回ったし、この傾向はとくに富裕層で強く見られた。しかし、教会の目から見れば、金銭や領地や権力の問題だけでなく、人の気持ちの問題にも、徐々にスポットライトが当たり始めたのだった。

原注

（1）ラテン語「ディヴォルティウム」。離婚とも婚姻無効とも訳される。中世の教会はこの二つの概念を区別しなかった。

第五章　アングロ・サクソン時代のイングランド

中世前期の五〇〇年間に、ヨーロッパ大陸ではゲルマン人とローマ人の二つの文化が相互に、またキリスト教会と影響し合った。一方、ローマの影響が限定的で、ゲルマン人の移住もゆっくりと進み、地理的に孤立していたイギリス諸島では、大陸とは別の、ゲルマン社会の特徴を色濃く映し出す光景が広がった。五世紀の終わりから六世紀初めにかけてのアングロ・サクソン人の渡来を、その四〇〇年後に編纂された『アングロ・サクソン年代記』は純粋に軍事侵略として描いているが、考古学的証拠や文書史料からは別の姿も浮かび上がってくる。イギリス諸島へ渡ったアングロ・サクソン人は、大陸を移動した同族のゲルマン系の人びとと同様に、軍人だけでなく部族全体でやってきて各地に住みついた。ローマ人はすでに引き上げていた（四一〇年）から、新来者はいとも簡単にこの地を手に入れることができた。だが、かれらは大陸を移動した同族たちとは違って、先住民となかなか溶け合わなかった。ガリアでは、結婚による異文化間の系統的な同盟関係の構築が進んだが、ブリテン島ではそうはいかなかったようだ。侵略者たちは自分たちの言語をほとんど変えずに使い続けたし、なかなかキリスト教に改宗しなかった。大多数の改宗は七世紀になってからのことだが、それ以後も布教活動は時として後退を余儀なくされた。歴史家で聖職者のベーダ（六七三頃～七三五年）は、異教信仰へと後戻りした王国の例をいくつも報告している。

この時代のイングランドをめぐる情報は、年代記や（残念ながら、トゥールのグレゴリウスによる『フランク史』と肩を並べる作品は生まれなかったが）、文学作品、考古学的発見から得ることができるが、ほかにも二種類の重要な史料がある。当時のいくつかの小王国の王たち——ケント王エセルベルト（五六〇年頃～六一六年）やウェセックス王アルフレッド（在位八七一～八九九年）ら——による法令集と、主に九～十世紀頃までにさかのぼる遺言書や特許状である。これらの史料は、大陸ヨーロッパに残っているものと比べると、数も少なく不明瞭なうえに、上流階級のことしか語ってくれない。

他のゲルマン系諸族と同様、アングロ・サクソン人も、大きな親族集団を主な構成要素とする社会を持ち込んだ。この集団は地域的集団（基盤となる領地をもち、共通の祖先をもつ集団）ではなく、親族集団（ある個人を中心とし、その人の近親者から成る集団）であった。両親、祖父母、兄弟姉妹、おじおば、いとこたちが重複的な関係で結ばれたこの集団は、社会、経済、司法の面で重要な機能を果たした。集団は個々のメンバーにふさわしい地位を与え、結婚を取り決め、相続の調停にあたった。メンバーの個人的行動に関しても一定の枠を設け、メンバーを保護し、メンバーのために報復や賠償金の支払いや取り立てを行った。大陸のジッペの例に見たとおり、アングロ・サクソン人の社会でも親族集団がもつ司法上の権威は、イングランドの豊かな農業環境を背景に台頭する領主や王たちに徐々に侵食されていった。とはいえ、親族関係は社会的に重要な意味を持ち続けた。男であれ、女であれ、人の社会的評判は——時にはアイデンティティさえもが——親族集団によって決まった。この時代を代表する英雄叙事詩の主人公、勇士ベーオウルフはデネ（デンマーク）王フロースガールのもとに赴き、みずからの武勇を語る前に、自分は「ヒイェラーク王につながる者であり、近習《きんじゅ》である」と名乗り、そののち幾たびも「エッジセーオウの子息」と呼ばれている。八世紀に書かれたアングロ・サクソン語の詩「さすらう人」には、縁者も仕える主人もない、「寄る辺なき者」の心が歌われている。

悲しみのうちに故郷を追われ
縁者たちは遠い。幾たびも重い鎖で
枷をかけずにいられなかった、心の奥の思い出に……
遠くとも近くとも、いずこかで、出会えたなら
宴会の間でわたしに好意を示してくれる人に
寄る辺ないこのわたしに癒しを与えてくれる人に
やさしく遇してくれる人に……

ジッペと同様に、アングロ・サクソン人の親族集団は、父系に重きを置きながらも、父方、母方双方のつながりをたどる双系であった。親族の厳密な範囲は決まっていなかった。贖罪金の支払いなどのために援助を頼める親類の範囲は、おそらく関係の近さと近づきやすさによって決まったのだろう。ただ、基本的には、ごく近い近親者グループに頼ることができた。学者たちは古英語の語彙から、この近親者グループは夫婦家族と数人の傍系親族から成る集団であったと推測している。現代英語が「父《ファーザー》」や「母《マザー》」に「祖《グランド》」や「曾 祖《グレート・グランド》」を

つけて「祖父母」や「曾祖父母」を表すように、古英語も「年長の」、「第三の」、「第四の」といった形容詞をつけて親族関係を表した。「父」は faeder、「年長の父 ealda faeder」は「祖父」、「第三の父 thridde faeder」は「曾祖父」であった。同様に「息子」は sunu で、「息子の息子」、すなわち「孫息子」は sunasumu であった。おじ、おば、甥、姪は、母方と父方で別の用語が使われた。父の姉妹は fathu、母の姉妹は moddrige、父の兄弟は faedera、母の兄弟は eam であった。また、自分の兄弟の子どもと姉妹の子どもは、それぞれ別の用語があった。しかし、親等が異なる間柄のさまざまな「いとこたち」は、ひとくくりに同じ単語が使われている。いとこのレベルでの関係性の違いは大きな問題ではなかったのだろう。

親族集団のシステムが男系重視であったとはいえ、女性の身分は結婚しても変わらなかったから、女性の贖罪金は生まれながらの額が維持され、夫の贖罪金に準じて変更されることはなかった。子どもたちは父親の身分を受け継いだが、妻は実家の身分を維持した。

アングロ・サクソン文学には、実家と婚家の板挟みになる女性がよく登場する。対立する二家族が同盟を結ぶために嫁いだ女性、「平和の紡ぎ手」と呼ばれる女性である。『ベーオウルフ』の一場面では宴会の席で吟遊詩人が、フリジア人の王フィンに嫁いだデネの王女ヒルデブルフの悲劇を歌う。敵対する王家の和解のための結婚だったが、デネ人とフリジア人の争いは現実のものとなり、ヒルデブルフは、敵味方に分かれて戦った兄フネフと息子を失う。「悲しみにくれる王女」は、兄フネフを荼毘《だび》にふす薪《まき》の山に息子の遺体を加えよと命じる。いったん休戦が結ばれたが、フネフの跡を継いだヘンジェストは兵を増強して再び侵攻、フィン王を殺し、宮殿や村々から略奪した財宝を満載した船にヒルデブルフを乗せて「故郷に」連れ帰った。

同様の事件をベーダも記録している。こちらは実話だ。ノーサンブリア王エグフリドの妹オススリスはマーシア王エセルレッドに嫁いだ。六七〇年、ノーサンブリアとマーシアが戦ったトレントの合戦で、王妃の一八歳の弟エルフウィンが殺された。「マーシア人にもノーサンブリア人にもよく愛された若者」であった。その二〇年後、「王妃オススリスは、臣下のマーシア人貴族たちに暗殺された」。

アングロ・サクソンの王たちの法令集からは、相続の習慣について多少の情報を得ることができる――女性も、子どもたちや近親者とともに、相続の分け前にあずかることができた。遺言によって自由に処分できる土地もあったが、親族から与えられた土地はその一族の中で受け継ぐべきものとされた。エセルベルト王は法令（七世紀）で夫との間に子どもを（一人）もうけた女性は、夫の財産の半分を相続できると定めた。アルフレッド王の法令（九世紀）は、親族から取得した土地に関して、その土地を相続できるのは親族（その範囲は明記されていない）に限ると定めた。十一世紀のクヌート王の法令は、遺言を残さずに死んだ人の遺産は「妻と子どもたち、および近親者がそれぞれ適切な割合で正しく」分割すべしとしている。ただし、「近親者」や「適切な割合」は定義されていない。

現存するアングロ・サクソン人の遺言書に、土地の相続にあたって娘より息子を、弟よりも兄をとりわけ優先する傾向は見られない。先だった夫の領地を妻が無条件で受け継ぐこともあれば、妻の死後に夫の親族に返還するか教会に遺贈することとの条件がつくこともあった。土地は、遺言によって女性を含む広範囲の親族――母親、父親、息子や娘たち、義理の息子、兄弟、義理の姉妹、孫たち、双系の孫たち、同じく双系の甥や姪たち――に遺贈された。養子や名づけ子や養家の親類まで遺贈を受けた例もある。アルフレッド王の遺言書は、王の祖父が領地を男系の子孫に（「錘《スピンドル》ではなく槍《スピア》」の側に、という表現が使われた）遺したことを明らかにしているが、行間からは、祖父は相続について自由に決めることができたが、おそらくはしきたりに従ってこう決めたことが読み取れる。アルフレッド王自身は領土を（息子と娘を区別することなく）すべての子どもたちに遺したが、男性相続人から土地を買い戻すことができるという条件をつけた。アルフレッド王と同時代のある軍人は息子よりも娘に多くの所領地を遺し（息子は非嫡出子だったかもしれない）、残った遺産の一部を自分の父親と母親の双方の親類に遺贈した。

とはいえ、王位を継ぐのは男性に限られていたし、王の系譜は父方の血筋をたどった。王たちの系譜を、歴史に名を遺した祖父や曾祖父を通して幾世代もさかのぼると、たいていは伝説上の先祖にたどり着く。人びとの究極の祖先は、古くはゲルマンの主神オーディンだとされていたが、キリスト教に改宗したのちはノアやアダムやキリストがオーディンに取って代わった。『アングロ・サクソン年代記』は（アルフレッド大王の父）エセルウルフ王の系図を「ノアの子セフ」にまでさかのぼるとしている。この説明によると、「箱舟の中で生まれた」と説明している。その系図を創世記五章に従ってたどれば「ノア、レメク、メトセラ、エノク、ヤレド、マハラレル、カイナン、エノス、セツを経て、人類の始祖アダム」に、究極的には「キリストであるわれらが御父」に至るという。

女性のシンボルである錘（つむ）と糸巻き棒を手にした女（ボドリアン図書館、MS Ashmole 1504、f. 34）

十世紀も末になるまで、概してアングロ・サクソンの王たちは独特のやり方で王位を継いでいた。王国は兄弟で分け合うものでも、父から長男へ遺すものでもなく、兄弟から兄弟へ、そっくりそのまま譲渡されたのである。アルフレッド王は、エセルバルド、エセルベルト、エセルレッドの三人の兄たちのあとに王位に就いた。当然だが、このやり方では問題が起きた。八九九年にアルフレッド王が死ぬと、兄エセルレッドの息子たちがアルフレッドの子エドワードと王位を争い、敗北を喫する。エドワード王亡きあと、エセルスタン、エドムンド、エアドレドの三人の息子が続いて王位に就いたが、十世紀の終わりには父から長子への継承が一般的になった。

聖職者たちは近親姦に反対する声明を何回も出しているが、これは教会が結婚を禁じる親等の範囲内での結婚が、アングロ・サクソン社会では認められていたことを示唆している。ただ、聖職者たちの反対は多くの場合、意見表明にとどまっていたようだ。近親姦を一般の人がどう受け止めていたかは、現存する古英語のなぞなぞ《リドル》からうかがうことができる。八〜九世紀に書かれ、十世紀に編纂された『エクセター本』に収められている次のような詩は、創世記（一九章三〇〜三八節）中のロトの二人の娘の物語を題材にしたものだ。ソドムとゴモラの町が滅ぼされたあと、山地のほら穴に隠れ住んでいたロトの娘たちが父を誘惑し、父によって子を産んだという、このエピソードは古英語の韻文で次のように描かれた。

姉と妹がそれぞれ酔った父の臥所に入った
知徳に優れた父は心も体も葡萄酒に縛られ
目に入ったのは、娘たちではなく妻たち
父は分別を失い——そして娘たちはみごもった、
愛する父の立派な息子たちを
姉娘の子はモアブ、妹娘の子はベニアンミ
二人の王子はそれぞれ民の祖先となったと聖書は語る。

『エクセター本』のなぞかけ歌は、こんなふうに詠んでいる。

一人の男、二人の妻と宴席に、
二人の娘と葡萄酒を飲み、二人の息子と夕食を共にした
娘たちはそれぞれ、自分が生んだ息子の姉、
息子たちはそれぞれ、愛される嫡男、立派な貴公子
父と座る二人の貴公子、どちらも父の息子
そして、おじと甥

この部屋にいるのは五人の家族。

なぞかけ歌の作者は、事態を深刻に捉えていないようだ。その点では、韻文の創世記物語の著者も同じである(ついでにいえば、創世記自体もそうである)。

カンタベリーの聖アウグスティヌスの質問への回答書で、いとこや継母や姻族との結婚を罪と定めた教皇グレゴリウス一世は、さらに厳しい態度をとり、イングランド人の多くが「この忌まわしい結婚によって結ばれて」いるのだから、「神の恐るべき審判」を受けることになると言明した。教皇にこう警告されても、アングロ・サクソンの王たちは行いを改めなかった。七世紀、ノーサンブリア王オスウィは実のいとこのエアンフレドと結婚したが、これに教会が反対したとの記録は残っていない。九世紀末、アルフレッド大王の子エドワードは、いとこエセルワルドによって王位継承に横やりが入ると踏んで、エセルワルドの姪と結婚した。これも教会の見解によれば、明白な近親婚だったが、教会は異議を唱えなかったようである。

だがその五〇年後、エドワードの孫のエドウィグが遠縁の女性エルギフと結婚すると、カンタベリー大司教はエドウィグの弟でライバルのエドガーに行動を起こすように促され、この結婚を無効と宣言した。夫と妻が曾祖父の祖父の代で血がつながっているからという理由だった。

アングロ・サクソンの王や貴族も、メロヴィング朝の王たちがそうであったように、姻戚と結婚した。ケント王エドバルドは継母、すなわち亡き父の妻と結婚し、歴史家ベードの怒りを買っている。八五八年、ウェセックス王エセルバルドが結婚したのは継母、フランク王国の王女ユーディトであった。アルフレッド王の伝記作者アッサーは、この結婚は「神の掟に背き、キリスト教徒の尊厳を傷つけ……これを耳にした者はみな、恥ずべき行いを非難した」と書き残している。だがこの結婚はそのまま継続が認められた。

エセルウルフ（在位 839～858）
- エセルレッド一世（在位 866～871）
  - エセレム
    - エルフレド
  - エセルワルド
- アルフレッド（在位 871～899）
  - エドワード（在位 899～924）

多くの妻をめとり、愛人を囲っていたことで教会からとがめを受けた点でも、アングロ・サクソンの王たちは同時代のフランク王たちと変わりはなかった。ただ、アングロ・サクソンの王たちはフランク王たちほど行状が派手ではなく、教会の批判も控えめであった。マーシア王エセルバルドは一度も正式な結婚をせず、多くの側《そば》女《め》をおいていた。そうしたエセルバルドの行状に聖ボニファティウスは眉をひそめ、王の「みだらな姦淫の罪」を糾弾する抗議書の署名に加わっている。七五七年、エセルバルドが世継ぎを残さないまま、側近の一人に暗殺されると、王を非難したボニファティウスは結局正しかったのだと評された。エドワード長兄王は側女エクグウインとの間に子どもがいたが、正式に結婚したのは父王アルフレッドの死後にすぎない。その後エドワードは二回、おそらくそのたびに妻を離縁して、結婚している。その孫のエドガーは、一人、あるいは二人の妻を離縁して、三回（立て続けに）結婚した。

アングロ・サクソン人の結婚は、大陸のゲルマン人のそれに似たパターンに沿って取り決められた。エセルベルトの法典は、花婿は花嫁代償を支払うべしと明確に規定している。なお、花嫁代償はアングロ・サクソン期の終わり頃までには花嫁自身が受け取るようになっていたとみられる。花婿はまた「朝の贈り物《モルゲンジーヴ》」を贈った。これは「朝の贈り物《モルゲンガーベ》」のアングロ・サクソン版で、通常イングランドでは土地の形で贈られた。十世紀末に書かれたある文書によれば、婚約にあたって花婿は花嫁の一族の前で、「夫は妻を養うべしとの神の法に従い、妻を養います」と約束の言葉を述べ、「友人たちが証人として立ち会った」。さらに花婿は、妻を養う力がある証拠を示し、「それから……結婚の申し込みを受け入れてもらう返礼に何を贈るか、また妻が自分より長生きした場合に何を遺すか（つまり寡婦産）を言明」することになっていた。すべての点で合意が得られて初めて「花嫁の一族は、身内の女性が正式な結婚によって求婚者の妻として結ばれるために、婚約の準備に取りかかるのだった」。

　エセルベルトの法典は、「二人が神の祝福のうちに結ばれる」にあたって聖職者の立ち会いは「当然のことだ」としているが、聖職者がいなければ結婚が成立しないわけではなかったようだ。またこの文書には、「二人が近親者でないこと」に留意しなければならないとも記されている。「結婚の取り決めは、花嫁の一族だけでなく、花嫁自身にとって満足のいくものでなければならない」とも記されている。クヌート王の法典を見ると、遅くとも十一世紀の初めには、国家も教会も、当事者二人の合意は結婚の必要条件だとしていたことがわかる。「寡婦であれ、未婚の少女であれ、好きでない男との結婚を強要されてはならず、男がみずから進んでなんらかの贈与を行わないかぎり、金のために与えられることがあってはなわしいところである。花嫁花婿となるべき男女の家族が、こうした法の精神に常に従ったかどうかは疑わしいところである。

十世紀に生きた女性三人の遺言書には寝具類、食卓用リネン類、椅子カバー、壁掛けなどが遺産として挙げられている。おそらく持参した嫁入り道具にみずからの作品を加えていったのだろう。数々の品が子孫に遺贈され、あるいは教会に寄付された。ウルフワルという名のサマーセットの女性は、バースの聖ペトロ修道院に「ミサ用祭服一式、所有するなかで最も上等な祭壇掛布、寝具二式、タペストリーおよびカーテン一式」を遺贈し、二人の息子には「タペストリー、寝具、食卓用リネン」を遺した。ウィンフレアドという別の女性は、「ベッド一台に必要な寝具一式」が入ったチェスト二台を孫息子に遺贈したほか、孫娘には「最も上等なベッド・カーテンと亜麻布のベッド・カバーおよび寝具一式」の入ったチェスト二台を遺贈した。三人目の女性エセルジフは、タペストリーやシート・カバーを含む家具備品一式を、親戚の女たち一同で分けるようにと言い残した。

十一世紀初期のアングロ・サクソン人が作った結婚契約書――残存するのは二通だけだが――からは、当時の上流階級の花嫁がどんな贈り物を期待できたかが推測できる。また、贈り物は花嫁の家族ではなく、花嫁自身が受け取ったこともわかる。ウルフリックというある貴族は、大司教の妹と結婚するにあたり、「オールトンおよびリベスフォードの地所を生涯にわたって彼女の所有とすることを約し……オールトンの地所については、彼女が存命中であれ死後であれ、これを誰にでも寄贈または遺贈する権利を与え、金五〇マンクスと作男三〇人、馬三〇頭を与えることを約束」した。また、「ゴドウィンがブルフリックの娘に結婚を申し込むにあたって、両者が交わした合意書」と題する文書によれば、「まずゴドウィンは、彼女が求婚を受け入れる気持ちになるようにと一ポンドの金を贈り、さらにストリートの地所およびそこに属するすべての物、バーマーシュの土地一五〇エーカー、および牡牛三〇頭、牝牛二〇頭、馬一〇頭、奴隷一〇人を贈った」。

離婚に関しては、ローマ人やメロヴィング朝の人たちと同様に、アングロ・サクソン人も初期の頃は寛容であった。とくに夫が妻を離縁するのはよくあることだった。ただ、ローマ

厨房で作業の指図をする奥方（ケンブリッジ大学トリニティ・カレッジ、MS B 11.22、f. 37v）

リネンをたたむ（ケンブリッジ大学トリニティ・カレッジ、MS B 11.22、f. 144v）

人と異なり、アングロ・サクソン人は妻が夫を離縁することにも寛容だった。七世紀のエセルベルトの法典には、「［妻が］子どもたちを連れて夫のもとを去りたいと望む場合、所有物の半分を受け取るべし」と定めている。他に例を見ないきわめて寛大な条項だ。さらにこの法典は「夫が［子どもたちを手元におきたいと］望む場合、子ども一人分の分け前を［妻は］受け取るべし」とも定めている。こうした初期の法律には、不倫に対しても批判的な姿勢は見られない。妻に裏切られた夫は、代償として妻の愛人に贖罪金を支払わせる。この支払いに加えて妻の愛人は、夫のために「妻となる女を、自分の金で見つけ、夫の家に連れてこなくてはならない」と定められていた。七世紀後半、ノーサンブリア王エグフリドは、同衾《どうきん》を拒んだ妻エセルドレダを離縁した。歴史家ベーダがウィルフリド司教から聞いたところによると、エグフリドは「王妃が結婚の務めを果たすことに同意するなら、多くの土地と金を与えると約束していた」。結局、王妃は修道院に送られた。このほかにもアングロ・サクソンの王たちはいろいろな理由をつけて妻を去らせたが、教会は介入しなかったようである。イングランドの司教たちは、ロタール二世を糾弾したヒンクマルスとは違って、センセーショナルな大論争は引き起こさなかった。

法典や文学作品からは、アングロ・サクソン人の家庭で妻がどんな役割を担っていたかをうかがい知ることができる。「貯蔵室とチェストと金庫」の鍵は、一家の女主人である妻に託すことが法律で決まっていた。とくに女性の仕事とされたのは、酒を出してもてなすことだ。妻は実際に酌を取り（これは奴隷の仕事であったが）、また女主人として宴席を取り仕切った。『エクセター本』に収められている格言詩は女性の仕事について語っている。

……かまどを起こすのは
周りの人びとから愛され、ほがらかで
秘密を守り、馬でも財宝でも
気前良く分けあたえる女。宴会が開かれると
仲間たちのいるどこにでも姿を現し、
まっさきに貴人たちの守護者にあいさつし、
最初の盃を夫の手へと差し出す。そして知っている
この家の二人にとってのよき助言を……

ベーダはある従士の妻のエピソードを語っている。バーバリーの司教に「急な病」を治してもらったこの女は起き上がると「われに返って……いつもの力を取り戻し、司教とわれらのところに盃を運ぶ義務を果たし、食事が終わるまで酌をし続けた」。『ベーオウルフ』に描かれる宴の席では、デンマークの王妃ウェアルフセーオウが蜜酒の杯をまず夫に、次に夫の家来たちに、続いてベーオウルフに差し出す。「死を恐れぬ勇猛なる戦士ベーオウルフは、ウェアルフセーオウ妃の手から酒杯をいただいた」。また、後日開かれた宴の席では、酌取り係の召し使いが大勢の客人たちの酌をしたが、王妃は手ずから王とベーオウルフの盃を満たした。

妻にはもう一つ、大事な仕事があった。『エクセター本』にはこんな格言詩が載っている。

縫い取りこそ女にふさわしい仕事
うろつく女はうわさを広げ、評判も落ちる
男たちにさげすまれ、美しさも衰え……

ある男が罪を犯したからといって、その妻や家族を共犯者と決めつけてはならない――七世紀のケント王ウィフトレッドやウェセックス王イネの法典から十一世紀のクヌート王の法典まで、アングロ・サクソンの法律は繰り返し戒めている。アングロ・サクソンの社会は、往々にして、これまでも犯罪者の家族をそのように扱ってきたし、当時もそれは変わっていないということだ。イネの法典は、犯行を家族が知っていた場合と、知らなかった場合で、それぞれ異なる刑罰を科した。「もしある男が、妻と子どもたちに知られないように盗みを働くなら、罰金六〇シリングを科す。盗みについて家族全員が知っている場合、彼らはみな奴隷の身分に落とされる」。

牛を盗んだとして夫が有罪になれば、一家の財産の三分の二が没収される。妻が盗みについては何も知らず、肉も食べていないと誓えば、罪に問われることはない。「女が、盗品の肉は一片なりとも口にしなかったと宣誓のうえ断言するなら、［一家の財産の］三分の一を維持することができる」（おそらくこれは寡婦産に充当する部分だったろう）。クヌート法典は、なんであれ夫が家庭内に持ち込もうとするものを、妻は禁止できないことに同意をしたうえで、法的に「妻の管理下にある」とされる三つの保管場所のどれかに盗品が持ち込まれないかぎり、妻に責任はないと定めた。子どもたちにも責任はないとされた。クヌートは続けて宣言する。「従来は強欲な者どもによって、ゆりかごに寝かされ、まだ食べ物を口に入れたことがない子どもでさえ、まるで分別があるかのように、罪を負わねばならないとみなされてきた。余は、今後こうした扱いを完全に禁じる……」。

アングロ・サクソン人の法律は、寡婦が自分の子を育てることを認めたが、夫の親族の後見を受けねばならないとした。ウェセックス王イネの法典によれば、寡婦は「子と暮らし養育」しなければならない。そのために扶養費および「夏に牝牛一頭、冬に牡牛一頭」を受け取る。「夫の一族は子どもが成人するまでその父親の家を管理しなければならない」。ケント王国のホロスヘア、エドリック二人の王の法典は、ともに、子どもの亡き父親の親類の一人を保護者に指名する条項を設けている。保護者は「子どもが一〇歳になるまで財産の管理」にあたった。後代の法典も寡婦の保護を掲げているから、寡婦には後見人がつけられたことがうかがえるが、詳しいことはわからない。

縁談は常に物質的な面を配慮して取り決められたが、それでも年代記を読んでいると、互いに愛し合う夫婦に出会うことがある。ベーダの年代記は、ホイットビーの女子修道院長として有名な七世紀の聖女ヒルダの母親が見た悲しい夢を語る。夢の中で彼女は追放された夫を「必死で探し求めて」いたが、「どこにも、夫の跡さえ見つけることができなかった」という。またベーダは聖カスバートにまつわるエピソードの中で、ヒルデメルという男が正気を失った妻の世話をし、妻の命が危ないと思って涙を流す姿を描いている。さらにベーダは、ノーサンブリア王エドウィンが「若い王妃が激しい苦痛もなく、無事に」王女を出産したことをたいそう喜んだと記している。王は「自分の神々に感謝の祈りを捧げた」が、生まれた子どもにはキリスト教の洗礼を受けさせた。ノーサンブリアの住民で初めて洗礼を受けたのはこの王女であった。

夫婦の愛情を描く文学作品として、ここでも『エクセター本』の格言詩を挙げたい。

愛しい人を出迎える
フリジア人の妻。船が錨をおろした
夫の船が着いた。さあ、あの人が帰ってくる
あの人、わたしの夫が。妻は夫を招きいれ、
海で汚れた服を洗い、新しい衣服と、
夫の愛が求めるものをこの地で与え……

アングロ・サクソン文学作品には、夫婦の関係を表す語として「フレオンシピ」がよく使われる。これを語源とする現代語の「フレンドシップ（友情）」よりも、やや深い意味がある言葉だが、「パッション（情熱）」よりも弱い、おそらく「アフェクション（愛情）」に近い語であろう。

＊＊＊

子どもに対する親の気持ちもまた、文学作品から読み取ることができる。『ベーオウルフ』では、息子を失った王妃ヒルデブルフが悲嘆にくれる。また、勇者ベーオウルフの祖父フレーゼル王は、息子の一人がもう一人を殺《あや》めてしまうという悲劇に見舞われる。王は「わが子が若くして絞首台に吊るされる様を見るのは、老いの身には切なきこと」と悲嘆にくれ、仇を報じることもかなわず、「悲しみに打ちひしがれて」世を去るのである。『エクセター本』の中の詩「人の運命」は子育てについて歌っている。

世の常なること――神のお力によって
人とその妻は、出産し
この世に子を送り出し、その子をよきもので満たし、
励まし、いとおしむ、その時がくるまで。
年日とともに、幼子の手と足、
生き生きとしたその四肢は伸び育つ。
父と母は子を抱き、子と歩き、
子に与え、子を支える。神のみぞ知るは、
伸びゆくこの子に歳月がもたらす運命。

歳月がもたらす運命のなかには災難も含まれていた。

荒れ地《ムーア》をうろつく灰色の
狼が子を貪り食い、母は
子の死を嘆き悲しむ。だがこれは人の力のおよばぬこと。

あるいは、育ち盛りの子は――
大火の炎に呑み込まれるかもしれない。
残酷な火、赤々と激しく燃えさかる……母は泣きさけぶ
炎に呑み込まれるわが子を目の当たりにして。

ベーダの『聖カスバート伝』からは、七世紀の子どもの姿を垣間見ることができる。カスバートの両親は小作農であったらしい（カスバートは幼い頃から羊の番をしていた）が、ある婦人から「乳をもらって育った」という。カスバートはこの婦人のことを「よく……母と呼び」、おとなになってからもしばしば彼女のもとを訪れた。「幼児から少年へと変わる」境目の八歳になるまで、カスバートは「浮かれ騒ぐのが大好きで、その年頃の子どもの常で、いつも友だちと遊んでいた。生まれつき敏捷で、頭の回転も速かったカスバートは子ども同士の競争ではいつも勝者であった。他の子どもたちが疲れ切っても一人だけ元気なカスバートは勝ち誇り、自分に挑んでくる者はいないかとあたりを見回すのだった。跳んでも、走っ

ても、取っ組み合いをしても、そのほか何をしても、同い年で自分にかなう者はいない、実際、年上の友だちを打ち負かすことさえできると、カスバートは自慢していた」。だが、ある日、いつもの友だちと「いつものように野原で遊んでいた」ときのことだ。一人のまだ幼い子が泣きながらカスバートのそばに寄ってきて、こんな子どもっぽい遊びはやめてくれと訴えた。カスバートはその子をなだめ、それ以降は「むなしい遊びをやめて」祈りと黙想と教育に専念するようになった。

アングロ・サクソンの法典には、性にまつわる問題に関してさまざまな規定がある。レイプや誘惑といった性犯罪には賠償金が科されたが、その額は被害女性の地位によって決まった。エセルベルトの法典は、男が貴族の召し使い（酌婦）と寝た場合は二〇シリング、自由農民の召し使いと寝た場合は六シリングと定め、女奴隷と性交渉をもった場合はそれより少額であった。アルフレッドの法典は、被害を受けた妻の夫が受け取る贖罪金の基準を定めている。男が自由農民の女を襲った場合、その行為の程度によって被害者自身に賠償する――その金額は、女性の胸をつかんだ場合五シリング、女性を押し倒したがレイプをしなかった場合一〇シリング、レイプをした場合六〇シリングであった。自由農民が所有する女奴隷をレイプした場合は王に六〇シリング、自由農民に五シリングの罰金を払う（女性本人には支払われない）。レイプ犯自身が奴隷であれば、去勢された。修道女に対するセクハラ行為――「許可を得ぬまま」衣服をつかんで抱き寄せたり、胸をつかんだりすること――は、被害者が俗人の場合の二倍の罰金が科された。ある人が自分の妻、姉妹、娘、母親と「密室で、あるいは一枚の毛布の下で」一緒にいる男を見つけた場合、その男をふさわしいと思う方法で罰する権利がある。婚約者のいる娘が姦淫の罪を犯せば、その贖罪金に応じて罰金を支払わなければならなかった。自由農民階級の女性であれば、罰金は現金よりも家畜で支払われ、「保証人《シュアティ》」――婚約の取り決めを保証した親戚あるいは友人――がこれを受け取った。

しかし十一世紀には新たに過酷な法律が制定された。クヌート王は、不倫をした妻は「公開の場にさらされ、その所有物はすべて夫のものになり、鼻と耳をそぎ落とされるべし」と定めたのだった。

『エクセター本』には二重の意味をもつ謎かけが数編収められている。いずれもある種の男性的ユーモアを絡ませていて、男性器の象徴を軸とするものが多い。たとえば剣は「戦うための形をした不思議な生き物」で、男に死を、女に悲しみをもたらす。また剣はその片割れとは大違いで純潔であり、「花嫁のいないところで抜き放たれれば／子宝は望むべくもなし」。鍵やフイゴ、錐《きり》やシャツ、おまけに玉ねぎまでもが、性的な言葉遊びの題材になった――「わたしはすばらしい生き物、女たちに喜びをもたらす」といった具合だ。ある謎かけでは若い男と女が何かを一緒にやっている。

両方が揺れ動き、身を震わせる
若い男は急いでことにあたり、役に立つ
仕事がよくできる男、だがいつも疲れ、
女より先に、飽きる。

女に包まれて膨らみ始めるもの
それは生地と取り組んだ勇者への褒美。

この「女」とは？——答えは攪拌器（アングロ・サクソン語では「チレン」、女性名詞である）。

もう一編、こんな謎かけもある。

部屋の片隅で大きくなるもの、それは
膨らみ、覆いの下から頭をもたげる。
誇り高き花嫁は骨のないそれをつかみ
手にとって思案する。それから貴人の娘御は
膨れるそれを一巻きの布で覆う。

「それ」とは？——答えはパン生地。

こうした野卑な冗談から、九世紀の人びとが生きた物理的環境を推し測ることができるだろう。大陸に住み着いた同族人と同様に、アングロ・サクソンの農民の住居も小舞壁《こまいかべ》か泥壁作りで、屋根は藁葺《わらぶ》きであった。大陸で一般的だった三つのタイプの住居がブリテン諸島で

も建てられたが、その使い方には若干の違いがあったようだ。ロング・バイ・ハウスと呼ばれる住居は牛小屋も兼ねていた。それより小さな家に人間だけが住むこともあった。低い家と呼ばれる竪穴式の小屋は貯蔵庫や家畜小屋、あるいは布織りなど手工芸の作業場であった（数ヵ所の遺跡で織機《しょっき》の錘《つむ》が発見されている）。また、ここは最も貧しい人たちの住まいでもあったようだ。火事はどのタイプの住居にも共通の脅威だった。聖カスバートの乳母が住んでいた村のように、村の片隅で起きた火災があたり一帯に広がることがよくあったのだ。

初めのうち、集落は小規模であちこちに散らばっていた。ヴァイキングの襲来が続いた八～九世紀にかけて、人びとは孤立した集落を見捨てて教区教会の周りに集まり、共同耕作地に囲まれた大きな村を形成していった。

当時の王や貴族たちが住んだ館の跡が発掘された例はないが、『ベーオウルフ』はフロースガール王の居館をこんなふうに描いている――大きな長方形の「高くそびえる」館、広い破風《はふ》のある壮大な建物だ。木の壁にはきらきら光る金糸を縫い込んだタペストリーが掛けられ、床には敷物が敷かれ、壁際には兵士たちが寝るベンチが並んでいる。扉が広いのは、馬を通すためだ。既婚者と未婚女性とでは、別々の区画が割り当てられていた。ただし、八世紀の『ベーオウルフ』の作者が思い描いたのは、同時代のアングロ・サクソン人の居館ではなく、昔のデーン人の王宮であったようだ。アルフレッド王の伝記作者アッサーは、王が石や木を使って広間や居室を建てたと言っている。九世紀に大陸のあちこちで姿を現し始めた城（要塞化された住宅）が、イングランドにわたったのはようやく一〇六六年になってからである。人びとは城壁で囲んだ居住地《ブルフ》に住み、ヴァイキングの襲来に備えた。

館内のしつらえについては、遺言書や古文書の挿絵、バイユーのタペストリーがより確かな情報を与えてくれる。こうした史料によれば、当時の富裕層の住居には、チェストや天蓋《てんがい》付きベッドが置かれ、椅子には覆いが掛けられ、おそらくクッションも置いてあったようだ。壁掛けはどこの家にもあった。当時のものは中世後期に使われた織物素材ではなく、おそらくはバイユーの壁掛けのように刺繍が施されていただろう。一言で言えば、当時の富裕層は、農民と比べれば豊かな生活用品に囲まれ、豪華なしつらえの住居に住んでいたといえよう。ただしそれは、快適さやプライヴァシーとは無縁の暮らしだった。

結婚と家族――西暦一〇〇〇年

西暦一〇〇〇年、一部の人びとの予想に反して世界は終末を迎えなかった。その代わり、世界は新しい時代を迎える準備に入った。北からのスカンディナヴィア人、南からのイスラム教徒による「襲撃の第二期」に各地で城が築かれ、町を囲む防壁が建造されて、社会秩序が次第に改善された。長きにわたり農奴や小作農を支配してきた戦士貴族階級は、渋々ながら暴力的なふるまいを改め始め、時には教会が説く「神の平和」の教え――つまり教会や修道院や貧者からの強奪を禁じる掟――を守るようになった。

教会は、伝統的に男性が享受してきた性的自由を制限する試みを長年続け、この時代までにはある程度の成果を挙げていた。ヒンクマルス大司教をはじめ果断な司教や教皇たちは、解消不能な一夫一婦制という原則を王や貴族たちに認めさせ、族外婚や近親姦タブーの範囲を大幅に広げた。ただ、不倫や姦淫に対する度重なる戒めは、古くからの慣行をやめさせることはできず、なんら目に見える効果は挙げられなかった。それでも十世紀を通して、みずからの理想を押しつけようとした教会の取り組みは、結婚や道徳に関して世俗法に勝る影響力をもつようになった。西暦五〇〇年、ただ抗議し、訓戒するほかなかった教会は、一〇〇〇年には威嚇《いかく》し、命令することができるようになっていた。

あらゆる階層で、結婚に際しての財産分与の形に大きな変化が起きた。たとえば花婿から花嫁自身に贈られる「朝の贈り物」が示すように、重点は旧来結婚の目的とされた契約や家族間の同盟から、新しく生まれる夫婦世帯の扶助に移ったのである。ただし、親は支配権を持ち続けた。農民にとっても貴族にとっても、依然として結婚は合理的に計画された取り決めであり続けた。

より大きな親族集団——氏族、親族、ジッペなど——は、なお社会的役割を持ち続けたが、個々の世帯が重視され始めた。富裕層も貧しい層も、ほぼすべての家族が古来の分割相続によって代々受け継がれてきた土地に住んでいた。ヨーロッパの多くの地で、所有地は男子継承者に分割相続されたが、アングロ・サクソン期のイングランドでは女性も分け前にあずかることができた。この点で、イングランドも大陸も、やがて大きな変化を見ることになる。

第三部　中世盛期

第六章　十一世紀の家族革命

『ロレーヌ人ガラン』は十二〜十三世紀に書かれた数多くの叙事詩の一つだが、物語の舞台はそれより前の八世紀、シャルル・マルテルやピピンが勇名を馳せた時代に設定されている。序文で危機に陥ったある家族が描かれるが、これは実話に基づいている（ただし四〇〇年前ではなく、わずか二〇〇年前の出来事であった）。のちに叙事詩の主人公の父親となるフランスの一貴族、メッツ公エルヴィは窮乏に陥っていた。ヴァンダル人駆逐を掲げて旗揚げしたシャルル・マルテルの陣営に加わりたいが、必要な武具を調達する金がないのだ。それというのも、一家の長が死の床で、

……死を大いに恐れたため
兄弟も息子も、親類縁者も
同じ祖父母を持ついとこたちも目に入らず
聖ベネディクトゥスの黒い僧どもに
土地と地代と粉挽き場を寄進したからだ
こうして娘も息子も文無しだ
家長がこの世を去ったのち、俗界のわれらはやせ細り

僧たちは肥え太る

死後に救われたいという個人の願いが「家族としての帰属意識」に優先された。個人主義的な相続慣行は親族のつながりを次第に弱めていった。

『ロレーヌ人ガラン』の作者は、このような悲惨を招く慣行が広がったのは貪欲な聖職者どものせいだと非難している。その進言を受けたシャルル・マルテルは、教皇にこの問題を訴えた。折しも教皇はリヨンで教会会議を開催中であった。教皇を取りまく高位聖職者三〇〇〇人はみな豪華な僧服をまとい、駿馬《しゅんめ》にまたがって会場にやってきた。それに引きかえシャルル・マルテルにつき従う騎士二万人は乗る馬もなく徒歩であった。身に着けている武器や武具といえば、満足な鞘《さや》とてない剣だけだ。シャルル・マルテルはこう訴えた――わが国土は侵略を受け、畑地は焼かれ、各地の城も破壊されてしまった。敵は教会を厩舎代わりに使い、神父、司教、大司教の方々を殺戮している。しかしわが騎士たちはこれに抵抗するすべを持たず、と。これを聞いた教皇が居並ぶ司教たちに協力を呼びかけると、ランスの大司教は異議を唱えた。教会が所有財産の一部を騎士たちに譲ったら、それが慣例になってしまうというわけだ。そこでメッツ公エルヴィはこう言った――王に従う二万人の騎士たちは、その父親がパン焼き窯や粉挽き所を教会に寄進したために、そこからの収入を失ってしまったのだ、と。

クリュニー修道院の院長が支持を表明した。「われわれが豊かであるなら（ありがたいこと）、それはかれらの父祖が遺贈してくれた領地のおかげである。さあ、わずかずつでもいい、おのおの協力し合おうではないか。ここで何もしなければ、すべてを失うかもしれないのだ」。結局、教皇はランス大司教の反対を押し切った。敵を打ち負かし、国を守るために、豪華な毛皮および「聖職者が所有するすべての銀貨金貨、乗馬用の馬や荷馬やロバ」を提供するとシャルル・マルテルに約束したのだ（ランス大司教は、アンジュー貨二枚でさえ、騎士たちにやるくらいなら、馬のしっぽにくくりつけられて引きずり回されるほうがましだと、強硬に反対した）。騎士たちはその先七年間、十分の一税を自分たちのものとすることになった。ただし、敵の征伐に成功したあかつきには、収入は返却しなければならない。そういう次第で、騎士たちは聖職者の豪華な毛皮および銀貨金貨、純金の盃を手に入れ、武具をそろえて、パリ、サンス、ソワソン、トロワの町々を敵の手から救い、敵を国外に追いやった。

『ロレーヌ人ガラン』の序文が語るような危機が要因となり、西暦一〇〇〇年頃のヨーロッパで「家族革命」が起きたという点で、大方の歴史家は意見が一致している。たしかに、教会への寄進は家族の危機をもたらしたかもしれない。ただ、留意すべきは、教会と俗人との間の土地のやり取りは一方的ではなく、教会が不利益を被ることもしばしばあったことだ。領地内に修道院を有し、その経営権も持つ大領主は、好き勝手な土地取引ができた。家族の旧来のあり方が廃《すた》れる要因として、死の床での教会への遺贈のほかにも、分割相続による家産の細分化や中央王権の弱体化や分散化が挙げられるだろう。

ジョルジュ・デュビイはブルゴーニュ地方マコン地域の研究で、十世紀の貴族階級が直面した深刻な危機を明らかにしている。一家の主の臨終遺言による教会への寄進の例に見るように、家族よりも個人の望みを優先させる個人主義の広がりがもたらした危機であった。十世紀の初め、マコン地域では六大家族が権勢をふるっていた。王や教会から直々に領地を賜った六家族である。かれらの広大な領地は「自有地《アロ》」であった。つまり、封建制度の下での条件付きの封土《ほうど》ではなく、完全な私有地であり、所有者は好きなように処分できた。下級貴族の自有地は、一～二ヵ所の小さな教会と数ヵ所の小農地、それに小さな森や牧草地を含むなど、ごく小規模なものだった。

　分割相続システムの下で自有地所有がもたらしたのは、家産の急速な細分化である。西暦一〇〇〇年になると、かつてマコン地域で六大家族が所有していた土地は分割され、二四家族の所有地になっていた。こうした拡散は厳密な個人所有の概念と結びつき、「結婚、誕生、死といった人の一生の節目のたびに、家産の自有地が削られていった」。

　非自有地はほとんど影響を受けなかった。階層社会の底辺の小作農はほとんどが領主の土地を耕していて、その土地を領主の同意なく分割したり売ったりすることはできなかった。同様に、社会の上層でも、世襲財産には主君から下賜《かし》された土地が含まれていた。どちらの場合も家産の分割は得策でなかった。

　分割された自有地は、共同所有《フレレシュ》することもできた。実際、兄弟が一時的に共同所有する例もあったが、十世紀では稀であった。広大な家産が、夫婦世帯のメンバーが増え続けるにつれてますます細分化されていった。家族という基本単位の枠内でさえ、独立を望む気持ちが家産のさらなる細分化を進めた。息子が若くして父親の支配から自由になれば、譲り受けた財産を自由に処分できた。夫と妻はそれぞれ自分の財産を管理し、相手の承諾を得ずに売ることができた。夫の世襲財産のうちの寡婦産分も、妻が直接、意のままに管理できるようになった。夫婦家族以外の親類が介入して、土地の売却や教会への寄進を止めさせることはできなくなった。今や土地は、その所有者が「保有し、売却し、あるいは贈与する」ものとなったのだ。

こうした状況の下で「所有地の譲渡が途方もなく増えた」とデュビイは書いている。広大な土地が教会のものになった。土地は死の床で遺贈されたばかりでなく、息子や娘が修道院に入会する際に寄贈された。「教会はこうした寄進を勧め、話を巧みに取りまとめて自分たちの領地をさらに広げるような土地取引をした」。大家族の子孫は、ばらばらに残ったわずかばかりの世襲財産で暮らすほかなく、下級貴族の身分に零落《れいらく》していった。

だが、なかには官職に就き、それに伴い、自分では売却も分割も寄贈もできない封土を与えられた家もあった。マコン伯という位も、そうした官職の一つであった。官職といえば、ほかには「城代」、つまり九〜十世紀に建造された王の城の管理者としての職があった。結婚を通して有利な同盟関係を広げながら生き延び、地位向上に成功した家族もいた。

九五〇年に下級貴族に数えられていた家の多くは、一〇〇〇年までには零落し、農民とほとんど区別できなくなっていた。完全に途絶えてしまった家もある。ロベール・ド・キュルティルの四人の息子は、遺産を平等に分割相続した。間もなくそのうち二人は、大部分の領地をクリュニー修道院に寄贈して世を去った。残りの二人は、生涯にわたる「衣食の保証」と引き換えに、領地をこの修道院に委ねた。ロベールのいとこが異議を唱えて裁判を起こしたが、結局のところ遺産はすべて修道院のものとなった。

西暦一〇〇〇年頃、家族の力学に徹底的な変化が起きたが、そのメカニズムはよくわかっていない。十世紀を通して有力な六家族が二四家族に分裂したマコン地域を例にとると、十一世紀には二四家族のうち四家族が途絶え、新しく四家族が出現して、貴族の家の数は一定に保たれた。つまり、貴族の急激な拡散期の次に、既存の貴族がその地位を固め、家族のつながりを強める時期が到来しているのだ。

この変化を最も具体的に表しているのが、分割相続から不分割相続へという、相続の仕方の変化である。マコン地域の下級貴族の間では、それまでほんの数家族にしか見られなかった兄弟間の共同所有が一般的になった。息子の一人（必ずしも長男とは限らない）が、家産管理と外部に対する家族の代表者としての地位を父親から受け継ぐ。結婚できるのは後継者たるこの子と、せいぜいもう一人の息子であった。世帯は大人数だった。当時の標準的下級貴族の家には、デュビイによれば、一〇人あまりが暮らしていた――両親、息子の一人とその妻子、それに未婚の兄弟姉妹が数人といったところだ。未婚の兄弟の何人かは、聖職者となったおじと同じ道をたどるべく教育された。若者の暮らしは親の（親が亡くなれば、家長となった兄弟の）コントロール下にあった。兄弟の一人か二人は騎士として身を立てた。それぞれの分け前はわずかだったが、一家は力を合わせて騎士に必要な武具を用意し、支えてやる余裕はあったようである。

十一世紀になると、これとは形の異なる不分割相続が社会の最上層で姿を現し、次第に下へと広がっていった。息子一人（通常は長男）が財産を受け継ぐ長子相続である。長子相続制が広がった背景には、中央の公権力――君主――の弱体化と、それに伴う地方有力者への権力の分散があった。たとえば、伯《カウント》と呼ばれた人たちは、カロリング朝の王たちに任命された代官にすぎなかったが、地元で次第に力を蓄えていった。

九世紀末から十世紀初めにかけて、フランク王国が徐々に衰退していった。王は（かつては自分の代理にすぎなかった）伯たちと次第に疎遠になり、伯たちは地元で世襲の支配権を握るようになっていった。八九〇年、マコン地域では伯の役職をルトーとラクーという二人の人物が共同で務めていた。おそらく二人は兄弟であったろう。役職はラクーの義理の兄弟ナルボンヌのオブリーが継承した。九四五年にオブリーの息子が、九七〇年にはその息子が引き継いだ。伯の役職はまず世襲となり、次に長子世襲となったのだった。

時代は少し下るが、似たような現象が一つ下の階層で起きた。伯の代理として城代《カステラン》という職があった。文字通り、城の管理者である。ヴァイキングやイスラム教徒の侵攻が続いた動乱の時代、秩序維持のために各地に建てられた城は、自然の（あるいは人工の）小山《モット》の上に木造の小要塞を建て、その周りの囲い地《コート》（あるいはベイリー）を堀や防護柵で囲む構造であった。十世紀末には、石造りの城もいくつか姿を現した。四角い石造りの大塔《キープ》もお目見えした。後代のものに比べると未熟なつくりであったが、当時の城はその責任者に絶大な力を与えた。城を動かす者は地元住民を支配し、ゆるぎない権力をふるったのだ。城代の役職が世襲制になるのに時間はかからなかった。

九〇〇年代の初め、マコン地域のブランシオン城の城代にガロウという人物が任命された。ガロウ亡きあと、この職は息子のルボーに、次にルボーの息子ガロウに、そしてこのガロウの義理の息子ジンボへと受け継がれた。城代が数代にわたって家族とともに住み、そこから命令を下し、一族の自有地に囲まれていた要塞は、まず城代の所有物であると主張され、やがてその主張が認められるようになった。一〇〇〇年頃、城代はさらに一歩踏み込んで伯への忠誠を取り下げ、地域の支配者として自立した地位を獲得した。十一世紀の終わり、小貴族や騎士階級でも、家産を兄弟が共同所有するのではなく、兄弟の一人が相続するようになった。

家族の形態をめぐるこうした変化の兆候は、当時の文書記録の一部に初めて登場する――苗字が、つまり代々受け継がれる父系の名前が記録に残されるようになったのだ。これはローマ人の複雑な命名法とも、中世初期の名づけ方とも共通点の少ない、まったく新しい展開であった。中世初めには家族に伝わるいくつかの名前から一つを選び、個人名だけを用いるのが普通だったから、カペー朝の初期の王たちの名は、六世代にわたってユーグかロベールであった。アンジュー伯はジョフロアかフルク、トネール伯はミロかギー、ヌヴェール伯はランドリかボドと、家によって名前がほぼ決まっていたのもこの理由からだ。ポワトゥ伯は代々ラノルフかエブロであったが、アキテーヌ公領を手中におさめるや、アキテーヌ公家伝来のギョームを名乗った。

苗字は、一〇〇〇年以前にマコン地域で作成された契約書には記載されていない。その後三〇年間に、いくつか契約書に現れ、十一世紀を通じて数を増やしていった。苗字の起源は三種類あった。個人を指すあだ名や通り名が、のちに家族名となったもの（ユクセル城の城主グロー家――グロ〈大きい〉から）、城の名前が家族名に転じたもの（モンメルル家、センヌス家）、一家の拠点となる所領地名が家族名になったもの（メーズ家）である。長い目で見れば、最後の例が最も一般的であったようだ。貴族といえばみな領地を所有していたが、城持ちは限られていたからだ。

同じ頃、貴族が使うファースト・ネームは数が減っていた。マコン地域で多かったのは、ユーグ、ベルナール、ジョスラン、ジョフロア、アンベールである。いずれも近隣の有力者一家ゆかりの名で、かれらとの関係を暗示する。叙事詩の英雄（ジェラール、ロラン、オリヴィエなど）や、新約聖書の人物（ペテロ、ステパノなど）からとった名前もある。歴史家カール・フェルディナンド・ワーナーによれば、ドイツでは新約聖書の主要人物ヨハネに由来するヨハネス、ハンス、アイヴァン、ヤンなど、さまざまな名前が生まれた。いずれも十世紀以前はアルプス以北の地では知られていなかったが、中世後期に広く使われるようになったため、こうした名前を持つ歴史上の人物は数百人に上るという。また、ハインリッヒとコンラートという名は、九〜十世紀にはドイツの二つの王家だけが使うことを許されていたが、その後一般に広がり、その短縮形「ハインツもクンツも」は「猫も杓子も《トム、ディック・アンド・ハリー》」の意味で用いられるようになったという。

パリの南東、ブルゴーニュとの境界に近いオセールの城代の家族にも、同じような現象が起きていたことを、歴史家コンスタンス・ブシャードが明らかにしている。十〜十一世紀、城代セニョレ家の人びとはもっぱらファースト・ネームで呼ばれていた。しかも、その名前はオスウェーロかデインベールの二つしかなく、父と息子がどちらかの名前をかわるがわる名乗っていた。のちにファースト・ネームに「ド・セニョレ」をつけて、姓と名を併用するようになったが、それでも「セニョレ」はこの家族に限定された名前ではなかった。この城に駐屯する騎士たちも、城の名前を名乗っていたからだ。そんな騎士の一人が「セロ・ド・セニョレ」と署名している文書がある。この騎士はのちに領地を相続し、「セロ・ド・ブイイ」と名乗った。城代の兄弟たちも、駐屯騎士たちと同じく、城に住んでいる間は「ド・セニョレ」を名乗ったが、住まいを変え、新たな主君をいただくと名前も変えた。そういうわけでエティエンヌ・ド・セニョレはピエール＝ペルテュイの女性相続人と結婚したあとは、エティエンヌ・ド・ピエール＝ペルテュイと名乗った。「ド・セニョレ」が本来の意味の氏名になったのはようやく十二世紀になってからである。

父方の苗字を名乗る慣習は多くの地域で、まず大貴族ら上流階級から始まり、次に城代、そして下級貴族へと浸透していった。ドイツの家族史研究家ヴィルヘルム・シュテルマーは、バイエルンで苗字を名乗り始めたのは城代たちであり、小貴族がこの習わしを取り入れたと指摘している。大貴族は、自分たちはすでによく知られた存在だから、余計な名前をつける必要はないと考えたという。

家族の力学の変化は、相続の仕方や父称の使用だけでなく、家族内での財産管理の方法が大きく変わったことにも表れた。古代ゲルマン人から受け継がれてきた「朝の贈り物《モルゲンガーベ》」——結婚の朝、夫から妻へ贈られる——の習わしは廃れ、寡婦産の受け取りについても条件がつけられた——従来は夫の財産の一部が無条件に妻に譲与されたが、今や夫が死亡した場合にかぎり妻が受け取るものとされ、譲与は妻の生存中に限定された。子がいない場合、寡婦産は夫の家族に戻された。そのため、再婚した女性が、前夫から寡婦産として受け取った土地を、再婚後に生んだ子どもに遺すことはできなくなった。対照的に、従来は婚家の財産の一部とはみなされなかった持参金——女性が結婚にあたり実家から贈られた資産——は、夫と子どもが相続する財産となった。女性は、結婚前に相続した地所についてはある程度の権利を持ち続けたが、それでも夫の承諾なく自分の土地を売却することはできなくなった。要するに、夫婦はそれぞれの財産を共有したが、財産は夫の管理下に置かれ、夫と跡継ぎの息子の利益になるように管理されたのである。

妻の立場のこのような変化は、家産を守るという新しいイデオロギーとよく調和した。今や家産は父方の血筋を通して代々受け継ぐべきものとなったのだ。男性家長と一家の所領地は、今や同じ名前を持ち、機能的に切っても切れない関係になった。家族の他のメンバーは、家長よりも一段下位の補助要員とみなされた。そういうわけで、家族の力学に起きた変化の第二段階の犠牲者は、相続できない息子たちであったといえよう。若いうちに世襲財産の一部を受け取って自由になるどころか、末の息子たちは世襲財産の恵みにあずかれず、聖職者への道を選ばないかぎり、一文無しで家を出ることになったのだ。両親が存命中に結婚する息子は新世帯を構えることができず、妻を両親の家に迎え入れるほかなかった。その際、夫から妻への寡婦産は共有家産の一部とみなされ、そこに妻の持参金が加えられた。

第三の変化は、臨終の床での教会への寄進がめっきり減ったことである。実際に寄進がなされたとしても、土地はそのまま一家の所領として残り、教会は——寡婦となった嫁と同じく——そこからの収益の一部を受け取るのみ、という形が多かった。

王や伯の権威が弱まるにつれ、家族は数世紀前に手放した防衛共同体としての機能を取り戻していく。そのため、夫婦家族のメンバー以外の血縁者たちのつながりが、再び重視されるようになった。マコン地域に残る十世紀の文書には、証人として親類たちの名前はほとんど記入されていない。十一世紀初めになると兄弟、おじ、甥、いとこたちの名が記載された証書が増え、一〇五〇年以後の証書には、親類の――時には傍系の縁者――の名が必ず記されるようになる。デュビイは、周期的に開かれる親族会議の様子を次のように描いた――遠く離れて住む縁者は代理人を出席させる。世を捨てたはずの修道士も家族会議には参加する。会議では一族として取るべき行動が討議される。怪我をさせられた者がいれば、その縁者が協力を申し出る。われわれは報復もしよう、仲裁時の人質にも、和解交渉の保証人にもなろう、と。コンスタンス・ブシャードの言葉を借りれば、父方につながる縁者たちは「ともに戦い、俗界にいようと聖職に就こうと、ともに信心深い貢献をし、助け合い、ともに葬られる」のだった。

家族のありようの革命的変化の進み方は、政治経済の状況によって地域ごとに異なってい た。主な変化が起きた時期について、学者たちの意見はまちまちだが、九世紀末〜十一世紀のどこかで、貴族階級の家族構成と自己認識に大きな変化が生じたという点で、大方の見方は一致している。それまで、一族はゆるい横のつながりで結ばれ、王の高官であるメンバーを軸に集まっていた。分割相続が一般的で、父方の祖先も母方の祖先も同じように尊重された。一族には特有のファースト・ネームがいくつかあり、名づけに使われた。しかし、今や一族は父から跡取り息子に継承される世襲財産である所領地に深く根を下ろし、縦のつながりで結ばれ、領地に由来する独特の苗字を新たに名乗るようになった。

父系制は封建制と時を同じくして台頭した。封建制とは、領主が軍務などの奉仕を受ける見返りに臣下に土地を領有させる社会・経済・政治のシステムであり、主従が保護と忠誠を厳粛に誓い合う。封建制の下でのこうした個人的つながりは、王――伯――城代――騎士へという旧来の命令系統に代わるものとなったのだった。大貴族の一族は王朝の性格を帯びていった。そして、貴族のあらゆる階層で、家族は一人の跡取りが領地を継承する一種の小さな王朝となった。デュビイによれば、「家族の意義は跡取りをもつことになった」のだった。

当時起きた二つの目覚ましい事象が、貴族の家をめぐる新しい考え方を象徴している。一つは紋章の誕生とそこから発展した難解な紋章学である。今一つは系図学が生まれたことだ。アングロ・サクソンの王たちは自分たちの先祖はオーディンやアダムにまでさかのぼると称したものの、系図学とは無縁であった。十～十一世紀、フランドル、ヴァンドーム、ブーローニュ、アンジューの伯たちなど、大貴族が家系図を作り始める。やがて小貴族や騎士も家系図づくりに加わった。家系図は、当初は貴族の領地に属する修道院で作成されたが、次第に俗人も携わるようになり、一般的には修道士らの仕事であったにせよ、裁判所でも多く作成されるようになった。

現存する最も古い家系図は、九五〇年代にフランドルのアルヌール伯のために書かれたものだ。作成者はサントメール地方聖ベルタン修道院のウィトガーなる僧であった。系図はアルヌールの祖をカロリング朝の王とし、さらにその祖先をメロヴィング朝クロタールまで丹念にたどっている。系図には世代ごとに男性が記録されたが、重要な関係をもたらした二人の女性が例外的に載っている。その一人はクロタール王の娘で、この女性を通してメロヴィング家とカロリング家がつながった。今一人はアルヌールの母であった。シャルルマーニュの曾孫にあたるこの女性は、フランドル伯ボードワン一世の妻となり、カロリング家とフランドルを結んだ。そういうわけで、家系図は父系をたどるという基本方針の下で作られたが、母系をたどればより高い身分が得られる場合は、方針はあっさり転換されたのだった。

この家系図でアルヌールは信心深く賢明で善良であり、「やもめと孤児たちに熱心に助けの手を差し伸べた」と称賛されている。また、この家系図はアルヌールとヴェルマンドワ伯の娘アデール（この女性は二人のフランス国王の姪であった）との結婚、二人の息子であるボードワン二世の誕生、そしてこのボードワンと「最も高貴なヘリマン家の娘」マティルダとの結婚などを記録してから、アルヌールと息子のための祈りを結びの言葉とし、最後に「アーメン」を七回繰り返している。

アンジェのサン・トーバン修道院で作成された一連の家系図は、新興のアンジュー伯家の地位を固めるために作られたものと見える。これもまた父系の血筋をたどり、カペー王朝やマコン伯、ブザンソン伯とのつながりが生まれた場合のみ、例外として母方のつながりを記している。その数年後に編纂された年代記では、アンジュー伯フルク・ルシャンが家系図について、自分の記憶と先代のおじから聞いたことをもとに簡単な説明を書いている――「わたし、アンジュー伯フルクは……幾代の先祖が名誉［領地］を授かり、それをわたしの代まで維持してきたか、またわたし自身が、神のみ恵みによって、いかに領地を維持してきたかを記したい」。このフルクは「シャトー・ランドンのジョフロアとフルク［ネラ］の娘エルメンガルドの息子のアンジュー伯である……。わたしのおじジョフロア・マーテルは母の兄弟であり、二八年にわたりアンジュー伯の地位にあった」。

そういうわけで、系譜は父方を軸にたどる方法が主流になったとはいえ、富と地位がぶら下がっていれば迷わず母方のつながりを強調する方針が貫かれた。この方法をとれば相続権を主張できる者の数も範囲も限定されるから、一家の世襲財産は無傷で代々に継承できたのだ。とはいえ、古くからある父母双系の親戚関係が消滅したわけではなく、デイヴィッド・ハーリイーの言葉を借りれば、系譜の上に「重ねられた」のだった。双系縁者は心情的にも貴重な存在であったし、直系跡継ぎがいない場合は、そのなかから適者を見つけて家系を存続させることができた。

叙事詩『ロレーヌ人ガラン』は序文で家族の必要を顧みず、個人の救済のみを求める身勝手さゆえの所領地の荒廃を描いたのち、主要テーマである二大家族の抗争を歌う。ロレーヌ家とボルドー家の争いがフランス全土に広がっていった。登場人物は主人公ガランと弟のベゴン、それぞれの息子や甥や従兄弟たちなど、ほぼすべて男性である。ガランの七人の姉妹のうち、名前で呼ばれているのは長女一人で、ほかの姉妹は伯や公など貴族たちとの縁談のついでに触れられているだけだ。しかし、姉妹の息子たち、つまりガランの甥たちは重要な役割を与えられ、父方だけでなく母方の、つまりガランの一族とみなされている。物語の中心要素は系譜である。系譜を守るため、男性はすべて——父も息子も、おじも甥も従兄弟たちも——責任を負う。相互防衛、敵討ち、もてなし、逃亡中の縁者のための隠れ場の提供などは義務であった。一族の系譜の土台は所領地である。所領地はあらゆる侵略から守るべき一族結束のシンボルであり、中心であった。

十〜十一世紀の大変革を通して、ヨーロッパの貴族は家族に関して、このようなまったく新しい考え方を持つようになった。所領地はもはや息子たちが分け合うものではなく、跡継ぎの息子が一人、父の領地とそれに伴う城と家名を継承し、領地を基盤とした世襲の家柄を起こして、根城のある地域で王にも等しい権勢をふるった。男子の跡継ぎが重視されるに伴い、女性の地位は低下した。一方、城代や騎士たち、あるいは地域で力をもつ伯や領主たちは、わが家の紋章を新たに定め、家系図を書かせて悦に入っていた。

第七章　十二世紀　新しいモデル

十~十一世紀に起きたさまざまな変化から、家族構成や暮らし方の新しいパターンが生まれた。封建制や長子相続制のほかにも、中世盛期のあらゆるレベルの家族に影響をもたらしたものとして、商業の大復興が挙げられる。通商と製造業が急成長し、貨幣経済が出現した。この大きなうねりの一つの要素となったのは、農業部門の徐々にではあるが確実な成長である。より目覚ましいのは遠距離交易の広がりであった。イスラム教徒の独り舞台であった地中海にイタリア都市国家の貿易船が次々と繰り出し、覇を競ったのである。フランドルの毛織物を運ぶ長い列がアルプスの山道を越え、イタリアからはぜいたく品が反対方向に向かった。ヴェネツィア、ピサ、ジェノヴァが送り出した大商船隊はヨーロッパの商品を東部地中海沿岸地方のレヴァントへ運び、絹や香辛料を積んで帰ってきた。

イタリアでは地方にルーツをもつ貴族たちがうまく都会の暮らしに適応し、商売の世界に進出していった。ヨーロッパの他の地域では、新興の商人階級といえば、たいていは行商人か職人から身を起こした成り上がり者の集団であった。また、職人は職人で、都市の底辺で大集団を作った。最も数の多かったのは、織物業に携わる人たち、織り工、縮絨工《しゅくじゅうこう》、染色工、仕上げ工たちで、フランドルとイタリアに集中していた。家族単位で自宅を作業場とし、原始的な大量生産システムを採用した職人たちは、ある意味でヨーロッパ最初のプロレタリアートと呼べるだろう。

経済が急発展を遂げたのは都市ばかりではない。北海から地中海まで、いたるところで森は切り開かれ、沼地は干拓され、村が作られて、多くの家族が開拓地の環境で暮らし始めた。この点で特記すべきはイベリア半島であろう。イスラム勢力からの国土回復《レコンキスタ》によって開拓地は大きく広がった。

最新技術――馬の引き綱、車輪付き犂《すき》、三圃式《さんぽしき》耕作など――のおかげで開墾が進み、貴族階級の経済基盤は安定した。社会に秩序が広がり、以前のような略奪の横行は見られなくなった。同時に、長子相続という新しい相続制度から貴族階級に奇妙な副産物が生まれた。年下の息子たちという問題である。同じように育った兄弟でも、弟たちは相続をしない時点で根無しの冒険者に転じてしまう。かれらは上流階級の社会問題となった。また、その姉妹たちは第二の問題を呈した。収入源を持つ結婚適齢期の男性がほんの一握りしかいない社会で、女性たちの多くが置き去りにされた。こうした新たな事態に直面した娘や親たちは、持参金を復活させ、寡婦産や朝の贈り物の権利の一部をあきらめるなどの譲歩を迫られた。貴族の女性たちは、結婚相手を探すにしろ（いや、むしろ金で買ったのだが）、それが無理なら女子修道院でふさわしい地位を見つけるにしろ、実家の、とくに父親の力を大いに頼みとする状態に立ち戻ったのである。

この時代、教会はといえば、結婚に関する法律や習慣をめぐって多くの問題を抱え込むことになった。一一〇〇年までには一つの革命が完成し、こと結婚に関する問題については、教会裁判所と教会法が世俗法に勝る権威を（人びとの支持を得て）手にしていた。こうした司法権の転換とほぼ同時期に、結婚をめぐってより多くの、より差し迫った問題が持ち上がったのである。

問題の一つは、教会上層部それ自体にあった。すでに長い間、高位聖職者は妻帯しないものとされ、下級聖職者も妻帯はよしとはされなかったが、実際のところ妻帯者は多かったし、大っぴらに――たいていは教区民も承知の上で――愛人を持つ聖職者も多かった。一〇四九年、教皇レオ九世は聖職者の婚姻を禁じた。一一二三年および一一三九年のラテラノ公会議は、叙階（聖職に叙せられること）と婚姻は互いに絶対的障害であると宣言した。

教会外の問題といえば、結婚には当事者の合意が必要だという原則を、貴族階級の親がいまだになかなか受け入れないことだった。また、血族結婚の問題があった。七親等以内の間柄の婚姻を禁じた教会の厳しい方針が、予想もしない揉め事を引き起こしたのだ。さらに、結婚の不解消性という、教会の基本的な公式見解は、跡継ぎをもうけるという、王や貴族たちが結婚に求める基本的な目的とぶつかり合ったのである。九世紀にランスの大司教ヒンクマルスが挑んだ戦いは、十二世紀になってもまだ勝敗がついていなかった。王や大貴族たちは相も変わらず、物質的にも家柄の面でも、またセックスに関しても自分たちに都合のよい結婚をしようと、あれこれ策を弄した。

結婚の危機――グラティアヌスとペトルス・ロンバルドゥス

フランス王フィリップ一世（在位一〇六〇～一一〇八年）は、王妃ベルト・ド・フリースと二〇年間連れ添ったのち、アンジュー伯の妻と恋に落ちた。王は王妃ベルトを離縁して城に閉じ込め、（アンジュー伯が承諾したかどうかはわからないが、その）夫人ベルトラードを二度目の妻として迎えた。この結婚の祝いの席に、国内の聖職者のほとんどが参加した。ただし、例外が一人いた。シャルトルのイヴォ司教は王の招待状にきっぱりした、けんか腰ともいえる返事を送った。「陛下はその女性（その方が陛下の妻であるかどうか、わたしにはわかりませんが）とご一緒に、パリでわたしとお会いになることはないでしょう……。陛下と陛下の配偶者が合法的に離婚され、陛下がお相手として望まれている女性と合法的に結婚できると、教会会議が認めるまで、わたしは参内《さんだい》いたしません」。こう言い切ってからイヴォは、色欲を戒めるようにと訓告し、アダムもサムソンもソロモンも、みな女のゆえに災難を招いたことを忘れてはなりませんと、結んだ。

だが、王は思いとどまらなかった。イヴォは教皇ウルバヌス二世に訴え出て、教皇は王の破門を宣言した。それでも王は屈しなかった。やがて最初の妻ベルトが世を去り、問題は収まるかに見えた。だが、イヴォも教皇もそうはさせなかった。破門されたままのフィリップは、ついに白旗を掲げた（カノッサでハインリッヒ四世がしたように）裸足で粗布《あらぬの》をまとい、「不義の肉体関係」を絶つと誓ったのだ。ベルトラードも同じ誓いを述べた。しかし、二人はその二年後にフィリップが世を去るまで一緒に住み続けた。

こうして十二世紀は、ヨーロッパ中の耳目を集めたセンセーショナルなスキャンダルとともに幕を開けた。結婚や離婚に関わる根本的な問題をめぐり、俗人支配層とキリスト教会が真っ向から対立したのだ。王も貴族たちも、一般大衆も依然として、夫は望むままに妻を離縁できると考えていた。これに、教会は真っ向から異を唱えた。結婚をめぐる他の問題もいくつか持ち上がっていた。カプア公国のノルマン系君主ジョルダーノ一世の娘が、父親が取り決めたガエターノ公との結婚にノーを突きつけたのである。教皇ウルバヌス二世は、個人的な理由から父親ジョルダーノの味方をしたかったのだが、それでも勇敢にも娘に有利な判断を下し、この結婚を無効とした。だが、難しい問題は残った——娘(や息子)に道理をわきまえさせるのに、親はどこまで圧力をかけることができるのか。

また、別の難問もくすぶり続けた。一夫多妻はすでに過去のものだったが、愛人を持つ習慣は根強く残り、以前ほど醜悪な慣行ではないとしても、法的に厄介な問題を呈していた。この時代になると、何人もと愛人関係を結んだり、妻がいながら大っぴらに愛人を囲ったりする人はもはやいなかった。ただ、貴族階級も一般庶民も、独身男性には愛人がいて当然と受けとめていた。聖ヒエロニムスは、愛人とは「一人の男を相手にする売春婦」だと断じたが、昔からこの二つの職業は法と慣習によって区別されてきた。ユスティニアヌスの民事法(十二世紀、ようやくヨーロッパに紹介された)は、ローマ人の慣習に従って、愛人関係を「二流の結婚」として扱っていた。当時の多くの人にとっては、それも筋の通った考え方であった——ある相手とだけ長続きする関係をもつなら、それを結婚と呼んでもいいではないかと。その場合、だがその関係を、一方の側(もちろん、男性の側)の意思で一方的に終わらせることはできるのか。

このことからまた別の疑問が生まれた——性の問題はさておき、結婚という契約を成立させるものとは何か。女性は（ついでに言えば、男性も）どうしたら結婚が成立したことを確信できるのか。農民の間には証人を立てない非公式な結婚（秘密結婚）の習慣が古くからあり、これが多くの問題を生み、教会裁判所を悩ますようになっていた。

一方で社会の上層では、近親婚をめぐる新たな問題が持ち上がり、教会指導者たちは、先人が固執した禁令から生まれた難問に悩まされることになった。八世紀に聖ボニファティウスが広げた近親婚タブーの範囲は、九世紀にはさらに拡大されていた。そして十二世紀、フィリップ一世の離婚騒動に関連して、近親婚を理由にした離婚の可能性が注目されることになる。というのも、シャルトルの司教イヴォが、王の再婚に反対する理由を補強しようとして、うっかり血縁関係を持ち出したからだった。それも奇妙なことに、ベルトラードの最初の夫、アンジュー伯フルクがフィリップと親類関係にあるという主張であった。こじつけともいえる障害を法的根拠に使う教会のこうしたやり方（九世紀のオーヴェルニュ伯シュテファンのケースを思い出させるが）を見て、離婚希望者とかれらの弁護士は手をたたいたに違いない。妻を離縁したい夫は、妻との間に遠い、ほぼ追跡不能な関係を——一時的なつながりであれ、祖父母や遠い昔の先祖でもなんでも——見つけさえすればよかった。あるいは、そんな関係をでっち上げる腕をもつ男を雇うこともできた。

中世の最も優れた知者と呼ばれる二人の神学者がこの問題と取り組み、それぞれ教会文献の傑作を残している。一人はグラティアヌス。膨大な『教会法矛盾条令義解類集』をボローニャで編纂した（これはのちに単に『グラティアヌス法令集』と呼ばれるようになった）法学者である。一一四〇年頃世に出たこの法令集は、教会会議や教皇宣言などから約四〇〇〇本近い教会法令を採録し、法令間の矛盾点を調整し、首尾一貫したキリスト教の法律原理を確立しようとしたものだ。

結婚にまつわるさまざまな問題の根底には、結婚を構成するものは何かという難しい問題があるとグラティアヌスは考え、その答えは当事者双方の合意であると結論づけた。たしかに、ローマ法も初期教会の教父も合意の必要性を認めていた。だが、グラティアヌスはこの方針を消極的合意から積極的合意へと大きく一歩進めたのである。ローマ法も教父たちも世論も、合意の必要性が親の指図の妨げになるとは見なかった。子どもたちは従順を教え込まれていたし、若い二人は経済基盤を親の協力に頼っていた。また女性はほぼみな、ごく若いうちに初めての結婚をしたから、家族の影響をまったく受けずに結婚できたとは考えにくい。

しかしグラティアヌスは、ジョルダーノ一世の娘の事例を論評する中で「合意の原理」を強調し、「父親の誓約によってさえも、本人が一度も承諾していない相手との結婚を娘に強制することはできない」と明言した。グラティアヌスの考えでは、合意は結婚を合法的に成立させるために不可欠な要素であるばかりでなく、省くことのできない唯一の要素であった。論点を明確にするために、グラティアヌスは極端な仮想事例を挙げる。仮に二人が誰にも知られずに結婚の誓いを交わしたとすると、この結婚は有効だろうか――そう、有効だとグラティアヌスは言う。この二人は自分たち自身を通して、婚姻の秘跡にあずかったのだと。ただし、とグラティアヌスは以下の二点の但し書きを付け加えた――結婚は交合（肉体による結合）によって「完成する」、つまり完全なものになる。また合意した二人は、夫婦として愛し合わなければならない。なぜなら、グラティアヌスによれば「肉体による結合があるところには精神の結合もあるべきだ」からである。セックスのみを目的とした結婚について、聖アウグスティヌスはそうした結婚も「おそらく」有効だろうと考えていたが、グラティアヌスはこの「おそらく」を排除し、「夫婦の愛」がなければならないと強張した。好色な若い二人は、夫婦として愛し合っているなら、「姦淫者《かんいんしゃ》ではなく夫婦」と呼ばれるべきだという主張である。

そういうわけでグラティアヌスによれば、性的に惹きつけられた二人が愛し合っているなら、極秘裏に結婚することができた。家族や友人や領主からの、あるいは聖なる教会からの支援や承認は一切必要ないというのである。グラティアヌスにとってはきわめて合理的な結論だったにしろ、これはかなり過激な教義だった。それでは愛人関係も結婚の一つの形と呼べるのか、という反論を受けて立ったグラティアヌスは、ユスティニアヌス法の判断を認めてこう主張した。「夫婦として愛し合っている」ことを条件に、内縁関係は非公式で不完全ながらも、有効な結婚ということになる。男性が愛人の数を一人にとどめるかぎり、その男は聖体拝領を拒否されるべきではない。

グラティアヌスの法令集の影響はただちに広がり、自由な合意を有効な結婚の基礎とする考え方が、聖職者や一般信徒の間に広がった。しかし、グラティアヌスのこの原則は、教会裁判所が抱える問題の一部を解決したとはいえ、新たな問題を引き起こした。「非公式の」結婚とかりそめの性関係はすぐには見分けがつかず、両者の違いを明確に示し、教会裁判の判断の指針となる理論的原則を打ち出すのは難しかったのだ。

グラティアヌスの法令集の刊行から一二年後、これに匹敵する体系的神学書が著された。その著者ペトルス・ロンバルドゥスは、グラティアヌスと同じくボローニャ大学で学び、今やパリ司教であり、ノートルダム司教座聖堂付属学校で教える神学博士であった。その主著の一つ『神学命題集』は、中世を通して神学の標準的教科書として使われることになる。結婚の問題に関して、ペトルスは二つの点でグラティアヌスの考えに異論を唱えた。まず、肉体による結合の成就は、結婚の有効性を決するものではないとペトルスは考えた。というのも、もし肉体による結合が重要だというなら、ヨセフとマリアの結婚は説明がつかないことになる（グラティアヌスはこの点で以前から神学者の批判を受けていた）。また、現実的な問題も出てくるではないか——もしある男が一人の女と結婚の誓いを交わしたのちに肉体的に結ばれず、その後別の女と結婚の誓いをし、肉体的にも結ばれたとしよう。この場合、グラティアヌスの考え方によれば第二の結婚が有効となるが、これは聖職者にとっても一般信者にとっても、容易に受け入れがたい答えだった。また、もし貴族階級の二家族の男女の子どもがごく幼いうちに、両家の財産維持に都合がよいからという理由で結婚させられたとしよう。式を挙げたあとに幼い花婿が死んだ場合、この幼い寡婦には夫の財産の三分の一にあたる寡婦産を受け取る権利があるだろうか。

こうした問題に明確な判断を下す根拠としては、グラティアヌスによる合意の原則だけでは不十分で、なんらかの形のより厳粛な確約が必要であった。そこでペトルス・ロンバルドゥスは「現在形の合意」という概念を提示した。婚約の合意にあたって記録される文言はきわめて暫定的であり、結局は「未来形の誓い」にすぎないとペトルスは言う。法的に争う余地のない、真の結婚には「現在形の誓い」の宣言が必要である。二人は、今この瞬間から、互いに相手を夫とし妻とすると明確に表明しなければならない。そして、それだけで十分だとペトルスは言った。結婚の成立に、教会の手続きや儀式は不要であった。必要なのは明白な宣言のみだというのだ。祝福や、持参金や財産贈与を受けられれば結構なことだ。だが、なくてはならないのは二人の「現在形の誓い」である。

グラティアヌスとペトルス・ロンバルドゥスのそれぞれの信奉者たちは、その後数十年にわたって決定的な結論を出さぬまま、それぞれの主張を展開した（グラティアヌスは主にイタリアに、ペトルスは主にフランスに信奉者が多かった）。ついに教皇アレクサンデル三世（在位一一五九〜一一八一年）が、遅すぎたきらいはあるが、妥協策を講じた。教皇はまず結婚の不解消性を確認し、「現在形の誓い」を結婚の不可欠の要素とするペトルスの主張を認め、結婚できる最低年齢を男性一四歳、女性一二歳とした。しかし、その後間もなく教皇は、わずか七歳で交わす「将来の誓い」も、のちに肉体の結合が成就すれば、合法的な結婚の絆を形成すると宣言した。つまり、実質的にグラティアヌスの論を大筋で認めたわけである。こうして教会は結婚の約束として、二つの異なる方法を正式に承認したのだった。

意見の違いよりも、意見をまとめることにより大きな意義があった。グラティアヌス、ペトルス・ロンバルドゥス、教皇の三者が唱えた結婚をめぐる教義について、中世史家マイケル・M・シーハンはこう言っている。「これら十二世紀の決定がもたらした諸々の結果は、［二十世紀になっても］すべてが把握されているわけではない」。

同じ頃、フランスではもう一組の王夫妻の離婚にからみ、近親婚をめぐる新たな論争が起きていた。ルイ七世（在位一一三七〜一一八〇年）と王妃アリエノール・ダキテーヌは結婚一五年にして子どもといえば娘しかいなかった。不仲になっていた二人は、それまで気づかなかったが、自分たちは実は四〜五親等の間柄の血縁関係で結ばれていることがわかったという。夫妻は教皇エウゲニウス三世の和解の勧めをはねつけ、王家に近いサンス大司教を通して教会会議に自分たちの離婚を認めさせた。アリエノールはすぐさまイングランドのヘンリー二世と結婚する。自身の世襲財産であるアキテーヌ公領を持参してのこの結婚によって、英仏海峡をはさんで広がる有名な「アンジュー帝国」が生まれた。これは、教会がそれまで飽くことなく力説し、不合理なまでに拡大した族外婚規定が引き起こし、その後二〇〇年にわたる戦乱を経て、ようやく終結を迎えることになる一つの政治事件であった。

ルイ七世とアリエノールに倣《なら》う者たちが、すぐさま続々と現れた。金を払って証書や証人を集めれば、家系をたどる（あるいは創作する）のは簡単だった。そんな仕事にありついた法律家や書写人は数知れない。だが、こうした事態も、今一人のフランス王の気まぐれな離婚騒ぎで限界に達する。フィリップ二世（尊厳王）（在位一一八〇〜一二二三年）が二人目の妃に迎えたデンマーク王女インゲボルグを結婚の翌朝に離縁したのだ。王はまず教皇ケレスティヌス三世と、次に手ごわいインノケンティウス三世と対立することになった。

対立はその後二〇年も続いた。ようやく解決したのは、フィリップ王の三人目の妃が都合よく世を去り、跡継ぎの孫息子が生まれてからである。だがそのときは、七親等以内の間柄の近親婚タブーには、誰も彼もがうんざりしていた。この規定は上流階級だけでなく、社会の底辺にも影響を及ぼしていたのだ。一二一五年、インノケンティウス三世が数多《あまた》の問題と取り組むために招集した第四ラテラノ公会議は、即座に近親婚タブーの範囲を七親等から四親等に戻した。近親婚タブーの長く奇妙な歴史はここに幕を閉じたのである。さらにこの会議は、花嫁への贈与、公開の場（教会）での結婚式、当事者双方による合意の表明、婚姻の公示を提唱した。婚姻の公示とは、予定されている結婚を、司祭が教会で連続する数回の日曜日や祝日に公表する習慣で、すでにフランス北部とイングランドで広まっていた。教会の信徒は、結婚の障害となる事実を知っていれば（たとえば、当事者のどちらかがすでに婚姻契約を交わしているなど）、司祭に報告するものとされた。これで秘密結婚は不可能になった。とはいえ、この公会議は、秘密結婚の無効化にまでは至らなかったし、一対一の内縁関係については黙して語らなかった。こうして、倫理上、法律上の難問は、手つかずで残され、教会法学者や教会裁判所はその後三〇〇年も頭を悩ますことになった。

貴族階級のどら息子たち

家系図作り（当の一族のメンバーが携わることも多かった）にあたって、編纂者たちはしばしば厄介な、時に恥ずべき事実に行き当たった。たしかに、妻を離縁する口実を見つけるために家系図を作らせる貴族もいただろうが、たいていの人は先祖にまつわる都合の悪い発見からしり込みするのだった。南バイエルンのファルケンシュタイン伯シボト四世の家系図の編纂者は、伯の両親の男系祖先を二世代にわたって追跡し、共通の曾祖父がいたことを見つけたが、この事実を家系図からさりげなく省いている。

このように、記録から隠された人がいたにしろ、記録がまったくない人たちも多く、こちらのほうがより大きな問題となった。公や伯といった大貴族ならば、男系の家系を九世紀までさかのぼることができただろう。だが、城代の家系なら、せいぜい十世紀、ただの騎士となれば十一世紀末か十二世紀初頭までしかたどれなかった。正しい血統をどれほど追跡できたとしても、当時の編纂者たちは必ずどこかで壁にぶつかったのだ。現代の学者はこうした謎の部分をいくらか解明し、そこから興味深い結論を導き出している――十二世紀の貴族は、自分たちが予想したよりも高貴な血筋につながっていたということだ。それは多くの場合、成功した冒険者と（女の子ばかり生まれた）名家の娘（で相続人）との結婚の結果であった。十二世紀の系図編者が知っていたら喜んだに違いないそんな事実も、問題解決には結びつかなかった。重要なのは、男系の先祖をたどって家系図を完成させることだったからだ。

そういうわけで、当時の編纂者は解決策を思いついた――創作である。この方法はその後何度も繰り返し採用されることになった。フランドル伯家の系図は十世紀、最も早い時期に書かれた家系図の一つだが、十二世紀になるとそれまで欠けていた男系先祖を補うために新しいものに書きなおされた。でっち上げの先祖たちが集団で登場したわけだ。想像力に富むそんな仕事ぶりに満足する貴族はたくさんいた。とくに一族の始祖、高貴な血筋の元祖となれば、たいていは虚構の産物だ。繰り返し語り継がれるその人物像は、たいていは成功した冒険者、理想化され、定型化されて十二世紀の文学作品によく登場する勇猛な遍歴の騎士であった。

吟遊詩人《トルバドゥール》やアーサー王物語や武勲詩がこしらえ、練り上げた英雄のイメージには、モデルとなった実在人物がいた。詩に歌い上げられるまでには、経歴に少々の整理が必要であったにせよ、かれらは生まれながらに三つの基本的特徴を備えていた――勇気に富み、冒険好きで、武芸に秀でている。かれらは貴族の家の年下の息子たち、長子相続制により相続権を奪われた息子たちであった。イングランドでは貴族とみなされてさえいなかったし、大陸では貴族の地位にありながら、領地も収入もなく、したがって結婚もできない身分であった。十二世紀のモラリストはこんなふうに同情を寄せた。

兄と弟という自然な関係に不平等を持ち込んだのは誰か。

われらが息子たちはたった一人の富める者に財産を独り占めされ、みずからの権利をあきらめなければならない。長男は父方のすべての富を受け継ぐ。二男は莫大な遺産の費消を悲しみ、寡婦産とて用意できない文無しの境遇を嘆く。だが、自然はその恵みを兄弟に平等に与えたのではなかったか。自然はすべての人に等しく……

遺産の相続で分け隔て［をしてはならない］。兄と弟は兄弟であるからこそ同じ扱いを受けるべきである。実際、かれらは出自という偶然によって、互いに等しいではないか。兄弟が共通の財産を共同で継承することに不満を抱くべきではない。

相続できない弟たちが求めた解決方法は、女性相続人と結婚することだった。そうでもしないかぎり、一家の長に――「若殿」ではなく、一人前の男に――なることはできなかった。一家の長にならなければ、妻とともに城の大寝室を居室にすることはできない。十二世紀の城のなかで、本物の寝台が置かれているのは大寝室だけであった。一家の未来を作るための寝室であった。

年代記作者アルドルのランベールが『ギーヌ伯爵家の歴史』で描いた城は当時最新式だった石造りではなく、十世紀のモット・アンド・ベイリー（土塁と囲い地）様式の木造の砦であった。一階には箱や樽や道具類を納める倉庫があり、その上階に広間と（食糧、食器、酒類をしまっておく）貯蔵室があった。広間に続いて「殿と奥方がお休みになる大寝室」と「子どもたちとその世話をする侍女たちの共同寝室」、つまり子ども部屋があった。最上階は若者たちのフロアだ。二区画に分かれていて、おそらく藁の寝床が置かれていただろう。一方の区画は領主の息子たちが「好きなときに使った」。護衛や召し使いが泊まることもあった。もう一方の区画は娘たちに割り当てられた。娘たちは「そこで寝なければならない」とされ、きちんと結婚するまで監督を受け続けたのだった。「大寝室」は城に一部屋しかなかった。城は、一組以上の夫婦が住むようには作られていなかったのだ。跡継ぎの息子は父親が死ぬまで結婚できなかった。ただし、女性相続人と結婚すれば、住居と寝室を手にすることができた。ギーヌ家の当主ボードワン伯の長男がまさにこれをやってのけた。アルヌール・オブ・アルドルと呼ばれるこの息子は一一九四年、父親が存命のうちに、一城の主となった。兄弟が亡くなったためにブルブール城の相続人となった女性を妻に迎えたのである。

女性相続人は長男にとっては、できれば結婚したい相手にすぎなかったが、二男三男にとってはどうしても妻にしたい女性だった。なにしろ女性相続人と結婚できなければ、生涯独身でいるほかなかったのだ。そんな男の子たちは数多いた。ワットルローのランベールが残した回想録から、この時代の小貴族の姿を垣間見ることができる。親類の家にはたいてい子どもが五〜一一人もいたという。聖職に入る者をのぞき、若い貴族たちは長男も弟たちもみな、遍歴の旅に出た。後援者を選び、その指導の下で武者修行に出て、戦闘や模擬戦闘《トーナメント》や冒険を重ねるのである。一団となって遍歴する若い騎士たちは、快楽と暴力が入り混じった暮らし、死が日常茶飯事の荒くれた日々を送った。長子であればたいてい領地に戻れるが、その日がなかなか来ないこともあった。アルヌール・オブ・アルドルは、ブルブール城の女性相続人と結婚したとき、すでに三〇歳を過ぎていた。弟の身分の青年たちはいつまでも、時には人生の最後まで、「若者」であった。

この時代に書かれた『ウィリアム・マーシャル伝』は、このような若者の経歴を如実に描き出している。イングランド国王の家臣の四男に生まれたウィリアムは、ノルマンディーに送られる。その地で有力者のいとこの家で仕えながら、騎士になるための教育を受けることになったのだ。ウィリアムは初陣の前夜、騎士に叙せられる。ウィリアムはよく戦ったが、戦利品には目もくれないという大失敗を犯してしまう。そんなことでは騎士は続けられないよと、仲間たちから忠告を受けたウィリアムは、それ以後は戦闘でもトーナメントでも、勝てば必ず馬や武具や、あるいは身代金がとれる捕虜を確保したという。二六歳、ベテラン騎士になったウィリアムはイングランド国王ヘンリー二世によって、王の長子ヘンリーの補佐役に任ぜられる。以降、ヘンリー（子）に従ってフランスやフランドルを遍歴し、数々のトーナメントや戦闘で勇名を馳せた。若いヘンリーが父王に叛旗《はんき》を翻したときも、補佐役として主人に従った。のちにウィリアムは友人の騎士と二人連れで、トーナメントからトーナメントへと腕試しの旅に出た。一〇ヵ月間に一〇二人の騎士を捕虜にしたこともある。ウィリアムは数々の手柄を立てて有名になったが、いつまでも「若者」であった。領地を持たず独身だったからだ。王への献身がようやく認められ、封土《ほうど》と裕福な花嫁を同時に手に入れたのは四〇歳を過ぎてからである。三人の兄たちに先立たれたウィリアムは、最終的にはマーシャル家の領地と役職を受け継いだ。

ウィリアムの同輩でこれほどの運に恵まれた者はほとんどいない。弟の身分に生まれた者はたいてい馬上試合や戦闘や十字軍遠征に参加して男らしさを示し、狩猟やばか騒ぎや女遊びに明け暮れた末に若死にした。ワットルローのランベールは、戦場で倒れた自分の兄弟や、母方の祖父の一〇人もの兄弟を悼む詩を紹介している。この兄弟たちはたった一日のうちに同じ戦場で命を失ったのだった。いずれの運命をたどるにせよ、貴族の家の年下の息子たちは長子相続という新しいシステムの犠牲者であった。しかしまた、捻《ひね》った見方をすれば、貴族の祖の実在モデルとして生き続けたともいえよう。

息子たちほど派手な生涯を送ったわけではないが、娘たちもまた犠牲者であった。どの家も娘たちを全員嫁がせ、息子のうち一人だけに嫁を迎えようとしたから、花嫁の結婚年齢は下がり、花婿の年齢が上がった。また、持参金は高額になり、独身女性が増えて、女子修道院は需要に対応できなくなった。そんな事情を背景に、フランドルでベギナージュと呼ばれる施設が姿を現した。(組織の創始者ランベール・ベルギの名をとって) ベギンと呼ばれる在俗の女性たちが共同で住む施設である。彼女たちは独身を守り、わびしく孤独な日々を送った。遍歴の騎士となった弟たちと同じく、相続制度の犠牲者であったといえよう。

ジェノヴァ――貴族たち、職人たち

中世中期は都市建設の時代だった。フランスやイングランド各地の衰退していたローマの都市が再建され、拡張された。交易路沿いに市《いち》が立ち、新しい町々が生まれた。修道院による開墾事業が進み、よく整理された広い場所に職人や商人や農民が集まるようになった。九世紀に各地の町を荒らしまわったヴァイキングでさえ、いくつかの町（たとえばダブリン）に交易所を建て、略奪の拠点とした。ヴァイキングの襲撃が刺激となって、町々を取り囲む城壁が築かれた。防御態勢が整った町は商売気のある人びとを引き寄せた。北西ヨーロッパ全域で、家や作業所、庭や納屋や家畜小屋などが、修道院や城の周囲一帯や城壁に沿って集まった。新たな共同体は先見の明ある領主から特許状を与えられ、ヴィルヌーヴ、ノイシュタット、ヴィラ・ノヴァと名乗り始める――すべて「新しい町」を意味する名前だ。

イタリア半島では、ローマ時代にほとんど目立たなかった（あるいは存在さえしなかった）ヴェネツィアやアマルフィ、ジェノヴァやピサが海沿いに姿を現した。陸地側に沼や潟《かた》、崖や山があり、守りの固い町々だった。イスラムの海賊船がリグーリア海岸に押し寄せたとき、ジェノヴァの町を見下ろす丘に住んでいた貴族たちは町に下り、防衛の最前線に立った。防戦は反撃に転じ、オベルテンギ侯爵率いる貴族たちが軍の指揮権を握った。貴族の本来の仕事は武器をとって戦うことだったから、ある意味でこれは当然の成り行きだったろ

エンブリアチ家の塔　ジェノヴァ
（著者撮影）

う。意外な展開とは、戦うために町に下りてきた貴族たちがそのまま住み着いて商売を始めたことだった。ジェノヴァの貴族たちは、海戦の代わりに海上交易を自分たちの独占事業としたのだった。「ジェノヴァ人、これすなわち商人」とまで言われるようになった。

ただ、ヨーロッパ北西部の他の都市と違って、ジェノヴァには卑しい生まれの商人や銀行家の階級はいなかった。その代わりに都市貴族がいた。ジェノヴァの貴族の考え方や慣習や家庭生活は、イタリアの他の都市の富裕層とある程度の共通点があるとはいえ、地方の貴族階級とは明らかに一線を画していた。

ジェノヴァの町の物理的な特徴といえば——訪れた人が誰でも気づくことだったが——空をつく数多の大塔であった。執政官たちが定めた八〇フィート（二四メートル）の高さ制限はほとんど守られず、ごつごつした四角い塔が、貴族の一門が集まる要塞化された地区に陣取り、あたりを睥睨《へいげい》していた。各地区の中心部には親戚同士の裕福な数軒の家があり、その周りに貧しい親戚や被庇護者ら、身分の低い人たちが住んでいた。家々は、店舗や開廊《ロッジア》、共同のパン焼き窯や庭園や浴場、そして教会を取り囲む広場《スクエア》に面していた。

見張り塔は荒削りの石造りだが、住居はほとんどすべてが木造であった。間口は狭く、奥行きは道路から裏まで四八フィート（約一四メートル）ほどの家が多かった。中央の間《カミナータ》、厨房、武器庫は一階、上階に家族の寝室や召し使いが住む一画があった。各階が塔につながっていたから、緊急時には世帯全員が塔にこもり、防衛に徹することができた。家の中は窮屈で殺風景だが、対照的に家が建っている地区全体は開廊に囲まれ広々としていた。個々の家に住む家族は、地区住民全体の偉大な系譜の一部であった。「ジェノヴァの貴族は、壁に囲まれた家の中よりも、一門が集まって住む地区全体を生活の場として楽しんだようだ」とダイアン・ヒューズは指摘している。「浴場では一族のうわさ話に花が咲いた。開廊はより開かれた会合の場で、祝いの席ともなった。同じく教会は……開廊と同じく、一族が結束をかためる場であった。教会には一門の家紋や遠い祖先を記念する額が飾られ、壮大な墓と記念碑が建てられ、一門のメンバーの記念日を祝うミサが絶えず執り行われていた」。貴族たちがひとところに集まっていたのはジェノヴァだけではない。イタリアの他の多くの都市でも、貴族たちは塔に守られた地区に集団で住んだが、ジェノヴァの貴族のこの傾向は最も早く現れ、最も際立っていた。

ドリア家の邸宅　ジェノヴァ市内の一門の居住区（著者撮影）

個々の家に住む世帯は大規模で家父長制だった。息子たちは父親が死ぬまで家にとどまったし、父の死後に実家にとどまる息子は一人とはかぎらなかった。一世帯に何人住むかは、慣習よりも家屋の実際の大きさで決まった。結婚し、子どもがいる息子が家を出るといっても、たいていは実家の近くに住んだ。そういうわけで、ジェノヴァ人にとって「家族」(家系ではない)とは一つ屋根の下に暮らす世帯ではなく、家父長の下の親族集団であり、そこには近隣一帯に居を構える義理の娘や子どもたちも含まれた。

ローマ人、ランゴバルド人、フランク人らの法律による分割相続が依然として効力を持ち続け、相続は男性に限定されていた。所有地は常に息子が受け継いだ。息子がいなければ、兄弟や孫や甥が相続した。「貴族の財産が血族集団の外に出ていくことはめったになかった」。

家系には商業的、社会的、政治的、軍事的な側面があり、一門の範囲はそれぞれの必要に応じて変化し、集団に含まれる被庇護者や貧しい親戚の数も増えたり減ったりした。一一八八年に作成されたジェノヴァとライバル都市ピサとの和平宣誓書には、ジェノヴァ人一〇〇〇人が署名している。その三分の一は親族の居住区ごとにまとまっていた。一門の筆頭者の名に続き、血のつながりよりも庇護者―被庇護者の関係に従って個人の名が記されている。ジェノヴァで断続的に続いた二大家族間抗争の始まりは、家系そのものの起源と同じく、十世紀にさかのぼる。ジェノヴァの町の創設者オベルト・ヴィスコンティとオベルト・デ・マンチャーノが仲たがいし、その後二〇〇年たっても、それぞれの直系、傍系の子孫や同盟者の子孫たちが、街中で争い、互いの居住区を取り囲むなど、争いが絶えなかった。カミラ家というある貴族の家長は、一族専用の教会堂を建てる許可を教皇に願い出たとき、その理由として居住区のすぐ近くのサンタ・マリア・デッレ・ヴィーネ聖堂まで足を運ぶのは危険すぎるからだと訴えた。

結婚は政治・軍事的目的のためだけでなく、商売上の都合を考えて取り決められた。敵方の血縁者との縁談は進むはずもなく、常に同盟を組みたい相手が求められた。いったん結ばれた同盟は、商売上も軍事上も有効にはたらき、関係は世代から世代へ何世紀も続くものと期待された。ほかの地域でもそうだが、寡婦産と持参金の交換は縁談のかなめであった。この両者の重みに重大な変化が起きたのは十二世紀である。ジェノヴァの貴族の妻は、これまで二種類の贈与を受け取っていた。一つは「アンテファクトゥム」と呼ばれる現金か貴重品、もう一つは「テルシア」と呼ばれ、夫の全財産の三分の一に対する権利であった。一一四三年、「テルシア」が廃止され、「アンテファクトゥム」は持参金の二分の一相当、または一〇〇ジェノヴァ・ポンドのどちらか少額に制限された。ここでも天秤は花婿の利益になるように傾いたのであった。妻を迎えるのはたいていまだ一〇代の若者で、父親か年長の親類の後見下にあった。自由になるのはやっと二五歳になってからだ。若者は父親かおじか兄たちと一緒に初航海に出た。都市政府は、相続に関して（また個人が犯した犯罪に関しても）若者により重い責任を持たせようとしたが、成功したためしはなく、貴族の町ジェノヴァは父親支配の社会であり続けたのだった。

ジェノヴァ社会で今一つの大きな階級をつくっていた人たち——職人、細工師、小売店主、小商人ら労働者たち——の家庭生活は、貴族たちのものとは著しい違いがあった。この階級には家系というものはなかったし、貴族が大事に守った拡大家族もほとんど例がなかった。靴職人や桶屋や魚屋にとって家族とは、狭い屋根の下に身を寄せ合う妻と子どもたちだった。妻はいつも一緒に働く仕事上のパートナーであり、子どもたちも家業を手伝うか、父親とは別の仕事を覚えるために他家へ弟子入りした。拡大家族は、あっても、老親に代わって家業を継ぐために息子、あるいは義理の息子が居残っているのであった。

だが、こうした人たちは、家族以外にも広いつながりを持っていた。血筋ではなく仕事のうえでつながった人たちだ。また、この階級の人びとも貴族と同様に魂の救いなどの恩恵を教会に求めたことに変わりはない。ただ、かれらにとって教会とは、家系とは無関係の教区の教会であった。親類ではない人たちとのこうしたつながりを、かれらがいかに大切にしていたかは遺言書にも示されている。一一九〇年、兄弟を二人残して亡くなったある靴屋は、家屋と財産の大部分を仕事上のパートナーに遺し、残余財産をすべて教区教会に遺贈した。「貴族ならそんなことは思いもつかなかっただろう」とダイアン・ヒューズは指摘している。ヒューズの調査によれば、直系相続人がいない人の遺言書の一四パーセントが遺産を親類以外の人に遺していた。老後のための取り決めは、貴族は親族間で結んだが、職人とその寡婦は仕事上のパートナーや隣人たちを頼った——家と財産を遺贈する約束をし、その見返りに「寝床と食卓の一席と暖炉の前の場所」を保証してもらうのである。残存する遺言書の二三パーセントが、子どもがいる場合でさえ、妻を主たる相続人に指定していた。「貴族なら思いもつかない」ことであった。

職人の夫と妻は、貴族の夫婦とは性質の違う絆で結ばれていたといえる。職人の妻は夫の仕事を手伝うにしろ、よそで働くにしろ、労働力を提供した。結婚生活を始めるにあたり交わされる持参金とアンテファクトゥム（夫から妻への贈与）で、二人はほぼ同等額を出資した。職人階級のアンテファクトゥムの中央値（一四ポンド）は持参金の半額かそれ以上のアンテファクトゥムを贈った。職人階級の花婿の七割以上が持参金の中央値（二〇ポンド）の七割だったという。貴族の結婚の場合、この割合はわずか四割あまりであった。言い換えれば、夫側の出費を抑えようとしたお上の方針に、ジェノヴァの職人たちは反抗したわけだった。貴族にとって、娘の持参金の額は実家の地位を表すものだったが、労働者階級の父親ならそんなことは考えもしなかったろう。この階級の人びとは、夫側であれ妻側であれ、ともかくもありったけの手を尽くして結婚の基盤を用意したのだった。

子育ての仕方も、貴族と職人では大きく違った。職人階級の母親は母乳で育てた。貴族の母親は子を里子に出すか、家で育てる場合は乳母を雇った。遺言書に自分や自分の子どもたちの乳母の名を書き記し、いくばくかの遺贈をする人は多かった。一方、職人階級の母と子は母乳育児を通して強い絆で結ばれたが、数年もたつとこの子たちは家から離れ、辛いことの多い徒弟期間を経験するのだった。職人の息子は徒弟を終えると独立し、結婚して、自分の家庭を築いた。職人の娘はといえば、持参金を持って家を出るには親の死を待たなければならないことが多かった。だが、いったん職人の妻になれば、おそらく貴族の奥方よりも、夫といくらかは同等に近い権威をもつことができた。それは持参金のおかげであり、夫の仕事上のパートナーとしての働きが評価されるからであり、また、場合によっては、夫を一人前の職人にした親方の娘に生まれたという偶然のおかげでもあった。

寡婦の境遇も、二つの階級では大きく異なった。労働者階級の寡婦たちは積極的に再婚の機会を求め、実際に再婚する人も多かった。新世帯に自分の子どもを連れて入ることもあれば、それまで住んでいた家に新しい夫を迎え入れることもあった。再婚相手はたいていは亡夫（と自分自身）の仕事仲間から見つけた。仕事熱心な弟子が親方の寡婦と結婚することもあった。対照的に、貴族の寡婦はめったに再婚しなかった。再婚すれば、子どもたちを父方の一門が決めた保護者に委ねることになったからだ。子どものいる貴婦人が寡婦になり、再婚しないとすれば、それまで味わったことのない自由を味わえた。寡婦の多くは、住む家と領地を管理する権利を法的に保障されていたのだ。十三世紀の記録に残る三人の女性を紹介しよう――ドルア・ストレーギアはスペインやアフリカや東洋との交易事業に一〇〇〇ポンドを、ジャルディニア・ボレートは同様の海外事業に六一五ポンドを投資した。マヴィリア・レカヴェッラはフランス王室御用達のワイン商となり、土地や商業用不動産の売買も手がけ、アフリカや東洋との交易をめぐる四件の取引に三二五ポンドを投資し、子どもたちを父親の仕事に就かせるべく教育した。ジェノヴァのビジネス文書に貴族の妻はめったに登場しないが、寡婦たちの存在感は大きい。文書にこそ表れないが、おそらく妻たちは夫の事業によく通じていたと推測される。

孤児たちの境遇はどうか。労働者階級の子どもにとって父親の死とは、義理の父親が牛耳る新しい家に入ることを意味した。そうでなければ、頼みとする人とてなく、大黒柱のいない家でなんとか生きていかなければならない。貴族の子どもはそれほど大きな痛手を感じずにすんだ。おじやおばたちなど守ってくれる親族に囲まれて、今までの家に住み続けることができた。

そういうわけで、十二世紀の一大商業都市ジェノヴァには、二つのはっきりと異なる家族パターンが存在した。家柄を意識し、戦士として誇り高い貴族のパターンは、物質的、社会的環境による細かな違いは多かったにせよ、どこにでも見られる貴族のパターンの都会版といえるだろう。ただ一つ、ジェノヴァ貴族の家族パターンが他と徹底的に違っていたのは、交易を職業として選んだことだった。同様に、職人階級のパターンもまた、どこにでもあった農民家庭のありように似ていた。夫婦世帯を重んじ、夫婦はパートナーとして協力し、遠い親類より近くの他人を頼りにするパターンであった。

スペインの国土回復《レコンキスタ》——開拓地の家族

十二世紀ヨーロッパのいたるところで、荒れ地を拓いた新しい共同体が形成されていった。その七世紀後に北米大陸で進んだ開拓と多くの点で共通する、途方もない規模の開墾事業が進んだのである。イベリア半島ではイスラム勢力からの国土回復《レコンキスタ》によって、正真正銘の開拓地が生まれた。ある地域が解放されると、城を中心に防壁で囲まれた町が生まれ、その周りに町に依存する村々や畑地や牧場が集まった。こうしてできた新しい共同体は、戦乱に代わって秩序と安定をもたらし、荒っぽい兵の駐屯地を平時の社会的習慣が通用する地に変えていった。新来者は「かまどを立てる」ように、つまり妻を迎えて家庭を持つようにと奨励された。

開拓地では町の女《ムヘル・ビリャーナ》も村の女《ムヘル・アルデアナ》も、より平穏な地域の女たちと同じように働いた。日々の仕事は糸紡ぎと機織《はたお》り、縫物や育児であった。子どもたちに目を配り、桶を手に水汲みに行き、共同のパン焼き窯で順番を待つ。女性に開放される日には浴場に行くこともあった。だが、ほかの地域との違いもあった。とりわけ、女性の法的、経済的な立場には大きな違いがあったと、『レコンキスタの娘たち（*Daughters of the Reconquest*）』の著者ヒース・ディラードは指摘している。

イベリア半島では、かつてこの地を支配した西ゴート人の法律から、女性は相続に関するすべての事柄において「認められるべきだ」とする一つの原則が生まれていた。実際面でこの原則は、男女の別なく分割相続するという形をとった。同じ親等以内の間柄の相続人は、男も女も平等に遺産を分け合ったのである。開拓地の人びとはこの習慣をきっちりと守った。ある家の息子か娘が子どもを残して他界した場合、その子たちには祖父母の財産の相続分があった。結婚した女性が両親に先立った場合、女性の相続分は夫に渡ることはなく、兄弟姉妹が受け継いだ。また、子どもは父と母の双方の財産を相続した。つまり、財産は平行する二つの系譜に従って受け継がれたのである。相続財産には、レコンキスタの結果、家畜や奴隷、それに身代金が見込める捕虜などの略奪品が加えられた。戦利品は夫の武具を用意した妻にも権利があった。ただし、馬と武具は男性だけが持つものとされた。なにしろ、馬と武具さえあれば、下級騎士《カバリエロ・ヴィリャノ》（多くは町の民兵として雇われた）として認められたからだ。だが、それも戦利品として権利を主張する女性もいた。自分が持っていれば、後日、息子か再婚相手に譲り、かれらを騎士の身分にすることができるからだ。

このような法的地位を与えられた女性は、まず財産の相続者として、次に伝達者として、二重の意味で貴重な存在だった。ヨーロッパの他の多くの地域では男性優位の波が広がり、結婚に際して花嫁への贈与が減り、寡婦産権が縮小されたが、スペインではそうした傾向はまだ見られなかった。女性から力と地位を奪い取る長子相続と父系重視の新しい考え方は、スペインでは広がらず、とくに開拓地の妻たちは尊敬され権威があった。というのも、夫たちはしばしば軍事遠征のため家を空け、そのまま帰ってこないことが多かったからである。

こうした相続習慣のおかげで、花嫁の家族は結婚を取り決める際に大きな発言権を持つことになった。娘一人ひとりが家産のかなりの部分を——四分の一か三分の一、あるいは半分さえも——相続するため、親は結婚相手の選択に慎重にならざるを得なかった。親の認めない結婚をした娘には相続を許さない慣習さえあった。

六世紀にイベリア半島の支配権を握った西ゴート人の法律は、結婚にあたって花婿から花嫁へ十分な贈与がなされるように定めていた（教会に先んずること数世紀、革新的な法律だった）。花婿からの贈り物はスペイン語では「アラス」（ラテン語のアラ〈約束〉から）と呼ばれ、一種の「証拠金」であった。アラスの目録には、土地、家屋、村、家畜、奴隷、鞍、驢馬《ろば》、馬、衣服、皮革、十分の一税などが載せられた。カスティリアの貴族はもう一つ別の贈り物——武装した騎士一人が寝泊まりできる大きさの、良質の革のテント——を付け加えるのが常だった。この独特の贈り物は、あちこちに散在する領地を巡回するため、あるいは遠方の宮廷に出仕するために、遍歴が常態化していたことを示すと、ヒース・ディラードは指摘している。

アラスは、先送りも、単に約束だけで済ませることもできた。結婚相手を選ぶにあたって金持ちが不当に有利な立場に立つことがないようにとの配慮の賜物だった。ただし、結婚祝いの行事、とくに披露宴を盛大に開き、その費用を負担するのは花婿の家族の務めであった。花嫁の嫁入り道具《トルソー》は将来の相続分から減額されることになっていて、調理道具、キルト、寝具類、そのほか調度品などが含まれた。裕福な花嫁なら、葡萄園や庭園や牧場を婚家に持ってくるかもしれなかった。

結婚式は伝統的に日曜日に挙げるのが習わしで、しかもスペインでは（ヨーロッパ北部のいくつかの地域でもそうだが）司祭の役割が大きかった。花嫁は馬で教会にやってくる。司祭は結婚の世俗的な象徴（アラス）と典礼上の象徴（指輪）を祝福し、ミサを執り行い、グラティアヌス法令集を引用して「トビアの夜」〔旧約聖書続編『トビト記』から。トビアは結婚の夜に悪魔を退治したとされる〕を守り、初夜のセックスを控えるように勧めた。宴会と踊り、馬上槍試合やゲームが続く中、どんちゃん騒ぎが過ぎて罰を受ける客も出た。

何事も粗けずりな開拓地では、法律や習慣や教会の定めがあっても、結婚が常にその枠内に収まるとはかぎらない。合意の上で駆け落ちしたカップルにとって、開拓地は格好の居場所であった。親たちが連れ戻そうとしても、遠い辺境の地の人びとの協力は得られなかったからだ。法律上は犯罪であった誘拐婚も、実際の取り締まりは緩く、開拓地で問われたのは、誘拐された女性がその町の住民か、よそ者かだったのだ。町の女性を誘拐すれば、多額の罰金（王または領主に支払われる）が科され、鞭打ち《むちう》ち、奴隷化といった刑罰が下った。死罪を申し渡されることもあった。だが、女性がよそ者であれば、おとがめなしのうえ、町の人に歓迎されることも――女性を連れてきた男性移住者に、町が堂々と特典を与えることさえ――あったのだ。共同体に世帯持ちが増えるのはいいことだし、これで地元女性をめぐる奪い合いも少なくなるというわけだった。女を誘拐してくるとは、開拓地に生きるにはぴったりの勇敢な奴だと評されることさえあった。

武具をまとった根無し草の男たちが大勢うろついていたわけだから、父親が娘たちの身を気遣うのも当然であったろう。地域によって、レイプに関する法律は二つの相反する立場をとった。被害者との結婚をレイプ犯に義務づける法律もあれば、結婚を禁じる法律もあったのだ。後者は金持ちの娘を狙う野心家どものたくらみを封じる目的であった。

婚外セックスは、厳しく抑制される一方、大目に見られることもあった。若い独身男性が結婚前に愛人《バラガナ》を囲っても、それは許されるどころか、当然のこととされた。これは独身男性一般に、それもどちらかと言えば聖職者に与えられた特権であり、この点でスペインの聖職者は他のどこの聖職者とも大差なかった。二回のラテラノ公会議が独身性を定めてから数十年たっていたが、教会法研究者エスマンによれば「聖職者になるときは誰もが純潔を誓うが、それを実行する人はほとんどいなかった」。

しかし、愛人を囲う特権は、既婚男性には与えられなかった。妻のある身で愛人をもてば姦淫を犯すだけでなく、パートナーを見つける機会を他の男性から奪うことになるからだった。多くは鞭打ちの刑を受けた。姦淫を犯した女性に対する罰はより厳しく、鞭で打たれたのち、町から追放された。

婚約者同士のセックスは、知られていないことでも、想定外のことでもなかった。スペインの慣習は（誓いの言葉とそれに続く交合が結婚を成立させると考えた）教皇アレクサンデル三世ほど厳密ではないにしろ、セックスをしてから約束を反故《ほご》にすれば、それは重大な違反だとみなされ、重い罰金が科された。裏切られた女性の多くは、恥をさらすよりは、と沈黙を守った。ある騎士と婚約していたビリャ・アルメンテのエルビラ嬢は、婚約の解消と贈り物の返還を求められたが、これを拒否した。裁判となり、もし男が女に「接吻と抱擁」をしていたのなら、女は贈られた物をそのまま保持してよいが、そうでない場合は返すべしとの裁定が下った。エルビラ嬢は返却した。裁判官はこの裁定を下すにあたって、結婚前に婚約者に死なれた女性に関する規定を根拠にしたのかもしれない。その規定によれば、もし二人がセックスをしていれば、女性は贈られた物を保持していいが、そうでないなら彼の家族に返すべしとされていた。接吻だけなら、贈られた物の半分を返さなければならなかった。結婚式前に女性が死んだ場合は、二人が肉体関係を結んでいなければ、男性は贈られた物をすべて返却し、結んでいればすべて保持してよいとされた。エルビラ嬢の場合に限るかもしれないが、裁定では抱擁が結婚式に相当するとみなされたわけである。

性的嫌がらせ《セクシュアル・ハラスメント》もまた、罰すべき行為であった。アルカラ・デ・エナーレスとセプルベダという二つの町の罰金規定には、開拓地の人びとの考え方が表れている。ここでは聖ヒエロニムスが示した価値基準がさかさまになっていた——既婚女性に対する嫌がらせは罰金四マリバレ、同じ行為でも寡婦に対して行えばアルカラでは三マリバレ、セプルベダでは二マリバレ、処女に対する犯行はアルカラで二マリバレ、セプルベダでは一マリバレの罰金が科されたのである。夫は、自分の妻が言い寄られたときに甘い顔をしていたと感じれば、確実に自分で妻を罰した。妻への虐待は、慣習上も教会法上も認められていた。

性犯罪が明らかになっても、犯人は捕まらずに罰を免れることも多かった。犯罪者が逃亡すれば、残された家族に重い罰金を科すシステムが示すとおり、逃げるのは簡単で、逃げる人は多かった。不払いの借金を残した夫に代わって、家族が返済の負担を負うことさえ珍しくはなかった。ただし、夫のギャンブルの借金とユダヤ人からの借金は、妻の相続から差し引かれることはなかった。逃げた夫はといえば、歓迎してくれる新しい町はすぐに見つかった。開拓地の町が新来者に求めたのは、もしその町の中に敵がいれば、あらかじめ和解してから町に入ることだけだったのだ。こうして過去の問題はあっさりと消し去られた。

レコンキスタ時代の不安定な開拓地では、より平穏な地域とは違った日常生活が繰り広げられた。スペインの男性は統制がきかず、暴力に走りやすく、常に武装し、より頻繁に戦った。つまり、一昔前の時代に生きたフランスやイングランドやドイツの騎士たちと同じようにふるまっていた。女性はといえば、用心深く守られ、虐待を受けることも多いが、同時により一層尊敬され、より大きな責任を負い、家族の問題に大きく関わった。西ヨーロッパで一括相続と長子相続が一般的になったあとも長い間、スペインでは女性が財産権と相続権を持ち続けた。

第八章　黒死病以前の農民たち　一二〇〇～一三四七年

中世盛期の繁栄と拡張がピークに達した十三世紀、活発な商業活動と増え続ける人口と農業技術の進歩は都市でも地方でも、社会の上から下まであらゆる階層に恩恵をもたらした。どこでも常に社会の大多数を占める下層階級——農民——も、例外ではなかった。そのうえ十三世紀にはもう一つ、幸運なできごとが起きている。農民家族の暮らしが初めて文書で記録されたのである。イギリスでは記録は主に二つの形で残された。荘園の慣例法集〔領地内の慣習法や土地貸借の詳細などの記録〕と荘園裁判所の訴訟記録である。慣例法集には、カロリング朝時代の所領明細帳《ポリプティクス》と同様、荘園の借地人の名前と地代、果たすべき奉仕などが記された。訴訟記録には違反行為や小作人同士の、あるいは小作人と領主の争いごとだけでなく、土地の譲渡や農作業を調整するために村の共同体が定めた規則なども記録されている。この二種類の記録文書は、一昔前の所領明細帳よりも詳しく、村の経済から農業技術や人びとの地位、結婚や相続の慣習、犯罪、社会的関係まで、農民の暮らしをあらゆる角度から描き出す最も初期の史料である。

北西ヨーロッパ全域とイングランドで、耕作の二つの方式が二つの異なる家族形態を生んだ。北ヨーロッパとイングランドの英仏海峡からミッドランドを経て北海に至る地域は、耕作にふさわしい広々とした野原が広がる「平野地方」、一方でブルターニュ、ノルマンディーおよびイングランド西部、北西部、南東部の一帯は耕作可能な土地と放牧に適した牧地が点在する「森林地方」であった。

平野地方では「開放耕地制度」と呼ばれる耕作システムが普及した。中世の農業といえば、このシステムを思い浮かべる人が多いだろう。これは、垣のない広い畑地を「地条《ストリップ》」と呼ばれる帯状耕地に細分して個々の耕作者に割り当て、耕作者はあちこちの畑地に散らばる自分の地条を耕す制度であった。牧草地、荒れ地、休閑地、刈り株畑は共同で使った。農民は自分でどんな作物をいつ植えるか、どの土地を休ませるかを決めた。多くの家族が集まって大きな村を作った。一般的に荘園の支配は強く、相続は分割することなく、土地は父から息子一人（たいていは長男）へと継承された。

対照的に森林地方では、農家はそれぞれ自分の家の畑を耕した。畑はこぢんまりしたもので、生垣や溝で囲まれていた。小さな村とあちこちに散らばった農家が、森林地方の特徴的な風景を作り上げていた。荘園の支配は弱く、家の財産は息子たち（土地によっては娘たちも）が分割相続した。

ここに述べた耕作や暮らし方の二つのタイプは、区別が常にはっきりしていたわけではない。ばらばらの畑地と小さな村を平野地方に見つけることもできたし、森林地方で大きな村や広い農地（共同で運営することはなかったが）を目にすることもあった。

平野地方の農家

ある学説によれば、開放耕地制度は民族移動時代のゲルマン部族に由来する。またほかの学説によれば、このシステムは記録が残る十三世紀のほんの直前に成熟したのであり、分割相続による財産の細分化の結果であった。ただ、この仮説では、一括相続の慣行、耕地の共同管理、放牧地の共同利用の慣行がどのように始まったのかを説明できない。開放耕地制度の起源は謎に包まれたままである。

平野地方の村について、初期の研究は主に経済をテーマとするものが多かった——領主が所有する荘園の借地人としての小作農、彼らが支払った地代や行った労働奉仕、とりわけ自由民《フリー》か不自由民《アンフリー》かという農民の身分について、多くの研究がなされている。ただ、農民たち自身の間では、自由民か不自由民かの違いはあまり意味がなかったようである。十九世紀末の偉大な法制史学者フレデリック・メイトランドの言葉を借りれば、農奴《サーフ》は「領主を除くすべての人との関係において」自由民であったのだ。とはいえ、領主との関係における隷属状態は、農民にとっては放っておけない問題だった。かれらはそこから抜け出そうと、さまざまに策をめぐらしている。農民の身分をめぐる領主との対立が暴力を伴う事件に発展することもあった。

不自由民である農奴（イギリスではヴィレン、大陸ではサーフと呼ばれた）という身分には三つの顕著な特徴があった。まず、農奴は父親の跡を継ぐときや娘が結婚するときなど、生涯の節目節目に（死んでからでさえ）税が課された。第二に、農奴は国王の裁判所ではなく、領主の荘園裁判所で裁かれ、荘園から離れるには領主の許可が必要だった。第三に最も重要な点として、農奴は労働奉仕の重い義務を負っていた。十三世紀には、労働に代わって金《かね》が支払われるようになったが、それとても農奴にとって重荷であることに変わりはなかった。

　イングランドは、広大な伯領からちっぽけな小作地まで、すべての土地がノルマン征服時〔ノルマンディー公ウィリアムによるイングランドの征服、一〇六六年〕に導入された封建制度の下に管理されていた。「所有権」というものはなく、人が無条件に保有する自有地というものもなかった。ただし小作地はたいてい、あたかも小作人が所有しているかのように、世襲であった。封建制の下での慣習法《コモン・ロー》は農奴にこの権利を認めていなかったが、実際には法に矛盾する世襲は広く行われ、荘園裁判所からも認められていた。さらにわかりにくいことには、土地そのものも「自由地」と「不自由地《ヴィレン》」に分類されていて、保有するには一方には貨幣地代が、もう一方には労働奉仕が課された。こうした土地の分類は、元来は小作人の身分に準じていたが、何代にもわたって相続を繰り返すうちに十三世紀には自由民が「不自由地」を、農奴が「自由地」を耕すことも珍しくはなくなっていた。「不自由地」として保有される土地は「慣習保有地《カスタマリー・ランド》」とも呼ばれた。荘園の慣習に基づいて保有される土地という意味である。

　荘園《マナー》（フランス語「セニョリ」）とは領主の地所であり、領主が直接経営する直営地《デメーン》（あるいは特別保有地《リザーヴ》）と小作地から成っていた。小作地に対して領主は一定の権利を持ち、地代を課すことができた。こうした仕組みはノルマン征服により導入され、イングランドの隅々まで広がった。荘園は必ずしも村と一致するわけではなかった。平野地方の農民について、最近では経済面よりも社会的な側面、つまり荘園の一員というよりも、村の共同体の一員としての農民をテーマにした研究が多くなされ、そこから土地の保有形態とはほとんど無関係な村の社会階層の構図が明らかになっている。たいていの村では、最上層と最下層を成すのは自由民の数家族であり、その中間を（裕福な家もあり、それほどでもない家もあったが）不自由民の家族が占めていた。

一二七九年、オックスフォードに近いカクサム村の小作人は、基本的に三階層に分かれていた。最上層にいたのは二人の自由農、ロバート・セルヴィアンとロバート・エイト・グリーンである。ロバート・セルヴィアンが跡継ぎを残さずに世を去ると、その保有地の一部は「不自由地」として区分しなおされ、残りは、家や畑と合わせてロバート・エイト・グリーンに供与された。その後数十年かけてエイト・グリーン家は、カクサムに近いあちこちの教区に散在する狭い土地を一家の小作地に加えていく。一三一六年、ロバートの息子のジョンは、村でいちばん高額の地代を課されていた（加えてジョンは、近くのワトリング村から、親の財産を相続した女を妻に迎えてもいた）。

それでもジョンの納税額は、ヘイクロフト家、ベニット家、オールドマン家の納税額の三割増しにすぎなかった。この三家は、半ヴァーゲート（約四・八ヘクタール）の土地に小農園《メスウィッジ》（家とその周りの土地）を持つ農奴一三家族のなかで最も裕福であった。この一三家族の下の層に小屋住農がいた。わずかばかりの土地を耕しても、それだけで食べていくことができず、賃労働に出て生計を立てる人たちだ。カクサム村の小屋住農はみな農奴だったが、ほかの地域では自由民の小屋住農がたくさんいた。歴史家R・H・ヒルトンは十三世紀のウォリックシャー南部を研究し、そこでは小屋住農の三分の二が自由民だったろうと推定している。

平野地方では、小作地と定められた土地の譲渡――売る、あるいは手放すこと――に対する強い抵抗感が長く残った。そうした取引は、相続人の利益にも領主の利益にも反することだと考えられたからだ。不自由地は領主の許可した場合に限って売却でき、取引は荘園裁判所に登録された。しかし、人口増加と家運盛衰の大きな流れから、不動産市場が生まれるのは必然であった。不自由地も自由地も、売られ、転貸されるようになった。カクサム村ではロバート・エイト・グリーン以外にも、土地を買った人がいたことが記録されている。一三一五年、ロバート・オールドマン、アリス・ベニット、ウィリアム・エイト・ヘイクロフトの三人は、許可なく土地を購入したとして裁判所から罰金を科され、もし転売したら主たる保有地の権利を失うことになると警告された。この三人が買ったのは、いずれも一〜三エーカー（約四〇〜一二〇アール）ほどの狭小な土地だった。おそらく娘たちの持参金や二男、三男への贈与に当てるためだったろう。もっと広い地所を買った人もいる。ロバート・オールドマンは一三一五年に自由民の土地六エーカー（約二・四ヘクタール）を買い、さらに一三二三年には不自由地六エーカーを買い足した。ある裕福な村人は生涯を終えたとき、少なくとも馬四頭、羊五六頭、子羊一一頭、牝牛二頭、子牛三頭を所有し、息子二人と雇い人二人に畑仕事をさせていた。

家庭は基本的な労働単位であり、仕事は男と女で分担が分かれていた。男性は「外の」仕事をした。土を耕し、種をまき、収穫し、干し草を作り、もみ殻を分け、脱穀する——これまでずっと続けてきた仕事だ。女性は昔から「中の」仕事をしたが、それもすべて家の中でできるとはかぎらなかった。食べ物を用意し、乳を搾り、バターとチーズを作り、糸を紡ぎ、布を織り、家禽に餌をやり、菜園の世話をし、森で焚き木や木の実を集め、野でベリーや菜を摘んだ。子どもたちは森や野原の仕事や落穂拾い、羊の誘導、家禽の世話、妹弟の世話などをして手伝った。繁忙期には女性も子どもも、男たちと一緒に畑で働いた。

村の規模や経済の特徴によって人数や仕事の種類はまちまちだったが、村には特殊技術を持つ者が何人かいた。どの村にも必ずいたのは粉屋と鍛冶屋である。村人が小麦を挽いてもらう粉挽き所は、たいていは領主の独占事業で、領主は年払いで粉屋に仕事を請け負わせた。鍛冶屋は馬に蹄鉄をつけ、鉄製の農具を作ったり修繕したりした。村によってはこのほかにも大工、仕立屋、肉屋、皮なめし職人、馬車引きがいた。イングランドではどの村にもエールを作る人がいた。この職業には誰でも就くことができたが、実際は鉄製の大釜など必要な用具をそろえる余裕のある層に限られた。エール醸造は、地域によっては女性の独占事業だった。男性が加わった地域もある。

平野地方の村の共同体は、人びとが助け合い、協力し、結束して暮らした一種の楽園とみなされることがある。たしかに村の小作人たちは仲間と肩を並べて細長い自分の地条を耕し、牧草地を共用し、互いに協力し合った。しかし、村の条例からは、楽園どころか、なかなか厳しい社会であったことがうかがえる。村の条例は、定期的に（たいていは荘園裁判所

糸を紡ぐ前に羊毛を整える女性（ボドリアン図書館、MS Douce 6、101 v）

エールを作る女性　ミゼリコード（教会内の腰掛けの跳ね板についている腰支え）の彫り物装飾。ラドローの聖ローレンス教会（バツフォード）

の開廷と時を同じくして）開かれる集会で、村人たちによって取り決められた。何事も共同して事に当たる村のシステムが生んだあらゆる問題が条例に取り上げられている――他人の穀物を踏みつけた、くじ引きで順番が決まる前に牧草地の草を刈った、自分の牛、豚、アヒルなどが他人の作物を荒らすままにした、「あぜ溝を盗んだ」――つまり隣人の畑地を耕した――など、問題は絶えず起きた。村の条例は「身体壮健な者」は落穂拾いなど比較的軽い労働をしてはならないと定めていた。それは「幼い者、高齢者、弱って働けなくなった者」の仕事だった。だが、刈り入れの際は全力で働くべしとも定めていた。この時代の貴重な蛋白源であったエンドウやインゲンなど豆類の収穫は、決められたときに村人全員の目の前で互いに監視しながら行った。刈り束が盗み取られないように、さまざまな予防措置が講じられた――荷馬車での運搬は日中のみ、それも畑に出入りするには決まった道を通らなければならない。

村の条例は、互いの協力は不可欠だが、共同作業にはきめ細かな監視も必要なことを知っていた社会を映し出している。

条例の施行は、村人の中から選ばれた監督官《ウォーデン》に委ねられていた。村の他の役職もそうだが、監督官の職に就くのはたいていかなりの小作地を保有する人たちだった。ラムジー大修道院の荘園の研究から、各村には権勢をふるう一種の農民貴族がいたことが明らかになっている。ブロートン村では、村の全家族の三分の一が定期的に役職に就いていた。ホーリーウェル・クム・ニーディンウォース村では、全体のやや半数を上回る家族が行政に関わり、さらに「役職者の家」の約半数あまりが深く関わっていた。エドワード・ブリトンの研究によれば「生前代替わり《マージェンス》」が、ブロートン村でも行われていた。これは王家や貴族階級によく見られた慣行で、父の役職を生前に息子に譲って息子に仕事を覚えさせ、一家が引き続きその役職に就けるようにする習わしだ。ブロートン村の四二の「主だった家族」のうち一五家族で、現役中の父親が息子に役職を引き継いだ。

最も重要な役職は「陪審員」であった。ただし、その仕事は現代の陪審員とは大きく異なっている。今日の陪審員は事件について知識がない、つまり偏見がないからその職に選ばれるのだが、荘園裁判所の陪審員は、事実関係はもとより、原告や被告についてよく知っていて、法律——つまり「荘園の慣例」と呼ばれる判例法——に精通している人たちが選ばれた。荘園の陪審員は判定を下すだけでなく、証言もし、捜査も行った。虚偽の告訴をしたり、罪を隠蔽《いんぺい》したりすれば罰金を科された。陪審員の任務は開廷期間に限定されなかった。ホーリーウェル村では住民の全家族の約半数が、頻度こそまちまちだが、一五〇〇年間のある時期に陪審員を輩出していた。三二回も陪審員を出した家もあった。ブリトンによれば、ブロートン村の家族の三分の一は「主だった家族」に分類され、その八割が二世代にわたってこの役職に就いていたという。

村の他の役職も、たいていは一握りの有力家族が独占していた。その一つが代官《リーヴ》である。これは農奴が就く職で、領主の直営地を管理し、不自由民が義務として負う労働奉仕を監督する役目であった。エール検査官は村で生産されるエールの品質検査を行った。これは、時に女性が就くこともあった唯一の役職である。

ゲルマン社会を特徴づけるアングロ・サクソン時代の保護と司法、すなわち血で血を洗う一族を巻き込んだ抗争と贖罪金は、十三世紀イングランドから姿を消していた。新しい制度に取って代わられたのだ[1]。今や紛争をおさめ、正義の裁きを下すのは、荘園裁判所から国王の裁判所へとピラミッド型に整った裁判所であった。また「フランクプレッジ」として知られる一種の相互保証監視制度があった。おそらくノルマン征服以前からあったシステムで、一二歳以上のすべての男子をそれぞれ一〇～一二人から成る十人組《タイジング》に分け、各組にキャピタル・プレッジあるいはチーフ・プレッジと呼ばれる束ね役を置いた。十人組は全体として各メンバーの行動に連帯責任を負い、地元で起きる軽罪事件を裁判所に提訴した。

中世中期イングランドの村の特徴的な慣行を今一つ挙げるとすれば、個人が個人を保証するシステムだろう。保証された人（被保証人）が約束を守らなければ、保証した人（保証人）が罰金を払った。保証の対象となる行為は法廷への出頭、おろそかになっていた労働奉仕や納屋の修理の履行などであった。妻への虐待を止めることが保証の対象となった事例もある。何らかの保証が必要になった人は保証人を「見つけ」なければならない。自分の家族の一人に保証人を頼む人はめったにいなかった（ただし、エール作りの女が、品質基準を満たさなかったとして罰金を科せられる場合、夫が保証人になることが多かった）。人びとはたいてい、村の有力者の家族のなかから、信頼できるとみなされている人物を保証人に立てた。

十三世紀末、農民の家族は一定の苗字を名乗るようになっていた。大修道院領ウォーボーイズ村を研究したイギリスの歴史家J・A・ラフティスによれば、十二世紀末の台帳に記載された小作人一一六人は誰にも苗字がなく、そのうち八人は父親のファースト・ネームで――「ジョンの息子、ウォルター」というふうに――他と区別されていた。六〇年後の一二五一年に作られた同様の台帳には、苗字を持つ小作人が数多く記載され、苗字のない者は父親のファースト・ネームで区別された。一二九〇年までには、たいていの人が苗字を持つようになっていた。苗字の多くは職業や場所の名前やファースト・ネームからつけられた。フィッシャー（漁師）、スミス（鍛冶屋）、シェパード（羊飼い）、コーク（料理人《クック》）、ライト（木工職人）、カーター（馬車引き）、カーペンター（大工）、ミラー（粉屋）、ベーカー（パン屋）、スキナー（毛皮商）、テイラー（仕立屋）などが職業に由来する苗字である。だが、こうした苗字の家族が、必ずしもその職業に就いているとはかぎらなかった。村で役職に就いている者たちも職名を苗字に使った。リーヴ（代官）、ウッドワード（森番）、ヘイワード（垣根番）、ビードル（教区役人）などだ。場所に由来する名前もあった。ボヴチェリフ（教会の上）、エスト（東端）、エイト・グリーン（草地）、エイト・ダム（堰《せき》）、エイト・ゲイト

（門）、エイト・ブリッジ（橋）、エイト・ウッド（森）、エイト・ウェル（井戸）、エイト・ウォーター（泉）などである。ブロートン村のデ・ウェンデール家やデ・ウィストウ家のように、出身村に由来する苗字もあった。父親のファースト・ネームを使った苗字からは、次第に「〜の息子」の部分が消え、単にウィリアム・アレン、ウィリアム・ロジャーなどと呼ぶようになった。J・A・ラフティスによれば、十四世紀後半のウォーボーイズ村では、「〜の息子」の部分が接尾辞として再び使われるようになり、ロビンソン（ロビンの息子）、レヴィソン（リーヴの息子）、トムソン（トマスの息子）などの苗字が現れた。カクサム村では、息子が母親のファースト・ネームからとった苗字をもつ事例が二件あった。

苗字のつけ方はしばらく安定しなかった。カクサムのリチャード・オールドマンは粉屋になったあと、リチャード・ル・ミュルワード（粉挽き所《ミル》の主）あるいはリチャード・ル・モウナー（粉挽き）と呼ばれた。寡婦と結婚し、妻の前夫の小作地を引き継いだ男が前夫の苗字を名乗ることもあった。こうしてカクサム村のギルバート・ブールドンはサラ・ル・ワイトと結婚してギルバート・ル・ワイトと、ロバート・ウォードラギはアグネス・オールドマンと結婚してロバート・オールドマンと呼ばれるようになった。アリス・アモナーとジョン・ル・トーテレのように、寡婦とその再婚相手が結婚後もそれぞれ自分の苗字を名乗ることもあった。

十三世紀の末ともなると、別の傾向が現れる。住民が地所に由来する名を名乗るのではなく、地所に住民の名がつけられるようになったのだ。たとえば、カクサム村のジョン・エイト・ヘーズがカット・ミルと呼ばれていた粉挽き所を引き継ぐと、粉挽き所は「ヘザーミル」、ジョンは「ジョン・エイト・ヘザーミル」と呼ばれるようになった。

クリスチャン・ネームはいくつかのなかから選ばれた。男性の名前で最も多かったのはジョン、ロバート、リチャード、ウィリアム、ゴドフリー、ヒュー、トマスなど。女性の名前ではジョアン、マーガレット、マティルダ、アリス、アグネスに人気があった。そのほかにもアダム、ロジャー、ヘンリー、サイモン、スティーヴン、ウォルターという名の男性たちが、女性ではキャサリン、クリスチャン、ベアトリス、サラ、エマ、ジュリアナ、マリオットが記録されている。意外なことにメアリという名の人は（ホーリーウェル村の研究で知られるエドウィン・デ・ヴィントも指摘しているように）めったに、いや、ほとんどいなかった。代々、同じファースト・ネームがつけられることもあった。

ブロートン村の有力家族の間では、他家の苗字からとったファースト・ネームをつけることがあった。おそらく、母親の旧姓を子どもの名にしたのだろう——ピレッジ・ジョン、アスペロン・エリンなどがその例だ。同じ階層内で結婚相手を見つけるのは、貴族と同様に裕福な農民たちの間でもごく当たり前のことだった。貴族もそうだが、農民も結婚にあたっては保有地があるかないかが重要であったから、農家の息子の結婚は父親が死ぬか引退してからとなった。そのために、多くの男性は二〇代か三〇代前半で結婚したが、引く手あまたで嫁探しに苦労はしなかった。

花嫁の父は持参金を用意するばかりでなく、農奴の娘の結婚にあたって課される「結婚税《マーチェット》」を支払わなければならなかった。中世史学者エレノア・サールの最近の研究によれば、マーチェットは（その語源は今もって謎である）単なる結婚認可料というよりも、所有・相続に関する荘園の条例に基づくもので、適用されたのは不自由民、あるいは自由民が小作する不自由地に限られていた。実際は、荘園の地所が持参金として譲渡されることに対する罰金の意味があった。だが、これを実際に払った農奴はほんの一握りしかいない。というのも、ほとんどの場合、娘たちの持参金は無きに等しかったし、あっても雀の涙ほどだったからだ。「愚かな娘と貧しい娘は好きなように結婚できる」――つまり、財産を持たずに、ということだ。だが、もし娘が一家の相続に関わる場合は、マーチェットが課された。荘園外に嫁ぐ場合、常にではないが、マーチェットがわずかに増額されることがあった。一二八五年、ニュートン・ロングヴィル村ではマーチェットを課された花嫁が二人いた。どちらも同じく「雄鶏一二羽」を払ったが、一人は荘園内で結婚し、もう一人はよそ者と結婚したと記録されている。グレート・ホーウッド村の一三二〇年の帳簿には、オート麦一クオーター（八ブッシェル、約三〇〇リットル）がマーチェットとして記帳されている。おそらく荘園の外部の人との結婚にあたって、その許可を得るために支払われたのだろう。

一三三九年、バークシャーに住むある寡婦が娘を嫁がせたときのことだが、相手が領主の管轄外の地域に住む自由民だったため、嫁入り道具一式の没収が命じられた。母親は領主に掛け合い、嫁入り道具を持たせずに娘を嫁がせることにして、罰金二シリングの支払いで済ませた。この寡婦は例外ではなかった。花嫁の親は持参金のことで花婿の家族と駆け引きし、そのうえマーチェットをめぐり領主の家令《スチュワード》と延々と交渉しなければならなかった。持参金の一部に地所が含まれていれば、四ポンドものマーチェットが課されることがあったが、たいていは六ペンス～二シリングの範囲内におさまった。

持参金にはたいてい現金と動産（家畜、農具、料理器具、穀類、油類、宝石、銀器をはじめ、家具や調度品、毛布、寝具、テーブル・クロスなど嫁入り道具《トルソー》に入れるもの）が含まれた。一二九四年、ブロートン村のウィリアム・アレンが妻の父親を相手に起こした訴訟によれば、持参金に含まれていた（はずの）品目は以下のとおりであった――ドレス、二ガロン鍋、半ガロン容器、絨毯二枚、「鉄を使って荷車を修理するために」五シリング、教会への寄付金六シリング。また、同じ年アボット・リップトン村のアグネス・ヒューバートは、馬一頭、豚一頭、小麦四ブッシェル、山羊三頭を含む持参金の件で訴えられた。このようにみると持参金はたしかに高額であったが、花婿が花嫁に約束する寡婦産《ダウワー》を考えれば、たっぷりお釣りがくるわけだった。一般的に寡婦産は、夫の死後、保有地の二分の一～三分の一を、生涯にわたり妻のものとする内容になっていた。

慣習法によると寡婦は地所の二分の一～三分の一を受け取ることができたが、たいていの場合、農家の寡婦はうまく立ち回ったようだ。荘園裁判所の記録からは、小作地全体を引き継いだ――しかも相続税を払わずに――寡婦たちがたくさんいたことがわかる。おそらく彼女たちは相続人ではなく、共同小作人とみなされたのだろう。一三一一年、夫の死にあたってカクサムの小作地を引き継いだアリス・ベニットは、その三〇年後に独身の娘エマにこれを遺して世を去った。ブロートン村のクリスティナ・ニールとアグネス・ケイトリンの二人も、夫の死後に小作地を引き継いでいる。だがそうした場合、畑仕事をこなし、労働奉仕の義務を果たすために、寡婦たちは人を雇うことになった。そういうわけで、たいていの寡婦にとって再婚は（強制されたものではなく）都合のいい方策となった。

長子相続によって二男三男が相続から外されるという、貴族階級と同じ問題が農民の間でも起きていた。社会学者ジョージ・ホーマンズはその草分け的著作『十三世紀イングランドの農民（*English Villagers of the Thirteenth Century*）』（一九四一年）で、こうした若者には日雇い労働者になるか、聖職を目指すか、兵隊になるかしか道はなかったと述べている。だがブリトンはブロートン村の研究（一九七六年）で別の見方を示し、とくに裕福な小作人の家の二男三男にはほかの選択肢もあったと考えた。村のエリート層家族の約半数にあたる二一の「主だった家族」で、二人以上の息子が結婚し独立して世帯を構えていたのだ。サイモン・クレーンの息子ロバートは父親の小作地だけでなく、陪審員の役職も引き継いだが、弟のウォルターも結婚し家族を持つことができた。ジョン・デ・ブロートンの二人の息子は、どちらも十人組の束ね役《キャピタル・プレッジ》と陪審員になっていることから、二人とも独立して世帯を構えていたと思われる。相続しない子どもたちは、土地を買う資金にする程度の現金や不動産を親から譲られたのだろう。

だが、ブロートン村の有力家族の残り半数についていえば、二男三男で土地を取得した人はいない。そのうちの一一家族のなかで村に残ったのはただ一人であった。おそらく長男であったろう。それほど有力でない階層を見れば、土地を買えるほど二男三男に遺せた家はほとんどなかった。

結婚は、おそらく貴族の娘よりも小作人の娘にとって切実な問題だった。未婚の貴婦人たちには開かれていた修道院も、小作人の娘には門戸を閉ざしたから、結婚しなければ実家に残り、跡取りの兄弟のために働くか、村の他家か領主の館の使用人になるか、臨時雇いとして働くしか道はなかった。

平野地方のこうしたさまざまな相続慣行から、ホーマンズはフレデリック・ル・プレーが描いたタイプの直系家族を導き出した——夫婦、子ども、祖父母、未婚の兄弟姉妹、使用人から成る家族像である。だが、実際には人びとは晩婚で、乳幼児死亡率が高く平均寿命は短かったし、しかも普通は小作地の収穫で大家族を養うことはできなかったから、大半は核家族であった。地所を多く保有する世帯は人数も多く、構成もおそらくより複雑であったろう。ブロートン村では、全世帯の三分の一に相当する「主だった家族」のメンバーが、全人口の二分の一を占めていた。

かれらは犯罪行為でも他をしのいでいた。ブロートン村の、とくに「主だった家族」の若者たちの名は、風紀を乱したとか暴力をふるった者として、訴訟記録に頻繁に登場する。一二九七年、三人の若者が（みな十人組の束ね役や陪審員の息子だった）隣家を襲撃した。そのうちの一人はのちに共犯者を連れてほかの二軒を襲った。暴行容疑で訴えられる人は多く、裁判に家庭内の問題が持ち込まれることもあった。一三一一年にはサラ・ヘンリーが娘を虐待したとして、一三二四年にはトマス・デ・ブロートンが姉妹に暴力をふるったとして、それぞれ罰金を科されている。若い女性が告発されるのは、たいていは性的不品行の容疑であった——姦淫《かんいん》と婚外子の妊娠である。ブロートン村の記録に残るこの種の訴え三四件のうち、相手の男性の名が記されているのは二件だけで、そのどちらも既婚者であった。二六件で若い女性は婚外子を生み、八件では生んでいない。この数字は、不届きな行いが実際どのくらい発生していたかということよりも、二件の事件がどちらかといえば難なく解決に至ったことを物語っている。姦淫に対する罰金がいかに気まぐれなものだったかは、十四世紀初頭のウェイクフィールド村の記録に表れている。その種の罰金をめったに科さなかったこの村の裁判所が、一三一六年に突如として大勢の若い女性たちを一斉に捕らえ、罰金を科した。記録の一部に「ジュリアナ、農奴ジョン・シバーソンの娘。結婚前に処女を奪われたが、いまだに姦淫税《レチエウイット》［「レジェワイトとも呼ばれ、姦淫を犯した不自由民の未婚女性に課される罰金」も結婚税《マーチエット》も未納」とある（結婚税が言及されているので、ジュリアナは結婚したと推測される）。何ゆえの一斉検挙かといえば、領主ジョン伯に金がいくらあっても足りない事情ができたからだ。伯は、王の姪にあたる妻を見捨てて離婚し、すでに子をなしている愛人と結婚しようとしていた。

不倫の場合は、男性も女性も等しく非難された。不倫は教会裁判所の法域にあったが、有罪とされた小作人には領主が罰金を科した。ブロートン村の訴訟記録は一二九四〜一三二三年の期間に二四件の不倫事例を記録している。そのうち一〇件は罪を犯した双方の名を、八件は男性の名前のみ、六件は女性の名前のみを記している。いくつかの名前は何回も記されているが、相手の名はそのたびに違っている。不届き者の三分の二は有力家族の出であった。

寡婦の情事は密通とみなされ、教会裁判所で裁かれ、荘園裁判所で罰金を科せられた小作地を一時的に取り上げられることもあった。一二九一年、ガートン村のロバート・ウェーウィックの寡婦マティルダは、ロバート・コーベスとみだらな行為に及び、「そのために一部の動産を失った」。マティルダは泥棒を相手にしてしまったようだ。マティルダの小作地は

「領主の手に戻され」、その挙げ句に三シリングの罰金を科せられた。ウォーボーイズ村の寡婦アグネス・フェーバーも同様の厄介事に見舞われた。リチャード・イングラムとのふしだらな行為で有罪とされ、小作地を没収され、取り戻すために二〇シリングを払わされたのだった。

一二八八年のブロートン村の記録には、現代にも通じる事件が載っている。ロバート・デ・クラークの娘エマが訴えを起こした――アグネス・ギルバートの畑を耕していたとき、アグネスの息子のウィリアム・ギルバートに「地面に押し倒され、力ずくで乱暴にレイプされ、出血させられた」と。ウィリアムは、力ずくで乱暴行為に及んだことも出血させたことも否定し、「レイプはしなかったが、エマとは過去三年間、本人の同意を得て、いつでも自分が望むときに関係をもってきた」と申し立てた。二人の争いを調査することになった十人組の束ね役と陪審員は、結論として「特定されたあの日、件《くだん》のウィリアムは件のエマをレイプしなかった。また彼は、彼女の申し立てのように彼女の意思に反してではなく、いつものやり方で関係をもった。彼女を出血させることもなかった」と判断した。ウィリアムは無罪とされ、エマに罰金が科された。ただ、訴訟記録は一言「エマは貧しい」と付け加えている（おそらく、罰金はごくわずかであったろう。あるいは取り消されたかもしれない）。

村には中世版の社会保障制度ともいえる仕組みがあった。用意周到な人たちは老後のために扶養契約を結ぶことができたのだ。もともとは高齢世代の地所と若年世代の労働力を交換する私的な取り決めだったこうした契約は、やがて荘園裁判所の管轄事項になった。黒死病が流行する以前は、一般的にこうした契約は家族の中で交わされた。息子が小作地を引き継ぐ代わりに両親を生涯扶養するという約束だ。息子は地所を、親は息子の労働に加えてさまざまな利益を得た。老親が家の中の一部屋を占める権利、一定の量の食料、燃料、寝具、衣類を供与され、衣服を定期的に洗濯してもらう権利、炉のそばで体を温める権利などが詳しく規定された。ラムジー大修道院領のクランフィールド荘園で一二九四年、ジョン・デ・ブレテンドンは「両親が生存しているかぎり、適切な食べ物と飲み物を供与し」、自宅を両親の住まいとすることに合意した。万一、この取り決めから「問題や不和」が生じた場合、ジョンは両親が「まともに暮らせる」場所と一定の量の穀物と豆を提供しなければならないとの細則も加えられた。荘園裁判所はこうした取り決めの実行を厳しく取り締まった。たとえば一三三四年、ウォーボーイズ村の記録によれば「鍛冶屋のスミスは、契約どおりに母親を扶養しなかったため……罰金六ペンスを科された」。荘園によっては、寡婦（夫）となった親の扶養について、（提供する飲食物の量などを含む）原則を定めていたところもある。

　おおかたの高齢者は老後を自宅で過ごすほうを好んだが、小さな家に移り住む人もいた。また「コローディ」と呼ばれる一種の老齢年金を修道院から購入する人もいた（コローディとは元来は、物乞いや重い皮膚病の患者ら恵まれない人たちへの施しを意味した）。たとえば、典型的なコローディ契約には、夫婦が一年間に供与されるパン、エール、獣脂、塩、オートミールなどの量が明記されていた。さらに夫婦は毎日、修道院の厨房から肉や野菜をもらうことができる、また「火にあたる場所のある」部屋あるいは薪《まき》と干し草を備えた住家のどちらかを提供されると記されていた。コローディはきわめて柔軟性に富む仕組みだった。

一三一七年、ある女性は一四〇マルクという大型のコローディ契約を、ウスター大聖堂修道院の召し使いは一〇マルクの契約を結んだ。前者は、毎日パン三塊（そのうち一つは白パン）とエール二ガロン（約九リットル）、および年間に豚六頭、牡牛二頭、チーズ一二塊、干し魚一〇〇尾、鰊《にしん》一〇〇〇尾、二四シリング相当の衣服を保障していた。一方で一〇マルクの契約は、一週間に「召し使い用のパン」四塊とビール六ガロン（約二七リットル）、および毎日修道院の厨房で「料理一皿」をもらうことができると保障していた。

別の形の老後保障に、「扶助人《キーパー》」を雇うという、教区司祭がよく用いた方法があった。老後に世話をしてもらう見返りに、司祭は遺言書にその人の名を記すという仕組みであった。

年老いた農民は、あの世で救われようと、教会や修道会と契約を結ぶこともあった。『ロレーヌ人ガラン』が批判した貴族たちのように、この世における家族の将来を顧みず、自分のために祈ってもらうべく過分な遺贈をしたのである。遺言には地元の小教区教会への遺贈ばかりでなく、道路や橋の補修費として一定額を割り当てるというきわめて実際的な条項が含まれることがあった。ある寡婦が村の未婚の女性すべてに六ペンスずつ遺贈した例もある。持参金を用意できない貧しい娘たちのための寄付で、慈善行為の一つの形であった。

十三世紀末、あるドミニコ会修道士が、欲深い教区司祭に死の床で立ち向かった「大金持ちの農民」の話をした――大金持ちは貧しい者も助けず、教会へもびた一文献金せずにこれまで生きてきたので、大きな櫃《ひつ》を現金と「他の貴重品」でいっぱいにすることができた。その長櫃は今、枕元に運び入れられている。いよいよ司祭が呼ばれたが、病人はもう口をきくことができない。そこで司祭は家族に提案した――これから質問をするが、それに対し病人が「ハー」と言ったら、承諾したと解することにしよう、と。それから司祭は臨終を迎えた男に問いかけた。「あなたは霊魂を神の手に、埋葬のため肉体を、母なる教会に委ねたいと思いますか」。病人の口からなんとか「ハー」が出た。「あなたは教会の建物のうち、自分が埋葬される部分についての経費として二〇シリングを遺しますか」。沈黙。すると司祭は病人の耳をぐいと強く引っぱった。病人は「ハー」と言った。「それでは二〇シリングと記載してください。たしかにハーとおっしゃったのですから」と司祭は言い、続けて病人に語りかけた。「わたしはたくさん本を持っているのですが、収納箱がないのです。あそこのあの長櫃があればとても便利です。そこでお伺いします。あなたはわたしがあの長櫃を本の収納のために使うことを望みますか」。返事はなかった。司祭は病人の耳をぎゅっと、血が出るほど強くつまんだ。すると、老いて弱った欲張り男は、突然声を出した。「この欲張り坊主め！　キリストにかけて、あの長櫃の中の一ファージングだっておまえなんかにやるもんか！」こう言うと男は祈りを唱え、息を引き取った。そういうわけで、男の妻と親戚たちが長櫃の中の金を分け合った。

十三世紀イギリスの農民が暮らしていた物理的環境について、近年は多くの考古学的研究や記録文書の調査が進み、村の外形や形態、農家の間取りなど、さまざまなことが明らかになっている。村々は共同牧草地や教会を中心に集まっていた。村と荘園が一致する場合、領主の館はすぐ近くにあり、一致しなければ領主は近隣の村に住んでいるということになる。家と家、家と畑を結ぶ小道はどれも長い年月にわたって踏み固められ、平らになっていた。よその村や市《いち》の立つ町へとつながる道路に沿って、ところどころに「路村《ストリート・ヴィレッジ》」と呼ばれる集落が広がっていた。

農民は一つの世帯が一つの小農園《メスウィッジ》に住んだ。家の周りの庭には、貯蔵小屋や納屋や牛小屋が建っていた。鶏が餌をついばむ姿も見られた。家畜はよく放し飼いにされて建物から建物へとうろつきまわり、住居の中に入ってくることさえあった。「放し飼いの獣《はしがいのけもの》」は領主のものであったから、牡羊、牡牛、猪などが勝手気ままにさまよい、どこでも草を食み、交尾をした。チョーサーがこんなメタファーを使ったのもうなずける――「［堕落した］司祭どもは……したい放題、裁く者などいないと思っています。気に入ったどんな牝牛でもわがものにする牡牛のように」。家の周りの庭の一部に菜園があった。鍬《くわ》で耕し野菜を育てる小さな農園だ。住居と納屋と牛小屋が一つ屋根の下にあることも多かった。納屋と家畜用スペースは隅にあり、人の居住区と通路で仕切られていた。動物がいれば、冬の間も家の中はいくらか暖かくなった。

村人の多くは、昔ながらの荒うち漆喰《しっくい》（編み枝細工に泥か粘土を塗り込んで木製フレームで支える技法）の家に住んでいた。二つに分かれた木の幹と大枝を組み合わせたトラスで屋根と壁を支える「クラック」式（扠首《さす》構造）という新しい建築技法もお目見えしていた。屋根は、相も変わらず藁葺《わらぶ》きであった。藁は安価で厚めに重ねれば屋内の湿気を防いだが、とくに煙突のない場合は火災の危険が大きかった。

家の広さはそこに住む家族の富と地位を表した。貧しい小屋住農や労働者の家は、縦横一二〜一六フィート（約三・六〜四・八メートル）ほどの広さの一部屋しかなかった。ゆとりのある家でさえ、家族は広めの一部屋をいくつかに仕切って住んだ。家の中央に覆いのない炉があり、通気のために屋根に穴を開けた。台所を差し掛け小屋に置く家もあった。窓はほんの数えるほど、たいていはガラス窓ではなく、鎧戸で開け閉めする窓だった。家の中を明るくするために、昼間はドアを開けたままにしておいたから、子どもも鶏も家畜も出入り自由だった。部屋の片隅に、梯子で上り下りするロフトを設け、寝室にしている家もあった。扶養契約によって、跡継ぎの息子が高齢の親のために家を建てなければならないことがあった。ヘールズオウエン村のトマス・ブリッドは寡婦となった母親の小作地を受け継ぐにあたって、母親のために奥行き三〇フィート（約九メートル）、間口一四フィート（約四・二メートル）の広さで、三枚の扉があり二ヵ所に窓がある家を建てると約束した。

十三世紀の農家の室内家具については史料がわずかしか残っていない。訴訟記録には木のテーブルやベンチや収納箱、真鍮のポットやカップや皿が家財として記録されている。だが、ベッドの記載は一切ない。おとなも子どもも、床の上に藁布団を敷いて寝ていたようだ。

分割相続の地の農民

黒死病の流行以前の時代、平野地方の社会は比較的安定していた。人びとは一家の資産をそのまま維持しようとし、そのため跡継ぎとなる子どもの数が――したがって人口が――制限される傾向が生まれた。村人の間に経済格差はあったが、目立つほどの格差ではなかった。とびぬけた金持ちはいなかった。

分割相続が一般的だった森林地方では、また別の景色が広がっていた。ノーフォークやサフォーク（イングランド東部）では、おそらくはノルマン征服後に、広大な地所が保有地《テネメンタ》として保有権者《テナント》に供与され、それぞれに保有権者の名前からとった地名がつけられた。だが十三世紀までには、こうした地所はもはや保有権者個人やその一家のものではなくなり、複数の小作人が共同で支払いの義務を負う地代や賦役を決めるための行政単位とみなされるようになった。こうした細分化は、十三世紀を通じて一層進んだ。個々の荘園に属する畑の数は、平野地方の荘園の二〜四倍にものぼり、地所保有の形もまちまちであった。耕作についての決まり事もなく、共同放牧がなされたとしても、あくまで個人的な取り決めによるものだった。

三つの要因が影響してこの地方に不安定化と変化をもたらした――分割相続の慣行、荘園の経営方針が土地の譲渡を容易にしたこと、そして土地市場が活発だったことだ。結果として、この地域の社会では大きな社会的、経済的格差が生まれた。地所を活用して財を成す家族もいれば、わずかな小作地を失う家族もいたのである。

長子相続が続いた地域ではル・プレーが描いた直系家族が多かったと指摘したジョージ・ホーマンズは、分割相続が続いた地方については、合同家族が一般的だったと考えた。合同家族とは、親と息子たちとその子どもたちが「結束して畑を耕し、一緒に広い母屋に住むか、あるいは隣り合った家々に住む」形の家族である。森林地方の実際の世帯構成がどうであったかは、史料が少ないため確定的なことはいえない。ただ、分割相続にあたって兄弟たちにはさまざまな選択肢があったことがわかっている。まず、一家の保有地をそれぞれの持ち分に分割することができた。または全員で共同耕作をすることもできた。あるいは一部の兄弟が共同耕作し、他の兄弟が自分の相続分を耕すことも考えられた。父親は自分の判断で生前分与できたし、息子の一人が兄弟の持ち分を買い上げることもあっただろう。息子の一人が跡継ぎを残さずに死亡すれば、その持ち分は兄弟のものとなった。

サフォーク北部のレッドグレイヴ荘園の研究から、分割相続が実際にどのように機能したかがわかる。いくつかの集落と孤立した農家から成るこの荘園では、労働奉仕が課される農地（不自由地）の小作人は、すべての息子に家産を相続させるのが一般的だった。一二八〇年の荘園台帳には、農奴の兄弟（であることがわかる）五〇組が載っていた。そのうち、保有地を共同保有する兄弟は三三組（合計七七人）であった。兄弟の持ち分はおおかた同じ広さであった。このことから、相続が比較的最近のことだったと推察することができる。レッドグレイヴ荘園では、不自由地の売却は禁止されていなかったし、人びとは地所を家族内で維持しようとも強くは思わなかったようだ。分割相続という仕組みそのものも、売却を容易にした。地所を細分化すれば、売りやすくなったのだ。一二八〇年の台帳に記された兄弟たちは、続く三〇年の間に地所を盛んに取引し、結局一三組の兄弟が地所を広げ、二七組が失い、兄弟間で持ち分の格差が広がった。

たとえばアダム・ジョップという男の息子たちは、全員が土地取引で利益を得ていた。一二八九年の台帳からは、アダムが積極的な土地取引に成功していたことがわかる。アダムの財産目録には、三九エーカー（約一五・七ヘクタール）の小作地、二ヵ所の農場、および農奴として一ヵ所の農場の一部、さらに自由農として農場一ヵ所と九エーカー（約三・六ヘクタール）が記載されていた。小作地三九エーカーのうち、一六エーカー（約六・四ヘクタール）は最近二七回もの取引を経て、少しずつ取得した地所だった。その後、アダムはもう八エーカー（約三・二ヘクタール）を買い足している（ここで使われている面積の単位は、地域ごとに若干違う慣習エーカーで、法定エーカーと正確には一致しないが、メートル法への換算は便宜上法定エーカーを基準に行った）。アダムには息子が三人（リチャード、ジョン・シニア、ジョン・ジュニア）と四人の娘（アリス、イザベル、クリスティナ、バジリア）がいた。一二九五年、アダムはジョン・シニアに一軒の家と八エーカーを、その二年後にはもう一ヵ所の小作地を与えた。一三〇一年にはジョン・ジュニアに二エーカーを与えた。長男のリチャードは一二八〇年代にすでに自分の地所を買っていた。おそらく父親の援助を受けたのだろう、娘四人のうち三人は、荘園裁判所に結婚税の納税記録が残っているので、嫁いでいったことがわかる。アリスとイザベルは父親からそれぞれ一エーカーをもらった。一三一四年に父親のアダムが世を去り、家の財産は兄弟三人が相続した。兄弟はその後も土地の購入を続け、ついには三人あわせて九〇エーカーを超える地所を持つにいたった。その後も兄弟は、一緒にというよりも、それぞれが地所の購入を続け――しばしば貧しい小作人一家の共同相続人から買い上げた――、十四世紀初頭を通してジョップ一家はますます地所を広げていった。

一方、ジョップ兄弟のような人たちに地所を売った多くの家は、正反対の経済的境遇に落ち込んでいった。一二八九年、ウォルター・チャップマンと兄弟のラルフは父親のリチャードから数ヵ所の保有地に散らばる地所を相続した。合計面積は不明だが、ごく標準的な保有地を分割してできる区画と同程度であったろう。一二九七年、ラルフは自分の持ち分をウォルターに売った。その後数年の間に、ウォルターは二〇エーカー（約八ヘクタール）以上を家族以外の人に売った。一三〇四年ウォルターの死にあたって、息子たちに遺されたのは一四エーカー（約五・六ヘクタール）だけだった。もう一人別の農民ウォルター・ベニットは一二八九年に父親から九エーカー半（約三・八ヘクタール）を相続し、一二九〇年に兄弟ジョンの持ち分を買い取った。その後一〇年間にウォルターは一六エーカー（約六・四ヘクタール）以上を売却し、一三〇一年に世を去ったとき、息子たちに遺されたのはわずか四分の三エーカー（〇・三ヘクタール）であった。

そういうわけで、分割相続が行われた地方の社会は流動的で活力に満ち、不安定だった。家運を左右するのは、産業や技術力の影響、あるいは怠惰や無思慮や不運、または抜け目のなさや狡猾な交渉力や幸運であった。こうした要因は平野地方でも間違いなく家運に影響を与えたが、その作用は限定的で劇的な変動は起きなかった。イングランドでも大陸でも、農民は一枚岩の階級を成していたとは到底いえず、いくつもの社会的、経済的階層に分かれていたことは広く認められた学説である。ミッドランド地方ウィッグストン村の一三二七年の納税記録によれば、全一二〇世帯のうちの一〇家族が総税収の七〇パーセントを負担していた。

ピレネー地方の農民

モンタイユーはピレネー山脈のふもとにある人里離れた山村だった。村人は羊を飼い、穀物を育ててどうにか暮らしを立てていた。カタリ（あるいはアルビジョワ）派と呼ばれる異端の信仰が根強く残っていたこの村は、一三一八年に異端審問の対象となり、結果として膨大な審問記録が残された。歴史家エマニュエル・ル・ロワ・ラデュリはこの審問記録を分析し、代表作『モンタイユー』〔邦訳／井上幸治ほか訳、刀水書房、一九九〇年、一九九一年〕にまとめた。一九七五年に世に出たこの書の中で、男も女も村人たちは、愛や結婚、死や家族についての考えを語っている。モンタイユー村の独特の地勢や審問記録が残された特異な状況を考慮に入れても、ラデュリによる異端審問記録の分析は、十三世紀農民の日々の暮らしについて他に類を見ないほど豊富な知識を与えてくれる。

モンタイユー村は物理的には地中海に近いこの地方の典型的な村だった——丘の上の城を取り囲む家々、隣接した家もあれば、庭や菜園で区切られた家もある。城には、ときおり城代とその家族が住んだ。農家はたいてい一部屋しかない。農民は部屋の中央の炉で煮炊きをし、食べ、眠り、語り合った。台所があればその脇か貯蔵室のそばに一部屋か二部屋、寝間

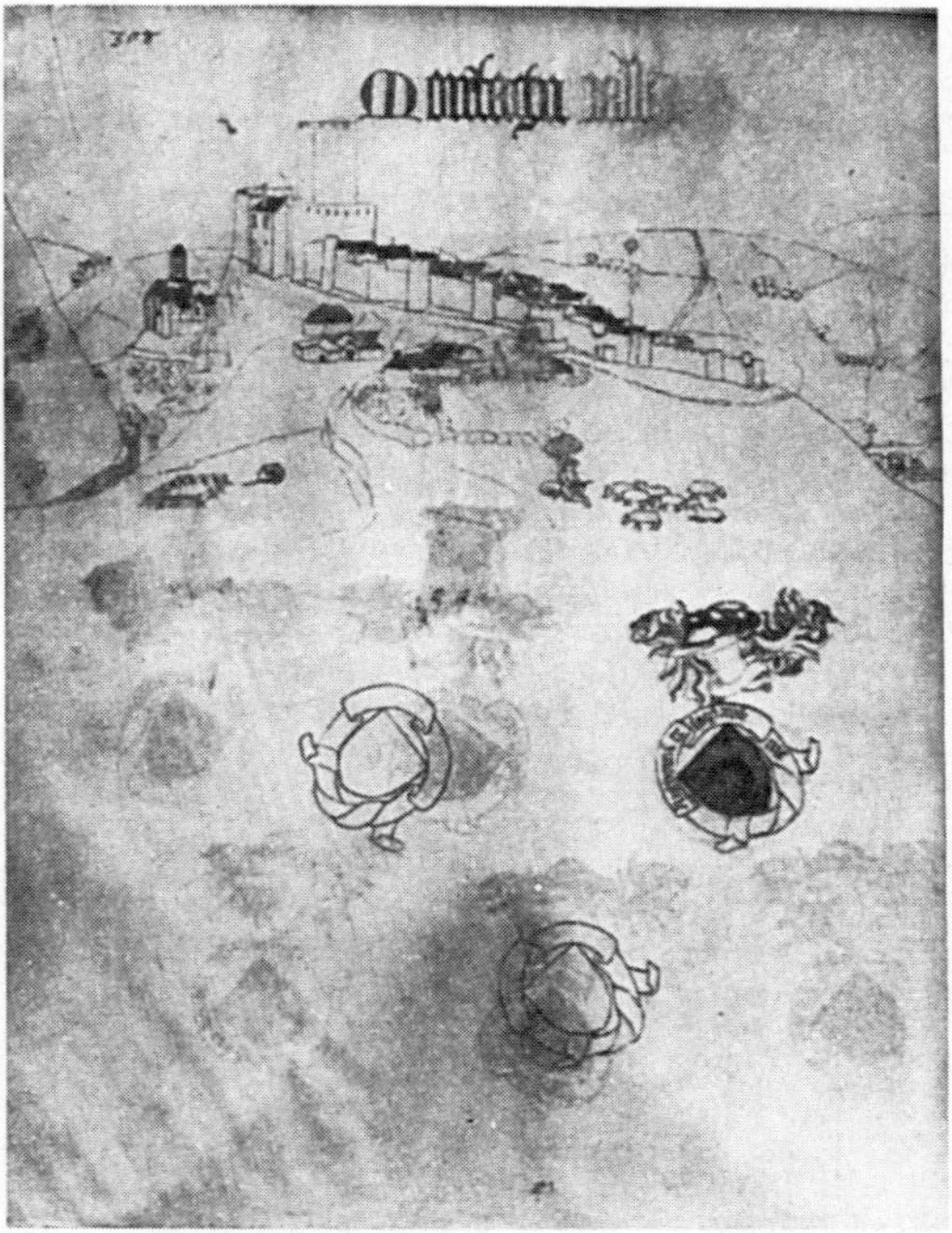

モンタギュー・ル・ブラン村のスケッチ　モンタイユー村と同じく、城の周囲に発達した、この地方によくあるタイプの村落。『ギョーム・レヴェルによる紋章の書』の一部（フランス国立図書館、MS Fr. 22297、p.308）

を設けた家もあった。寝間といっても、樽と一緒に寝床が置いてあるだけであった。家によっては二階の部屋《ソーラー》がある。二階へは梯子で上り下りできた。広い家なら、炉のある中央の部屋は石造り、二階と、一階の付属部屋は木材や土壁で作られた。豚や羊や牛が、人間と同じ屋根の下で飼われていた。

土地の人びとは家屋と家族をひっくるめて「オスタル」と呼んだ。異端審問の書類では、これにラテン語の「ドムス」をあてている。家《オスタル》という言葉は、血のつながりのある人びとと、家の壁と炉の火と家具一式をすべて含んでいた。異端審問官に情報提供しようとするある女を、カタリ派の村人はこう言って戒めている。「白状したら、おまえのものはぜんぶなくなるぞ。おまえの家《ドムス》の火は消される。おまえの子どもらは、恨みながら物乞いをしてまわることになる……」。ある農民にとって、家《ドムス》は空間を測る基準であった。「天国がどんなところかを知りたかったら、広い家《ドムス》を想像すればいい」とこの農民は言う。「メランス峠からトゥールーズの町までずっと続く、広い家《ドムス》だ」。

羊飼いたちは村人とは別に、一種の流れ者の無産階級をつくっていたが、そんな渡り者の羊飼いの意識の中にさえ、家《ドムス》は軸として存在していた。羊飼いは、不運か貧困か、あるいは相続にあずかれない息子に生まれたという運命の犠牲者であり、結婚する人は少なかった。羊の毛を刈り、乳を搾り、チーズを作る夏の間、羊飼いたちは山小屋に寝泊まりし、冬になるとピレネー山脈を越えてスペインに入り、羊の出産期まで別の山小屋で過ごす。「炉も家《ドムス》ももたない」羊飼いだったが、モンタイユー村の父親の家《ドムス》と、そこに住む親兄弟姉妹とのつながりは持ち続けた。

たいていの家は、四代前までも先祖をたどることができた。苗字によって系譜をたどる慣行が広く定着していたが、時に父方よりも母方の苗字を名乗ることもあった。だが先祖よりも大事なのは家《ドムス》とそれにつながる者たち――いとこ、おじ、おば――であった。異端審問が続く緊迫した空気の中で、血筋や縁組によってつながった家と家が、しばしば隣人たちを味方につけて、ぶつかり合った。

一三〇八年、一時カタリ派であったが、のちに転向した司祭ピエール・クレルグは、ピエール・モールとその二人の息子、ギョームとアルノーを告発した。モール父子は逮捕された。その後、父親とアルノーは投獄されたまま、一人だけ釈放されたギョームが怒ってクレルグをなじると、司祭はこう答えた。「おまえらみんなカルカッソンヌの牢屋で腐ってしまえ――おまえもおまえの父親や兄弟ら、おまえの家《ドムス》のみんなだ」。この仇はとってやるぞ、とギョームは息巻いた。「おれとおれの仲間たちには用心しろよ！」ピエール・クレルグは代官職にある兄の力を借り、「偽証のかど」で――つまり、自分を中傷したとして――ギョームの母親の舌を切り取らせた。クレルグ一家に追われたギョームは、近隣のアックス・レ・テルムに逃れ、兄弟レモン・モールと姻戚のジャン・ブネを味方につける。三人はパンと葡萄酒にかけてあの司祭を亡き者にしてやると誓い合い、金を出し合って殺し屋を雇う資金にした。アウトローとなったギョームは、山地に逃げ込んで羊飼いになった。その後八年間、かれらは何回も仇敵を殺そうとするが、そのたびに失敗し、ギョームはついにスペインでつかまり、カルカッソンヌの監獄へ送られた。

モンタイユー村の家族は多くが夫婦家族だったが、これに寡婦（夫）となった親や未婚の兄弟姉妹や召し使い（それが非嫡出《ひちやくしゆつ》の子のこともある）、あるいは時折、下宿人が加わる拡大家族もあった。ギョームのおじで隣に住むベルナール・モールの家には、妻と子ども二人、寡婦となった母親と雇い人の羊飼いと作男がいた。代官のベルナール・クレルグは非嫡出の娘を使用人として家に置いていた。裕福なブロ家にはレモン・ブロと妻と子どもたち、未婚の兄弟二人、姉妹一人、寡婦であるレモンの母親がいて、そのうえ隣村の貧しい親戚の娘が召し使いとして加わっていた。どこでもそうだが、モンタイユー村でも、家族構成は、家族の経済状態や、今、当該家族が家族というものがたどる変化のどの段階にあるかによって変わっていった。

モンタイユー村の家庭では、ほかのどこにも増して男性の家長に権威が集中していた。家長の支配は絶対だった。異端審問記録は、夫から殴られ、夫を恐れている妻たちが大勢記録されている。「女房を思いどおりにできないんじゃ、男じゃありませんさ」と一人の農夫が語っている。

モンタイユーでは分割相続が当然とされていたが、跡継ぎは家長が指定できた。跡を継がない息子には「兄弟取り分《フラトリシア》」が、娘には持参金が与えられた。娘の夫が死ねば、持参金は娘に返された。子どもたちのためのこうした対策は、しばしば一家の資産に負担をかけることになった。ピエール・クレルグは愛人に、ギョームとベルナールの兄弟がエスクラルモンドとギュメットの姉妹を妻にしていれば、状況はずっとよくなったはずだと語っている。「そうすれば、姉妹たちに持参金として持たせる大金のせいで家が傾くこともないだろう。わが家《オスタル》は全く無傷で残るはずだ。兄のベルナールがひとりだけ妻を迎えればいい。女はそれで

逆転劇——妻が夫を殴る。カーライル大聖堂のミゼリコード（ヒストリック・イングランド・アーカイヴ）

十分だし、家は今よりも豊かになっていたはずだ」。

　世襲財産とそれに伴う権威を女性が手にすることもあった。アックス・レ・テルムに住むシビル・バイユもそんな一人だ。熱心なカタリ派だったシビルは、異端嫌いの夫アルノー・シクルを家から追い出してしまう。アルノーはタラスコンに引っ越して公証人になった。息子たちは母と父と両方の名前を時に応じて使い分けた。寡婦となった女性もまた一家の主《あるじ》として独立することができた。一三〇八年、ベルナール・マルティの妻ギュメットは、夫と二人の息子とともにモンタイユー村から逃げ出した。移動の間に夫は死んだが、やがて一家はスペインに落ち着く。そこで自分の家《オスタル》を買い、一家の運勢を軌道に乗せたギュメットは旧姓モリに戻り（息子たちもその名を名乗った）、一家の資産を管理し、息子たちの結婚を取り決めるなど、女家長としてふるまった。

　モンタイユー村では女性はみな、遅かれ早かれ結婚した。生涯独身を通した女性は、村には一人もいなかった。おそらくほかの農村社会よりも、ここでは村の者同士の結婚が多かった。近親婚タブーについては、羊飼いピエール・モリが家族の親密さをもとに、次のように説明している。母親と息子、兄弟と姉妹、いとこたちは、普通の生活の中で体が「触れ合う」ことがあるから、結婚は禁じられているんだ、と。だが、モンタイユー村では、またいとこ同士のセックスは許されていた。またいとことなれば、普通は体が触れ合うことがないからだという。ある農夫は、母親や姉妹やいとこと寝るのは罪ではないが、それでも恥ずべきことだと述べ、村のこんな言い習わしを口にした――「またいとこなら、とことんやれよ！」

結婚は、親兄弟、おじおば、知り合いなど多くの仲人を通して取り決められた。カタリ派は、結婚は悪だと説いた。なぜなら、結婚によって子どもが生まれるが、それは純粋な霊を堕落した肉体に閉じ込めることになるからだった。それでもモンタイユー村のカタリ派の人たちは結婚した。カタリ派の「完徳者」（聖なる人）ギョーム・ベリバストは結婚を擁護している。本妻とであれ、内妻とであれ、肉欲の罪に変わりはないのだから、「男は、花から花へと蜜をあさる蜂のように女から女へと飛び回るよりも、一人の決まった女と一緒にいるほうがよい」というわけだ。また現実的な配慮からこうも言っている――幾人もの女を愛人にもつと、婚外子が生まれるだろう。そのうえ、女たちはそれぞれが何かを奪っていくから、結局男は困窮に陥ってしまう。「だが、一人の女を守れば、家《ドムス》を守る手伝いをしてくれるはずだ」。

カタリ派の完徳者たちはどんな月の位相が婚礼に最もふさわしいかを助言し、婚礼の司式をした。式が終わると、祝宴と踊りが続いた。女性はこの日の花嫁衣裳を死ぬまで大切に保存した。

結婚は経済状況に左右されたが、愛情がまったく勘定に入らなかったわけではない。代官のベルナール・クレルグは「妻になったレモンド［・ブロ］に夢中だった」と言っている。あまりの熱愛ぶりに、弟のピエールにからかわれたほどであった。ベルナールは愛する人と結婚できた。だが、異端審問記録に登場する女性たちが、結婚生活における愛を語ることはない。女たちは、自分たちは男たちが興じるゲームに必要なモノにすぎないと感じていた。求婚もほんの形式だけだった。女性はごく早婚で、一四歳で嫁ぐこともあった。男性は自分で生活を立てられないかぎり、ときには三〇代になるまで結婚しない。こうした年齢差から、多くの女性は若くして寡婦になり、再婚や再再婚をしたのだった。

村の性のモラルはゆるかった。異端審問記録に十数回もの情事が言及されているピエール・クレルグ――兄弟の妻と不倫し、城代の寡婦を愛人にしたこともある――のほかにも、村の約五〇組のカップルのうち五～六組は大っぴらに「罪のうちに生きて」いた。性行為は夫婦間でも罪であるというカタリ派の教説は、一応の口実になった。ピエール・クレルグは結婚を擁護した完徳者ギヨーム・ベリバストの説を一ひねりして発展させ、既婚女性と寝ても罪にはならないと言っている。「女なら、誰と寝ようと同じことだ。結婚していようといまいと、罪であることに変わりはない。つまり、結局は罪にならないと言うのと同じだ」。クレルグ兄弟の非嫡出のいとこにあたるグラジット・リーヴはピエール・クレルグの愛人になったことを、無邪気な論理で正当化した。「ピエールとするのは好きでした。だから、神さまがよしとされないはずはありません。あれは罪ではありませんでした」。だが、のちに情事に飽いたグラジットはピエールを拒絶する。歓びが伴わなければ、セックスは罪だというのだ。

城代の寡婦ベアトリス・プラニッソルはピエール・クレルグとの関係が始まった頃、身ごもるのではないかと心配した。だが、ピエールは、自分は「ある薬草」を持っていると言って安心させる。男性の精液が凝固して胎児をつくるのを防ぐ薬草だという。ベアトリスはこの薬草の使い方を詳しく述べている――ピエールは亜麻の布切れに草を包み、それに一本の長い細紐をつけてわたしの首にかけるのでした。細紐の先についた草は「わたしの腹の穴まで」届きました、と。この草を置いていってほしいというベアトリスの頼みを、ピエールは断った。ベアトリスがほかの男と体を交えるときに使うかもしれない、と恐れたからだった。薬草の護符のおかげかどうかはわからないが、ともかくベアトリスは妊娠しなかった。だがそんな幸運に恵まれなかった女性たちも多い。村に数多《あまた》いた婚外子たちは社会の低層に追いやられていた。女の子は家の召し使いとして、男の子は下働きとして雇われた。だが、たいていはどちらも結婚によって農家の一員になった。

不義の関係をもちたくても、家の中はプライヴァシーがほとんどない。それでもどうにかやってのける人たちがいた。グラジットがピエール・クレルグに口説かれたのは「藁を蓄えておく納屋」でしたと、グラジットは供述している。その後二人はグラジットの母親の家で、主に昼間に関係をもった。母親は情事を知りながら目をつぶっていた。ピエールがグラジットをピエール・リジェに嫁がせたのちも、二人は関係を続けた。おそらく年配であった夫は二人が情事を繰り返すのを承知していた。ただ、グラジットに「司祭以外の男たちとはするな」と注意したという。とはいえ、二人はグラジットの夫が家にいるときに関係をもったことはなく、

「夫の留守の間だけ」であったという。ピエールとベアトリス・プラニッソルは女の家の地下倉で、女中に戸口の番をさせながら、また、神聖な場所である教会の中でさえ体を交えたことがある。後年、歳を重ねたベアトリスは若い司祭バルテルミー・アミヤックを愛人にする。二人はいつもベアトリスの家で、娘や召し使いたちが家を出ている間に関係をもった。

異端審問記録から、次のようなひとこまが浮かび上がる――ベアトリス・プラニッソルが寝床で情夫の虱《しらみ》をとっている。ピエールは女に虱をとらせながら、カタリ派の教説について、愛について、もったいぶった講釈を続けた。

若い女や召し使いや寡婦は、少々羽目を外しても大目に見てもらえたが、妻には貞操が求められた。女性の言動に影響を与えたのは、善悪の判断という内面の働きではなく、家族の名誉という外面の問題であった。また、夫たちもたいていは、めったに浮気をしなかった。ピエール・オーティエの言葉を借りれば、「男女で最も愛し合うのは、やはり夫婦」だったのだ。

離婚というものはなかったが、別居する夫婦はいた。ポンス・リーヴと母親は（どちらもカタリ派で）、ポンスの妻ファブリス（カタリ派でなかった）を家から追い出した。ファブリスは村で居酒屋を開き、自活する女性の一人となった。

老いは五〇代で始まった。高齢者は子どもたちと一緒に住んだ。高齢の男性はたいてい家長としての地位を息子に譲る。息子の采配の下、小さくなって暮らす老人もいた。女性はたいてい夫より長生きし、一家を率いる女家長になることもあった。子どもたちからも村人からも尊敬され愛されて「ナ」（女主人を意味するラテン語のドミナから）の敬称で呼ばれる人もいた。カタリ派に入信した女家長ナ・ロッカや、村のもう一人の女家長ナ・カルミナガらがその例である。

死はさまざまな儀式に包み込まれていた。娘や嫁たちの嘆く声は、病人がこと切れる前から埋葬まで絶え間なく続いた。埋葬のために遺体の準備をするのは女たちの仕事であった。カタリ派の典礼の一つに、完徳者が病人に執り行う救慰礼《コンソラメントウム》があり、この儀式を受けた臨終の病人は死に至る清めの断食《エンドウラ》を始めるよう勧められるのだった。カタリ派であれカトリックであれ、死の床にある人にとって重要なのは、家族に囲まれることと、どんな儀式を通してであれ、救いを得ることの二つであった。

原注

（1）犯罪被害者への賠償をめぐる最近の法曹界の議論を見ると、贖罪金システムの廃止は重大な社会的損失だったかもしれないとも考えられる。

第九章　貴族の系譜　長子相続がもたらす危機

所領地に名前をつけ、家系図を作り、紋章や家訓を定め、堂々と居城を構えて、強い自己意識をもつ貴族たち——十三世紀、かれらの家系は盤石に思われた。ランカスター伯、レスター伯、シャンパーニュ伯、ブルゴーニュ伯——こうした称号は高貴さと永続性を表し、その系譜は数世紀にわたり途切れることなく代々続くと見えた。だが、見かけは当てにならないものだ。「大方の貴族の家が絶滅の危機に瀕していたことは、一般的にはほとんど知られていない」と、中世史家ケネス・マクファーレンは、イギリスの貴族の研究の中で指摘している。「家は常に存続が危ぶまれる状態にあった。一つの世紀から次の世紀へ、男系の継承を続けられた家はほんの一握りしかない」。イングランドで上級貴族といえば、王の「直臣《バロン》」として、のちに議会に発展することになる会議にたびたび招集される人たちであった。一三〇〇〜一五〇〇年の間に、世襲爵位は一種類から五種類に増えた。十三世紀末の時点で王に招集される恩恵を受けていた名門一三六家のうち、一三二五年までには三六家が、一四〇〇年までには八九家が途絶えてしまう。一五〇〇年まで存続したのは一六家のみであった。

マクファーレンはさらに驚くべき数字を挙げている。一四〇〇年、イングランドに存在した一七の伯領のうち、一世紀以上にわたって一家族が所有し続けた伯領はわずか三ヵ所しかなかった。一〇ヵ所の伯領は半世紀もたたないうちに領主が替わっていた。「家の断絶は常に突然やってきた。高い地位にはほんの束の間しかとどまれない。生き残れる家はごくわずかであった」。家が途絶えてしまう――あるいは、国王の後見を受けることにでもなれば、家産は大きな痛手を受ける――との心配から、親は子どもの結婚を急ぎ、法が認めるぎりぎりの年齢の子どもたちの縁組を取り決めた。ペトルス・ロンバルドゥスと教皇アレクサンデル三世によって、肉体の結合が成就しなくても合法的結婚は成立するとされていたし、教会法学者たちも、九歳半という年齢は合意を表明するに早すぎるということはないと考えていた。貴族の多くの子どもたちは一〇歳の誕生日を迎える前に、縁談が決まっていた。しかし、これで家の断絶が防げるわけではなかった。

長子相続制は家系の男系継承を確実にするだけでなく、一家の資産を保全するための制度であったが、この点でもうまく機能しなかった。たしかに長子相続は法律で認められ、慣習として受け入れられていたが、多くの親たちは――たとえそれで一族が受け継ぐ財産が減るとしても――、自分の子どもたちの一人ひとりになにがしかを与えたいと思ったからだ。十三世紀には古来の二つの原則が守られていた。第一は、父親から受け継いだ財産は長男に譲るべきであり、その一方で征服あるいは購買によって手に入れた土地は、随意に処分してよい、というものだ。この原則に従って、ウィリアム征服王はノルマンディー公国を長男のロベールに、イングランド王国を二男のギョーム（ウィリアム赤顔王）に遺した。第二は、息子たちすべてに、たとえわずかでも土地を与えるべきだという原則である。長子相続制がこれを阻むとしても、父親は生きている間に土地を分け与えることができた。

跡継ぎが生まれた——リチャード・ビーチャムの誕生、1382年頃。この部屋には女性しかいない（大英図書館、MS Cotton Julius E IV、art. 6、f. 1）

だが、ここで難しい問題が起きた。気前がよく、心やさしい父親なら一人の息子だけでなく、子どもたちみなになにがしかを与えたいと思うだろう。しかし、自分の収入の一部がそれで減ってしまうのは困る。マクファーレンは「中世の貴族はリア王のような過ちは犯さなかった」と指摘している。そこで「限嗣相続《エンテイル》」という財産権法の新原則が生まれ、巧みに利用されて、本来の意図とは正反対の目的を果たす事態が生じた。「限嗣《げんし》相続《そうぞく》」とは、そもそもは長子相続制を強固にし、一家の資産を分散させずに次代に伝えることが目的で、限嗣相続に指定された土地は、永久に最直近の男性後継者が相続するものとされた。父親は所領地の一部を――地権を死ぬまで保持しながら――長男以外の息子とその子孫が継ぐべき限嗣相続財産に指定することができた。その場合、父親の生存中はその土地は父親のものとして残り、父親の収入が減ることはない。だから、生きている間に所領地と収入を手放す場合と違って、父親は大盤振る舞いができた。

　限嗣相続には一つの難点があった。いったん指定されれば、取り消しがきかなかったのだ。限嗣相続地を受け継いだ者は、どんなに条件がよかろうと、どんなに必要に迫られようと、相続した土地を売ることはできなかった。法律家たちがなんとか抜け道を見つけたのはようやく十五世紀になってからである（イギリス中世史家F・R・H・ドゥブレーはこの世紀を「法律家の黄金時代」と呼んでいる）。限嗣相続の縛りを解くための技法として、なれあい裁判が仕組まれた。所領地の一部を売却したい持ち主と、買い手が結託するのである。買い手が問題の土地は元来は自分のものだと主張し、双方が所有権にまつわる混乱は第三者の責任だと申し立てる。この第三者が出廷さえしない裁判で、件《くだん》の土地は買い手のものだとする裁定がすんなり下されたのち、買い手は事前に合意した金額をひそかに支払うというわけだった。

さらにまた一つ、所領地を自由に処分できる法律の仕組みが考案された。「ユース」と呼ばれ、所領地の全部または一部を信用できる人物――法律用語でユース付封譲受人《フェフィー》――に与える仕組みである。ユース付封譲受人は、土地保有者の生存中はその土地を使用し、死ねばその最後の遺言に従って土地を処分する。「ユース」を通して、父親は非嫡出《ひちゃくしゅつ》の子を含め、子どもたち一人ひとりの行状や功績を見ながら、方針を変えることができるようになった。「ユース」の仕組みの発明は、貴族の非嫡出子（中世後期イングランドでは目立った存在であった）への財産分与を促し、貴族の称号の消失を加速もさせた。嫡出であろうとなかろうと、子どもたちすべてを愛する父親の配慮が「ユース」や「限嗣相続」という仕組みを利用した場合、一族が「貴族の地位から転落」することにもなったのだ。サー・ジョン・ラーチディーコンの父親は一三二〇年代には直臣として議会に招集される身分であった。八人の息子に恵まれたサー・ジョンは、財産を八等分し、それぞれを限嗣相続に指定して息子たちに遺した。その結果、次の代になると、一族の誰一人として議会に招集されなくなってしまった。

息子たちのほかに娘たちの問題もあった。概して十三世紀の貴族たちは、息子より娘に関して賢明な方法をとったといえるだろう。持参金として領地の一部を分与するのではなく、現金や宝石や家具など貴重品を娘たちに持たせたのだ。だから、娘たちに関するかぎり、一二八五年に制定された「制限付き贈与に関する法」（ウエストミンスター第二法）は、現実とは無関係の空文であった。「デ・ドニ」として知られるこの法律は、跡取り以外の息子や娘に与えられた土地は、それぞれの系譜が三代続かないかぎり、譲渡してはならないとし、系譜が途絶えれば、その土地を本家に戻すべしと定めた。息子たちにとってさえ、これは意味のない法律で、「三代しばり」はのちに立ち消えになった。

一家の当主にとってより深刻な問題は、娘たちの持参金よりも息子の嫁の寡婦産《ダウワー》であった。時に守られないことがあったにせよ、古代から続き一二一五年にマグナ・カルタによって保障されたこの慣行によって、女性は寡婦になった場合は亡夫の財産の三分の一を受け取ることが、結婚に際して約束された。女性は概して若くして結婚し、長生きしたから、寡婦になるというのは現実の問題であった。一一八五年以前のことだが、トマス・フィッツ・バーナードの一〇歳の娘モードはジョン・ド・ビデュンと結婚し、すぐに夫に先立たれた。モードは再婚し、その後生涯を閉じるまで七〇年あまりジョンの寡婦産を持っていた。つまり、息子に死なれたジョンの一家は、長年にわたり財産の三分の一を失った状態に置かれたわけである。再婚を繰り返し、何回も寡婦産を受け取る女性もいた。十四世紀初頭、アグネス・ベレスフォードという女性は一五年間に、ジョン・アージェンタイン、ジョン・ナーフォード、ジョン・モートラヴァースの三人と結婚した。先の二人の夫は、ケンブリッジシャー、ハートフォードシャー、イースト・アングリアの各地方の土地を寡婦産として残した。アグネスは三番目の夫モートラヴァースと死別するまでの三三年間（一三三一～一三六四年）とその後の八年間にわたり、ドーセット地方にある屋敷に住みながら各地に広がる寡婦産を管理した。アグネスが一三七五年に生涯を閉じると、八地方に散らばるその領地は三度の結婚生活で生まれた子どもたちに分与された。そのうちの一人、ジョン・アージェンタインの息子にとっては五七年間も待ち続けた末の相続であった。

寡婦産の分与は、大領地の管理が途方もなく複雑になる一つの要因となった。個々の荘園であれば――あるいはいくつかの荘園がまとまっていれば――地代を集め、労働奉仕を割り当て、罰金を科すなど、管理は容易だったが、イングランド（やフランスの）各地に広がるいくつもの領地を管理するとなると深刻な問題が起きた。領主や寡婦産を手にした女性が地元の差配人に騙されないようにと、綿密な会計処理が求められた。こうして、主に法律の専門家から成る荘園管理人の一団が姿を現した。領主の信頼を得たかれらの職務は、非公式ながら世襲制となり、代々の封建大領主に、代々の管理人が仕える構図ができ上がった。ハグフォードとスロックモートンの両家は代々のウォーウィック伯家に仕え、広大な領地とそこから上がる収入を記録し続けたのだった。

十三世紀の末、イングランドで花嫁に有利な「寡婦資産《ジョインチャー》」という新しい形の婚姻契約が導入された。夫と妻が生涯にわたり土地を共同で保持するという契約で、配偶者の片方が死ねば、財産はすべて生き残った一人のものになった。つまり寡婦は従来のように夫の遺産の三分の一ではなく、全部あるいは大部分を手にすることができるようになった。「寡婦資産」の起源はよくわからないが、マクファーレンによれば「十四～十五世紀の婚姻契約では多くの場合、妻は夫の領地の一部を寡婦資産とすることを保証された」という。また、この仕組みによって、中世後期は高貴な寡婦たちの存在が目立つ時代となった。寡婦となった母親は一家の財産を管理したから、息子は母親が生きているかぎり、おそらく人生の後半まで、相続を待たなければならなかった。貴族の寡婦たちにはさまざまな選択肢があった——財産目当てのナイスガイと一緒になるか、同程度かより上の階級の貴族と再婚するか。資産が与えてくれる自由をただ楽しむ女性たちもいた。

寡婦資産はまた、封土《ほうど》の性質が変化する一つの要因ともなった。寡婦資産や限嗣相続によって、領地が次々と三家族の手に渡った急激な変遷を、バーネル司教の領地を例に見ていくとしよう。大法官としてエドワード一世に仕えて気に入られ、多くの領地を賜ったバーネル司教は、教会の伝統に従って甥に領地を遺した。やがて領地は甥の姉妹モードの手に渡る。モードの最初の夫ジョン・ラベルは、この幸運を味わう間もなくバンノックバーンの戦い〔一三一四年六月二十四日にスコットランド王国とイングランド王国の間で行われた会戦〕で戦死してしまう。その死後に生まれ、父親と同じくジョンと名づけられた息子が、この時点では相続する立場にあった。だが、母親のモードは間もなく再婚し、財産の大部分を再婚相手のジョン・ハドローを限嗣相続人として寡婦資産に指定する。モードとハドローとの間に息子二人が生まれたため、ジョン・ラベルは相続分のほとんどを失った。

このようなさまざまな手法によって長子相続の目的は妨げられ、領主の家系は資産の基盤を失っていった。だが貴族の血筋が途絶える最大の原因は、なんといっても高い死亡率であった。ある推計によれば、安定人口において既婚男性の二〇パーセントは死亡時に子どもがおらず、他の二〇パーセントは娘だけを残して死亡した。高い乳幼児死亡率、病気、戦争が、中世の家系を脅かす危険を増大した。息子がたくさんいる大家族でも、安心してはいられなかった。アルヌール・オブ・アルドルが娶《めと》ったベアトリスがブルブール城の相続人となったのは、偶然が重なった結果であった。ベアトリスの父アンリには一二人の子どもがいて、そのうち七人が男の子だった。息子二人は聖職者になり、別の二人は事故で亡くなった（一人は思春期の青年、もう一人は騎士であった）。五男は武芸試合で目が不自由になり、結婚できない身となった。跡継ぎの長男は二度結婚したが子どもが生まれなかった。七番目の末息子には男の子が生まれたが、幼くして亡くなってしまう。そういうわけで、結局ブルブール家の相続財産はベアトリスが受け継ぎ、ベアトリスの夫アルヌールを通じてギーヌ家の一統に伝えられた。

一一九九年にペンブルック伯に叙せられたウィリアム・マーシャルも、一〇人の子どもをもうけて家系の安泰をはかった。息子は五人いたが、長男は亡くなり（死因は不明）、一人はアイルランドで殺され、もう一人は武芸試合で致命傷を受け、末の二人は一二四五年、一週間のうちに相次いで世を去ってしまう。娘のモードは生き残り、ノーフォーク伯ビゴッド家の息子（ヒュー）と結婚、ここにペンブルックの系統に新たな系譜が創設された。年代記作者のマシュー・パリスはこれを、以前アイルランドの領地をめぐり教会と争ったマーシャル家にかけられた呪いが実現したのだと説明している。「次の世には彼の名も消され」と詩篇に歌われているように」、息子たちは『生めよ、増えよ』という主の祝福にあずかることはない」。だが、呪いの影響を受けたのは男系の子孫とマーシャルの家名だけだった。モードの息子はビゴッド姓を名乗り、のちにペンブルック伯の爵位を受け継いでいる。父親こそマーシャル家の人間ではなかったが、血筋からいえばウィリアム・マーシャルのれっきとした孫息子だったのだ。それでも、マシュー・パリスはマーシャル家に天罰が下ったと考えた。

称号と領地から成る「爵位」は永遠に続くこともあり得た——ただし、それには傍系縁者を跡継ぎにしたり、娘を通して別の家系の男系子孫に継がせたりといった手立てが必要だった。十二〜十三世紀にかけてのレスター伯位の歴史は、ほんの数世代の間に高貴な一族に襲いかかったさまざまな変化を物語っている。元来はウィリアム征服王が重臣たちに分け与えた領地の一つであったレスター伯領は、十二世紀を通じてボーモン家の所領であった。ロバート・フィッツパーネルとも呼ばれたボーモン家最後の伯はリチャード獅子心王に従って戦地をめぐり、第三回十字軍遠征中の一一九一年にレスター伯に叙せられた。このロバートが一二〇四年に跡継ぎを残さずに世を去ったため、広大な領地は二人の娘が受け継ぎ、姉のほうがレスター女伯となった。

この貴婦人が北フランスの名家の年下の息子シモン・ド・モンフォールと結婚、二人の間に六人の子どもが生まれた。息子三人、娘三人である。長男は別の名門グロスター家の相続人と結婚し、伯の称号を得ていたので、二男のシモン・ド・モンフォール二世がレスター伯位の継承を主張するが、ここで障害が起きる。シモン二世は、イングランド王ジョンと敵対するフランス王に仕える身であった。ジョン王は、レスター伯家が王室に債務を負っていると口実をつけて伯領を第三者の管理下に置いたまま、爵位の問題を棚上げしていた。フランスとの和解が成り立ち、教皇の介入もあったことから、レスター伯位はモンフォール家に返されたが、ただし実際に爵位に就いたのは縁続きのイギリス貴族、チェスター伯ラヌルフであった。折しも、シモン二世は南フランスで異端アルビジョワ派鎮圧のため軍を展開していた最中であり、やがてトゥールーズ包囲戦（一二一八年）で戦死してしまう。その後英仏間の関係は再び悪化し、シモン二世の息子たちがレスター伯位を取り戻したのは、ようやく一二三一年であった。だが、そのときにはすでに英仏の貴族階級の雰囲気が変わっていた。それまで一五〇年間にわたり、フランスの貴族や騎士たちは、自分が英仏海峡のどちら側の人間かを意識したことがなかったが、今やフランス人になるかイギリス人になるか、選ぶ必要を感じ始めたのだ。シモン二世の長男アモリ・ド・モンフォールは広い領地のあるフランスを選び、弟の（祖父と父と同名の）シモンにレスター伯領を継承するように勧めた。意外にも二八歳のシモン三世は、イギリス王ヘンリー三世といとこチェスター伯の双方の説得に成功した。こうして文無しの弟は、大貴族レスター伯へと一夜にして変身を遂げたのだった。

その後間もなくシモン三世は宮廷を、いやイングランド国中を動転させる離れ業をやってのける。王の妹エリナーを誘惑し、結婚したのだ。これには貴族たちのみならず教会のお偉方たちも動転した。貴族たちにしてみれば、外国から来たばかりの冒険野郎が自分たちの目の前でニンジンをさらっていったのだった。聖職者たちは、年若い寡婦のエリナーの行状に顔をしかめた——エリナーはウィリアム・マーシャルの長男に嫁いだ身であり、寡婦となってからはカンタベリー大司教の前で純潔の誓願を立てていたからだ。シモンは貴族たちのリーダー格であるエリナーの兄、リチャード・オブ・コーンウォールにしかるべき贈り物をして懐柔し、ローマに赴いては同様の手口を使い、エリナーの誓願の失効を教皇庁に認めさせたのだった。

シモンはこうした賂《まいない》を調達するため、勝手にヘンリー王を（つまり、王には無断で）保証人として借金を作っていた。これを知った王の怒りは大きく、シモンとエリナーはあやうくロンドン塔送りになるところだったが、シモンはまた王の説得に成功する。それどころか、二人はウォリックシャーにあるケニルワース城を住居として拝領した。半周を人工池に囲まれ、ノルマン様式の大塔のある陰気なこの城は典型的な古い要塞兼住居で、当時の人びとが見ても、居心地のいい住まいではなかった。なにしろ暖炉さえなかったのだ。暖炉は最新の発明品で、これが備わった新しい城の大広間は暖かかった。ヘンリー王は隙間風が入る上階広間に新しい屋根をつけ、トイレや壁の一部やいくつかの付属建物を修繕し、聖堂に化粧板をはるなど、改修を行っていた。それでもケニルワース城は相変わらず邸宅というよりも、無味乾燥な要塞内兵営のような建物だった。

シモンはやがて政治の世界に入り、歴史に名を残すのだが、その引き換えに城も爵位も、最終的には命さえも失うことになる。当初は王の寵臣として活躍したシモンは、国王側と不満を抱く諸侯側との仲介役をつとめ、やがて諸侯のリーダーとなった。王と諸侯の対立が内戦に発展すると、シモンは諸侯の兵を率い、まずルーイスの戦いで勝利を収めるが、結局はイーヴシャムの戦いで敗れ、息子ヘンリーと共に討ち死にした。もう一人の息子で、父親と同名のシモン・ド・モンフォールは包囲されたケニルワース城をよく守ったが、最後には兄弟や母親とともに国外逃亡を余儀なくされた。

国王はレスター伯領を差し押さえ、息子のエドマンド——背十字《クラウチ・バック》のエドマンドと呼ばれた——に与えた。エドマンドの後を継いだ息子のトマスはシモン・ド・モンフォールと同様、危険な政治の世界に足を踏み入れ、首を失う。その弟のヘンリーは厄介事に巻き込まれず、レスター伯位（と他の多くの所領地）を継承した。このヘンリーの息子（同じくヘンリー）は爵位のすべてを受け継いだが、息子を残さずに世を去った。レスター伯位は、残された二人の娘のうち姉娘のモードを通してその夫が継承したが、曲折を経て最終的には妹娘のブランシュの夫ジョン・オブ・ゴーント（国王エドワード三世の四男）が受け継いだ。

そういうわけで、イングランド各地二〇地方に多くの荘園を領する高貴なレスター伯位は、たかだか一世紀半の間に、四つの異なる系譜の家に継承されたのだった。同じ家系が続かなかったのは、男子の跡継ぎがいなかったため（二回）と国王による差し押さえ（一回）を受けたためである。ただし、まったく別の血縁集団の家が継ぐことになったのは、差し押さえを受けたときだけである。十三世紀の人びとにとって、どちらにせよ大きな違いはなかったかもしれない。男子継承こそが、男性にとっても女性にとっても最優先事項だったのだから。

レスター家がたどった歴史は、当時は決して珍しいものではなかった。同じ時代を通して、シモン・ド・モンフォール家のフランスの分家は、娘たちが一族以外の者と結婚するたびに広大な諸領地を少しずつ失っていった。

長子相続の制度は、男性優位の姿勢の表れと見えるが、実際には高貴な家系の運命を左右するカギを女性に与えることになった。若くして結婚し、寡婦産や寡婦資産の権利を手にした女性たちが、中世盛期に頻繁に見られた財産訴訟の当事者であったのは不思議でもなんでもない。ヘンリー三世の妹エリナー・ド・モンフォールもそんな女性の一人で、フランス領内のプランタジネット家の領地を最後まで手放そうとせず、英仏間の和平協定の締結を実際に二年も遅らせた。なにもイギリスがノルマンディーの領土を失うことを憂慮したからではない。エリナーは最初の夫ウィリアム・マーシャル二世の死後受け取るはずであった寡婦産の請求交渉を続けており、この機会を利用してことを有利に進めようとしたのだった。

イングランドでは十三世紀を通して女性の法的権利をめぐる状況がいくらか改善された。一つにはマグナ・カルタの影響があった。マグナ・カルタによって寡婦産を亡夫の財産の三分の一とすることが確認され、「不当婚姻」――国王が被後見人の貴婦人を下級貴族と結婚させること――が禁止された。さらに、寡婦は再婚相手を自由に選ぶ権利を保障された。こうして大領地を男系子孫たちの間で継承するという慣行は残ったが、減り続ける一握りの人たちに集中するリスクは減った。跡継ぎの死という予測不能な事態もこうした集中を防いだ。父親は、娘を、とくに二女や三女なら、たいした持参金を持たせずに、身分の低い男に嫁にやることがあった。家産はなるべく減らさず、跡継ぎの息子に遺しておきたかったからだ。ところが、何年かのちに兄弟姉妹が死に絶えて、嫁に行ったこの娘が実家の相続人に――時には唯一の相続人――になるかもしれない。無位無官だったその夫は、一夜にして裕福な貴族になるのだった。

イングランドでもどこでも、国王が新たに爵位を創設し、これに（旧領であれ新領であれ）領地をつけて、戦時の働きや政治的貢献に報いるため、あるいは単に王室に生まれたという理由で爵位を授け続けるかぎり、上級貴族の存続は確実であった。存続が危ぶまれたのは、特定の男系系譜であった。長子相続制を守り、家名や家系図や紋章を考案しても、系譜の安定を確保することはできなかったのだ。

第一〇章　中世の子どもたち

子どもの体はふっくらとしなやかで柔らかく、軽くすばやく動く。子どもに教え込むのは簡単だ。子どもは考えることもなく、心配することもなく生きている……。すぐに怒り、すぐに喜び、すぐに人を許す……。

子どもはしばしば悪い癖を持ち、今のことだけを考え、未来に思いを致さない。遊びに興じ、むなしいものを追い求め、ためになること、有益なことに関心を示さない。重要でないことを重要だと考え、重要なことを重要でないと思う。不利になることや有害なものを欲しがり、おとなの絵よりも子どもの絵を好む。子どもが大声で嘆き悲しむのは、相続権を失ったときよりも林檎一個を失ったときだ。人からしてもらったことはすぐに忘れる。目にするものをなんでも欲しがり、声を上げて求め、つかみ取ろうとする。

子どもというものは子ども同士で話すのが好きで、老人を避ける。何事であれ秘密にしておくことはなく、見たり聞いたりすることをすべて繰り返す。突然泣きだしたかと思うと、叫んだり、しゃべったり、笑ったりする。眠っている間もおとなしくしてはいない。体を洗ってもらっても、すぐに汚す。母親に風呂に入れてもらい、髪をとかしてもらうときは、足でけり、大の字になり、手足をばたばたさせて抵抗する。子どもは自分の腹のことしか考えず、常に食べ物や飲み物を欲しがる。寝床から起き出すやいなや、何か食べたいと言う。

十三世紀のフランシスコ会士バルトロマイ・アングリカス（イギリス人バーソロミュー）はみずから編纂した百科事典『諸物の性質について』でこのように述べ、子どもに対する中世人の一つの見方を示した。成長と発達について、こうも言っている。「子どもの上半身は他の部分よりも大きく、重い。それゆえ、幼児は歩き始めには手と足を使い、やがて徐々に立ち上がるが、これは体の上部が小さくなって軽くなり、下部が大きく重くなるからである」。

中世の百科事典の多くは、医学の項で子どもをおとなとは別の、特別な世話が必要な存在として取り上げた。また中世の法律はいずれも――封建法、ローマ法、教会法、慣習法を問わず――子どもを特別なカテゴリーに分類し、未成年の間は保護されるべき人格権や所有権を持つ存在として扱った。未成年という概念そのものに、脆弱さと特別な保護の必要性が含まれていた。

中世の子どもは小さなおとなとして扱われたという、フィリップ・アリエスの一九六〇年の学説は、中世の絵画の中で子どもたちがおとなと同じような服装をしているという観察に基づいていた。だが、この観察さえ正しいとはいえない。写本の挿絵に登場する子どもたちはたいてい、おとなの服よりも簡素で丈の短い服を着ているのだ。男の子はシャツと長靴下と上着、女の子はワンピースとチュニックといった格好だ。しかし、より重要なのは、挿絵の中の子どもたちが遊んでいることだ――ボール遊び、ブランコ、矢遊び、操り人形、人形劇など、どの時代にも共通する子どもの遊びが描かれている。アルドルのランベールは著書『ギーヌ伯爵家の歴史』で、若い奥方（おそらくは一四歳）は、まだ人形遊びを好まれると書いている。年代記作者ジェラルド・オブ・ウェールズは、自分の兄弟たちが砂の城を作って遊んだ（長じて修道僧になったジェラルドは修道院や教会を作った）と思い出を書いている。

十三世紀に編纂された『隠修女の規則』は、神から見捨てられたと感じたら、母とかくれんぼをして遊ぶ子どもを思いなさいと説いている。「母親は子どもの前から走り去って身を隠し、子どもに一人で探させる。子どもはあたりを見回し、大声で『ママ、ママ』と叫び、泣きだす。すると母親はすぐに隠れ場所から出てくる。両手を広げて走り寄り、子どもをしっかり抱きしめ、接吻をし、涙を拭いてやる」。だから、神から見捨てられたと思ったら、「母を探す幼児のように神に呼びかけ、涙を流す」がいい。そうすれば神はきっと慰めてくださるから。

ウィリアム・フィッツステファンが一一八〇年代に書いたロンドンの生活誌には、若者たちの姿が生き生きと描かれている。懺悔の火曜日《シュローヴ・テューズデー》（四旬節が始まる直前の火曜日。二〜三月）には、若者たちは野外に出かけて「今流行りのフットボール」に興じた。学校や職人の団体ごとに自分たちのボールを持っていった。若者たちの父親をはじめ大勢のロンドン市民がゲームを見に馬でやってきて、「若返った気分になる」のだった。冬になると、男の子たちは氷の張ったスミスフィールド沼にやってきて、走ったり、氷上で「両足を広げ、体を一方の側にかしげて」滑ったりする。大きな氷の塊の上に何人かで座り、引っ張ってもらう子どもたちもいる――「誰かがちょっとでも滑れば、みんな頭から転げ落ち」てしまう。動物の骨で作ったスケートを履き、先端に鉄をつけたポールを使えば「飛ぶ鳥のように、放たれた石弓のように」速く滑れた。時に体当たりし、ポールでたたき合うことがある。どちらかが（あるいは両者とも）どっと倒れ、「氷に当たった頭部は頭蓋骨が露出するほどの怪我をする」。足や手が折れることもあるが、そんな危険も若者の目には入らない。若者とは「栄誉を熱望し、勝利を求める」ものなのだ。

十二世紀の百科事典や論文の多くが（なかでもサレルノ医学校で教えた有名な女医トロトゥーラの著作は有名だ）、新生児は注意深く扱わなければならないと教え、へその緒の処理から沐浴《もくよく》の仕方、肺やのどの粘液を取り除く方法を説明している。出産は常に自宅で、助産婦の介助を受けながら行われた。女王や貴婦人たちが出産するときも、赤ん坊を取り上げるのは助産婦で、男性は産室への立ち入りを禁じられていた。トロトゥーラは生まれた子の口蓋を蜂蜜で拭き、舌を湯で清拭《せいしき》するといいと助言している。そうすれば「子どもは正しく話せるようになる」という。また出生から数時間は、子どもを明るい光や大きな音にさらしてはならない。乳児の五感は「さまざまな絵や、色とりどりの衣服や真珠」あるいは「歌や穏やかな声」で刺激すべきである。

子どもが生まれたらすぐに、またその後もしばしば、両の耳を「押し、成形しなければならない」とトロトゥーラの著作は教えている。また子どもの手足は「おくるみ布《スワドル》を巻きつけて」まっすぐにしなければならない。子どもの体は曲がりやすく、変形する恐れがあると考えられた。バルトロマイ・アングリカスの言葉を借りれば、「柔軟さこそが子どもの本質であり」、子どもの体は「液体のように柔らかい」から、扱い方を間違えればゆがんだ形になってしまう。

農民の間にも赤ん坊をおくるみ布で巻く習慣があったかどうかはわからない。イングランドの農民と都市下層階級の家族を研究した、社会史学者バーバラ・ハンアウォルは、検視記録には子どもの事故例が数多く見られるが、赤ん坊を布でくるむ習慣は一度も言及されてい

新生児の沐浴――創世記38章に登場するタマルは双子を生んだ（大英図書館、MS Cotton Claudius BIV、f. 57）

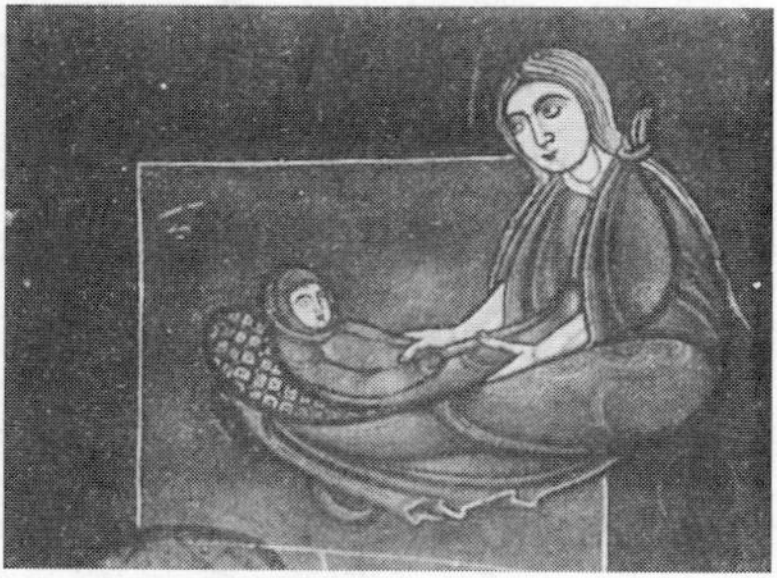

母と子　赤子は布にくるまれている（ケンブリッジ大学コーパス・クリスティ・カレッジ、MS 2、f. 147 v）

ないと報告している。十二〜十三世紀の歴史家・著述家ジェラルド・オブ・ウェールズによれば、アイルランド人にはこの習慣がなく、子どもたちは「無慈悲な自然に委ねられている。かれらは赤ん坊をゆりかごに入れもせず、おくるみ布で巻くこともない。子どもたちの柔らかい手足をしばしば洗うことも、有効な方法で形を整えることもない。鼻を持ち上げ、顔を引き締め、足を伸ばすために助産婦が湯を使うこともない。なんら人の手を加えない自然そのものが、みずからの判断に基づき、みずからが生み出した四肢の形を整え、配置を決めるのである」。驚嘆すべきは、アイルランドの自然が「まっすぐな美しい肢体とよく整った顔貌《かおかたち》の、生気あふれる［子どもたちを］作り上げてきたことだ」とジェラルドは述べている。

検視官の記録を見ると、イングランドの農村ではゆりかごに赤ん坊を入れて炉のそばに置いていたことがわかる。モンタイユー村の人びとは、たいてい子どもを抱いていたようだ。「祭りの日、わたしはモンタイユーの広場におりました。幼い娘を腕に抱いて立っていました」とギュメット・クレルグは語っている。別の村の女は、結婚式の祝いに集まったとき、花婿の姉妹の小さい娘を「抱いて、炉のそばに立っていました」と言っている。

農民や職人階級の女性は、自分が雇われているなどの不都合な事情がないかぎり、赤ん坊を母乳で育てた。モンタイユー村の貧しいシングル・マザーのレモンド・アルサンは、パミエの町に奉公に出たとき、赤ん坊を近くの村の里親にあずけた。のちに刈り入れどきに農家の手伝いに雇われたので、今度は隣村で新しい里親を見つけている。一方、裕福な女性の間では乳母に頼る習慣が広がった。実際、十三世紀までにはごく一般的な慣行になったため、教区司祭の手引書はこれに反対するように——聖書の教えとも医学の英知とも相いれない慣行であるとして——司祭たちに助言している。イエスに乳をふくませるマリアの像が教会に飾られ、写本の挿絵にも描かれたが、マリアの模範も司祭の説教も効き目はなかった。富裕層は屋敷に乳母を雇い入れ、赤ん坊に乳をやるだけでなく、成長しても子どもの世話をさせた。ケニルワース城のモンフォール家では子どもたち一人ひとりに専属の乳母がいた。

乳母を雇うにあたって責任感のある親は、きれい好きで健康で、性格のよい若い女性を探した。また、きちんと健康管理を続ける人でなければならなかった。サレルノの女医トロトゥーラの教えによれば、乳母は十分な休養と睡眠をとり、「塩気や刺激の強いもの、酸味や渋みのある」食べ物、とくにニンニクを絶ち、心配事を抱えないようにしなければならない。さらにトロトゥーラはこう助言する——子どもが固形物を食べられるようになったら、まず鶏肉や雉肉《きじにく》、あるいは山鶉《やまうずら》の胸肉を「形も大きさもドングリほどにして、与えるがい

12世紀のマリア像　イエスに乳をふくませるマリアの像が教会堂内に飾られ、写本の挿絵にも描かれた。ディジョン近郊フラヴィニー・シュル・オズランの聖ジェネト教会（著者撮影）

い。子どもはそれを握って遊びながら、口に持っていき、しゃぶるうちにいくらかを呑み込むだろう」。

母親は子どもが喜べば喜び、子どもが苦しめば苦しむものだ。乳母も同じである、とバルトロマイ・アングリカスは述べている。乳母は子どもが転べば抱き上げ、泣けば乳をやり、病気になれば抱きしめる。「舌が疲れるまで」何回も繰り返して子どもに言葉を教え、歯の生えそろっていない子どものために肉片を嚙んでやり、やさしい声で話しかけ、歌を聞かせ、子どもが寝入れば撫でてやり、風呂に入れ、オイルを塗ってやる。

リンカーンのフーゴ司教（一一四〇〜一二〇〇年）の伝記に、心温まるひとこまが記されている。フーゴ司教は「子どもたちに慕われていた……子どもは自分の親のそばに行くよりも、司教の方へ寄ってきた」という。ある日、徳の誉の高いこの司教から洗礼を受けた六ヵ月の幼児は……

四肢を動かして……喜びを表した。絶えずクックッと笑い声を立てながら、その小さな口と顔を緩め……。小さな両腕を、まるで飛び立とうとするように曲げたり伸ばしたりしたかと思うと、頭を前後に揺らし……。次に司教の手を小さな両手で握りしめ、ありったけの力で自分の顔のそばに引き寄せて、接吻する代わりに、なめ始めた……。司教と幼児が心底楽しそうに心を通わせているこの珍しい光景に、その場にいた人びとはみな、感じ入った……。この子が司教に会ってこんなに喜んだのはなぜか。司教の中に神ご自身を見たからに違いない。これほど高位の司教が、なぜこんなに小さな子どもに惹きつけられた

『エイムズベリー詩篇集』の挿絵　1240～1250年（オックスフォード大学オール・ソウルズ・カレッジ、MS 6、f. 4r）

のか。神ご自身の偉大さが、この小さな体の中に隠されているからに違いない……。司教はリンゴなど、子どもが普通欲しがる数々のものを与えたが、この子は見向きもしなかった。この子はすっかり司教に惹きつけられていて、ほかに何も関心がなかったのだ。子どもは自分を抱きかかえている乳母の手を、さもうるさいと言わんばかりに払いのけ、司教をじっと見つめては、笑いながら両手を打ちたたくのだった。

子の父親とは、バルトロマイによれば、息子を通して種の増殖をめざす行為の主体であり、「跡継ぎによって永続する」存在である。だから、そのような父親は、たとえ自分は食べなくとも、子どもを養おうとする。息子の教育には非常に熱心で、息子を家庭教師の監督の下に置く。父親は目の中に入れても痛くないほどかわいい子どもに対しても、甘やかすまいとして「優しい顔」は見せない。父親がせっせと働くのは息子の相続分を増やすためであり、子どもを養うのは老後に養ってもらうためである。父親は子どもを愛すれば愛するほど「しつけに熱心に」なり、時にはお仕置きの鞭《むち》を振るうこともある。「父親から特別に愛情を注がれている息子は、とくに厳しく叱られたり、お仕置きを受けたりするから、まるで愛されていないかのようである」。

幼児殺しは、古代社会ほど広く行われていたわけではないが、依然として根強く残っていた。イングランドでもほかの多くの地域でも、幼児殺しは教会裁判所で裁かれ、罰として公の贖罪とパンと水の断食という伝統的なものから、鞭打ちまでさまざまな罰が科された。子どもの両親が正式な夫婦ではない、つまり姦淫者《かんいんしゃ》である場合は、より厳しい刑罰が下った。

夫婦であれば「無罪立証」――罪状に対して無実を申し立て、証人を立てて自分たちの誠実さを保証宣誓してもらう手続き――によって身の証しを立てることが許された。

幼児殺しに関する中世の法律の考え方は、二つの点で現代の法律と違っていた――幼児殺しは「殺人ほど重大ではない」ものの、死に至るネグレクトよりは悪いことだとされた。だから教会の関心は、両親の罪だけにとどまらず、子どもの福祉にまで及んだ。親は愛情をもつだけでなく、子どもの世話を実際に行わなければならないとされたのである。バーバラ・ハンアウォルの研究によれば、検視記録に残る殺人事件四〇〇〇件のうち、幼児殺しの可能性が疑われる事例は二件だけであった。そのうち一件では、生後三日の赤ん坊を川で溺死させたとして、二人の女性が告発された。女性たちは、赤ん坊の母親とその息子と娘に依頼されたという。この件では関係者全員が無罪とされた。もう一件では、生まれたばかり、へその緒がついたままの女の子が川でおぼれているのが発見された。母親も父親も特定はされなかった。幼児殺しはよく事故に見せかけられたとの説もあるが、立証されていない。男尊女卑という当時の典型的な偏見についてのある研究によると、記録されている子どもの事故死の六三パーセントで、命を落としたのは男の子だった。

忙しい親たちの世話が行き届かず、子どもが死に至るケースはよくあった。検視記録にある一つの事件では、父親が畑に、母親が井戸に行っている間に、床に敷き詰めた藁《わら》に火がつき、ゆりかごで寝ていた子どもが焼け死んでいる。悲劇を招いた犯人は、炉の近くで餌をついばんでいた鶏かもしれなかった。火のついた小枝をつまみ上げたか、羽に火の粉を浴びたのかもしれない。ほかの家畜も危険だった。雌豚が家の仕事場に入り込み、一ヵ月の赤ん坊

赤ん坊をゆりかごに入れて運ぶ農婦　『孔雀の誓い』の一部（モーガン図書館、Glazier Collection 24、f. 34）

にかみついて死なせたという事件が、ロンドンでさえ起きている。

成長してゆりかごから出た子どもたちを、別の数多《あまた》の危険――井戸や池や溝、煮えたぎる鍋やケトル、ナイフや大鎌や熊手――が待ち構えていた。事故は、親が働きに出ている間、子どもたちだけで家に残されたとき、幼い子の世話が兄や姉に任されたとき、親が子どものそばにいても、ほかのことに気をとられているとき、などに起きた。父親と母親が酒場で一杯やっているうちに、二人の娘が押し込み強盗に殺された事件もあった。検視記録には、幼い子どもの世話を十分にしなかった両親や兄姉たちに対する陪審員たちの非難が込められた――「誰も子どもの面倒を見ていなかった」、「子どもは一人で放っておかれた」。五歳の子どもに「年下の子の世話をさせるのは適当でない」とも書かれている。

バーバラ・ハンアウォルの研究は、子どものために命を犠牲にした親がいたことも報告している。一二九八年八月の夜、オックスフォードの作業所でろうそくの火が床の藁に燃え移った。両親は火を逃れた。だが、屋内に幼い息子が残っているのに気づいた母親は「取って返したが、屋内に入った瞬間、業火《ごうか》に襲われ窒息した」。別の事件では、若い娘をレイプ犯から守ろうとした父親が殺されている。

子どもに対する当時の親の気持ちを再現するのは難しい。回想録や個人の手紙や伝記といった、人の心情が記された史料がほんのわずかしか残っていないからだ。とはいえ、モンタイユー村の異端審問記録には、わが子と離れられない親を描く数多くのエピソードが記されている。シャトーヴェルダンの領主一族の一人の女性が、カタリ派の仲間入りをするために家を離れることになった。だが、ゆりかごに入った赤子にどうしても別れを告げることができない。「彼女は子どもを見て、接吻した。すると子どもは笑った。女は子どもが寝かされている部屋を出ようとしたが、また戻ってきた。子どもはまた笑った。何度もこういう具合で、彼女はどうしても子どものそばから離れることができず、ついに召し使いに『この子を家の外へ連れてお行き』と命じた」。この女性が子どもと別れられたのは、圧倒的な宗教的確信があったからにほかならない。だが、彼女はそのためにやがて火刑台に消えることになる。

炉にあたる母と子どもたち（ボドリアン図書館、MS Douce 6、f. 22）

子どもを失うことはあらゆる面で痛手であり、親の悲しみは大きかった。モンタイユー村の小作人ギヨーム・ブネは、息子を失って悲しみに打ちひしがれ、慰めに来た友人にこう語った。「倅《せがれ》のレモンが死んで、おれは持っているものを全部なくしてしまった。おれに代わって働いてくれる者はもう誰もいないんだ」。こう言って泣くギョームにとっては、息子が死ぬ前に救慰礼というカタリ派の儀式を受けたことがせめてもの慰めであった。ギョームはこう言っている。「あの子は今おれがいるところより、ましなところにいるんだと思う」。

死んだ子どもの霊魂は、これから生まれてくる（ことによると、その両親の間に生まれるかもしれない）子どもの中に入るのだというカタリ派の輪廻転生説は、悲しみに沈む親にとっては慰めとなった。オルノラック村の代官《ベイリフ》ピエール・オースタッツは、息子を四人も亡くした女性を慰めて、子どもたちを取り戻すことができると言っている。「おまえさんはまだ若いのだから、すぐまた孕むだろう。死んだ子のうち誰か一人の魂が新しい胎児に入るだろう」。また、別の女性はある朝目が覚めると、自分の寝床に寝かせていた子どもが傍らで死んでいた。大いに嘆き悲しむ女性にも代官ピエールはこう言っている。「泣くでない。死んだ子の魂は、男の子であれ、女の子であれ、おまえさんが次に身ごもる子に、神様が授けてくださるのだから。そうならないにしても、あの子の魂はどこかよそによい家を見つけるはずだ」。

アルク村のレモンとシビル夫婦はカタリ派で、幼い娘のジャコットが重体になったとき、救慰礼を——普通は分別がつく歳になってから受けるものだったが——受けさせようと決めた。儀式が終わると父親はすっかり安心して、妻にこう言った。「ジャコットは、もし死んでしまっても、神様の天使になるんだ」。だが、母親の気持ちは違った。完徳者は、赤ん坊に乳も肉も食べさせないようにと念を押していた。カタリ派の選ばれし者は魚と野菜のほかは食べてはならなかったのである。だが、シビルは「もう耐えられませんでした。目の前で娘が死んでいくのを見てはいられなかったのです。わたしは子どもに乳を与えました」。レモンはこれを知って非常に怒り、それ以来「あの子を愛さなくなりました。わたしのことも、それ以後は長い間、愛するのをやめました。夫が誤りを認めたのは、ずっとあとになってからです」。それはアルク村の住民一同がカタリ派を棄てることに決めたときだった。ジャコットは一年生き延び、その後死んだ。

現代の教育制度は長期にわたる一定の成熟過程を子どもたちに課しているが、中世の子どもたちはそんな過程とは無縁であった。子どもたちは、思春期を迎えれば責任能力のあるおとなとして扱われた。男の子も女の子も、幼いうちから結婚の誓いを宣言する能力があると認められたし、ごく幼い子どもの婚約が取り決められることもあった。こうした契約を確認するために、花嫁（あるいは、時として花婿）になる子が将来の婚家へ移り住むこともしばしばあった。イザベル・オブ・アングレームはユーグ（九世）・ド・リュジナンの許嫁《いいなずけ》としてポワティエ南西にあるリュジナン家の城で育てられた。一二歳のとき、イギリス王ジョンはイザベルの父親を説き伏せて彼女をアングレーム伯領に連れ戻させ、イザベルと結婚してイングランドへ帰国した。二人の間に生まれた娘ジョアンは一〇歳のとき、イザベルの元許嫁の息子（ユーグ一〇世）と婚約した。今度はジョアンが英仏海峡をわたり、リュジナン家の城に住むことになった。だが、数年後ジョン王が没すると、イザベルは自分がユーグ一〇世と結婚しようと思いつき、娘のジョアンはスコットランド王に嫁がせることにした。母と娘の持参金をめぐる話し合いは延々と続いたが、結局二人とも結婚した。ジョアンは一六歳になっていた。

幼児婚を取り決めるのは貴族だけだった。農民や職人はその必要がなかったのだ。また農民・職人階級は子どもにおとなの役割を押しつけることもなかった。バーバラ・ハンアウォルによれば、農民の子どもは四〜八歳までは主に遊んで暮らしたようである。八歳を過ぎると、細々とした家の仕事が与えられる。男の子は羊や鵞鳥《がちょう》の番をし、牛や馬に水をやり、刈り入れ後の落穂拾いなどをした。女の子は野の果実を採り、水を汲み、料理を手伝う。思春期になると、男の子は畑で父親を手伝った。

貴族、農民、職人と階級を問わず、思春期を迎えた子どもは家から離れ、仕事を習い、他家の奉公人になるための訓練を受けることが多かった。貴族の子どもは、たいていは親戚の他の貴族の家に送られ、そこで男の子は騎士になる訓練を受け、女の子は礼儀作法を学んだ。ウィリアム・マーシャルは一二歳のとき、騎士としての教育を受けるためにノルマンディーに送られたが、そのとき母や兄弟姉妹との別れを惜しんで涙を流したという。現代の若者が寄宿学校に入るために家を離れる際の光景を思い起こさせる。

都市に住む少年は、職人の親方の家に弟子として住み込み、仕事を習った。生活費は親が親方に支払った。たいていの同業組合《ギルド》は、若者が自分の父親の弟子になることを認めなかったから、子どもたちはたいていごく若いうちに家を離れた。中産階級の息子たちでさえ、学校で読み書きを習得してから、弟子入りするのが一般的だった。学問は、いわば結構なぜいたく品のようなもので、生活を維持するためには商売のやり方や熟練技術を身に着けなければならなかった。一二四八年、マルセイユのある法律家は、息子ウィリアムを両替商に弟子入りさせた。二年間の約束で、息子が食べる「パンとワインと肉」や他の必要品の経費として、親方に相当の額を現金と穀物で支払っている。息子が親方になんらかの損失を与えた場合は、賠償するとの約束まで交わしていた。中世史家シルビア・スラップによれば、弟子は親方と「なかば父と子のような関係」で結ばれ、権威を尊重することが徹底的に教え込まれた。体罰を受けることも稀ではなかった。親方によるせっかんは「権利というよりもむしろ義務」であるとの明確な合意があった。弟子は目上の前では短気を抑え、おとなしくしていなければならなかったが、ひどい扱いを受けていると感じれば、親方が所属するギルドに訴え出ることができた。

嫡出《ちゃくしゅつ》でない子どもたちも、弟子入りによる職業訓練など、嫡出の子どもたちと同じように教育の機会を与えられたし、財産を相続することさえあった。十四世紀、ヘントの町で皮なめし業を営んでいたギゼルブレヒト・ド・スコティットは、長年の愛人との間に子どもが六人いた。妻との間には子どもがいなかったので、ギゼルブレヒトは死の床で六人すべてに相当額を遺贈した。また、長男を弟子入りさせて、仕事を継がせた。皮なめし工組合は、婚外子を差別しない組合の一つであった。

農民は、男性も女性も、家から出て他家の奉公人になることがあった。実際、娘を奉公先に売る親もいた。主人は親にいくばくかの金を与えて娘を引き取り、衣食住の世話をし、わずかな賃金を払い、持参金として貯めさせる。娘は適齢期になると、主人に結婚相手を見つけてもらうか、実家に帰って結婚する。同様に男の子も、領主の畑や他の農家で働くために家を出ることがあった。だが、バーバラ・ハンアウォルによれば、検視官の記録を見るかぎり、一定期間奉公に出る慣行は「まだ若者の間にしっかりと定着してはいなかった」ようだ。

十三世紀の学校は、もっぱら聖職を志望する者にラテン語文学を教えた。貴族の子どもも農民の子どもも、シャルトルにあったような司教座聖堂付属学校で寄宿生として学んだ。そのカリキュラムのことを、大司教トマス・ベケットに秘書として仕えたジョン・オブ・ソールズベリーが語っている。カリキュラムは著名な校長シャルトルのベルナルドゥスが十二世紀初頭に考案したもので、ラテン語文法、ラテン語文学講読、哲学を含んでいた。午前中はラテン文学の講読と解釈、午後は文法の授業が行われ、夕方には哲学的論考を行い、祈りで締めくくる。毎日、生徒は一日前に学習した内容の一部を暗唱しなければならない。「こうして一日一日は前の日に続くものとなる」のだった。また生徒は学んだ作者の文体をまねて作文を書くことになっていた。学習した内容を記憶にとどめ、「すぐに忘れてしまう」ことがないように詩や物語を暗唱しなければならない。うまく暗唱できなければ、生徒はお仕置きを受けた。

一方、修道院学校は見習い修道僧たちの教育の場であった。規律は厳しかったが、修道院学校が当初から用いていた教育手法は、ローマ人やゲルマン人のやり方と比べれば明らかな進歩であった。フランスの中世史家ピエール・リシェによれば、修道院学校の教師たちは思慮深く節度のある態度で生徒に接し、大声を上げるのではなく、模範的行動を通して権威を示すべしと指導されていた。八世紀のベネディクト会士パウルス助祭は、体罰は有害無益であり、暴力的な教師こそ罰を与えられるべきだと書いている。子どもにはきちんとした衣服と十分な食べ物を与え、冬には暖かい家の中で過ごさせなさい。毎日、一時間は遊ばせ、善いことをすれば褒美として食事どきに菓子を与えるのもいいだろう。

修道院学校は、子どもの霊的な面だけでなく肉体的な弱さにも配慮した。聖エティエンヌ修道院〔ウィリアム征服王（ギョーム二世）がフランス北西部ノルマンディーの町、カンに建てさせた〕の初代修道院長だったランフランクスは、のちにカンタベリー大司教として修道院規定《モナスティック・ルール》を作るにあたって、おとなが守るべき義務の一項ごとに子ども向けの修正を加えた。おとなは晩の祈りを済ませてから飲食することになっていたが、腹をすかせた子どもはその前に食べてもいいとされたのだ。また、子どもには、償いの行として飲食物の制限を科してはならないともされた。その一方で、子どもは厳しい監視を受けた。日夜、教師に見張られ、お仕置きを受けることもあった。

ランフランクスの後を継いだ聖アンセルムスはノルマンディーのベック修道院の院長時代に体罰を許さなかった。これに周囲の人たちは驚いたという。伝記によれば、別の修道院の院長が、見習いの少年たちが日に日に手に負えなくなっているとアンセルムスにこぼしたことがある。「昼も夜も、お仕置きをやめたことはないのですが」。

「お仕置きをやめたことはない？　それで、その子たちは大きくなったらどうなるでしょうか」と聖アンセルムスは尋ねた。「愚かな獣のようになるでしょう」。

アンセルムスは院長を諭した。「なさっていることは、人間から獣を育てるようなものです……。教えてください、院長様、庭に若木を植えるとしましょう。植えた直後に四方を囲み、枝がどこへも伸びないようにしておき、数年後に囲いを取り外したら、どんな木に育っているでしょうか」。

「当然、枝はすべて曲がり、もつれて、どうしようもない木になっているでしょう」。

「そうです、それも誰あろう、不自然な囲いを作ったご自身のせいですね。まさにこれと同じことを、あなたはあの子たちになさっている。教会に身を捧げた少年たちは、教会という庭に植えられた木です。そこで成長し、神のために実りを結ぶのです。だが、あなたは少年たちを怖がらせ、脅し、殴って萎縮させ、子どもたちの自由を奪っている。こうして無分別な圧力を受けた少年たちは、棘のように曲がった邪悪な考えを喜んで受け入れ、心の中で育て、大事にしまっておくので、考えを正そうとするあらゆる試みに頑固に抵抗します。そういうわけで、あなたの態度の中に愛も哀れみも善意も優しさも感じないとしたら、子どもたちはあなたの善良さを信じられなくなり、あなたの行為はすべて自分たちへの憎しみと悪意に基づくと考えるでしょう。嘆かわしいことに、子どもたちの体が成長するにつれて憎しみも増大してますます悪いことをし、不正と邪悪の極致へと突き進むのです」。

続いてアンセルムスは、なぜ少年たちのことでそんなに怒っているのかと院長に訊いた。あの子たちもあなたと同じ人間ではないか。あなたもあの子たちと同じように扱われたい、あの子たちのようになりたいと思われるか。教師の役割は、貴金属の箔を扱う金細工師の仕事に似ている。優しく巧みに力を加え、決して殴ってはならない。少年たちを励まし、父親のような愛情と優しさを示さなければならない。

だが、院長はこう反論した。「あの子たちに、まじめな雄々しい振る舞いをさせようと、わたしたちはできるかぎりのことをしているのです」。そこでアンセルムスはこう説明した。「パンなど固形食」を、おとなではなく乳離れしていない子どもに乳の代わりに与えれば、子どもは「強くなるどころか、息が詰まってしまうでしょう」。か弱い魂は、乳を必要としている――すなわち「他人の優しさ、親切心、同情、陽気な励まし、愛情こもった忍耐など、たくさんのものを」求めているのだ、と。

アンセルムスが提唱した子どもに対するおおらかなアプローチに、教会の損得勘定を付け加えた聖職者もいる。十一世紀も末のことだが、ラムジー修道院で貴族の子弟四人が教育を受けていた。「時折レクリエーションを挟まないと、厳しい規律の下での生活に耐えられないだろうから」との配慮から、この子たちはある程度の外出が許されていた。ある日、少年たちは鐘を撞《つ》こうとして鐘楼《しょうろう》に登り、鐘の縁を壊してしまった。怒った修道士たちは、子どもたちに重い罰をと訴えたが、院長は応じなかった。鐘が壊れたのは単なる事故だから、と。それに、と思慮深い院長は付け加えた。あの子たちは貴族だから、「大きくなったら」この修道院に数百倍もの返礼をしてくれるに違いない。

中世後期まで、幼年期を記録する文書といえばほとんどが聖人や聖職者の伝記に限られていた。一例が聖ペトルス・ダミアニ（一〇〇七～一〇七二年）伝である。弟子のヨハネス・ロディによるこの聖人伝によれば、ペトルスはラヴェンナで「出産と育児に疲れ果てた」母親から生まれた。家族は大勢いて、貧しかった。ペトルスの兄の一人は母親に向かって、この満員の家にもう一人、わずかばかりの遺産の相続人が増えるわけかと、恨み言を言ったという。母親は打ちのめされ、自分は不幸せで、生きる意味もないと嘆いて「赤ん坊を受け入れず」、抱こうとも、乳を与えようとも、触ろうとさえしなかった。「生まれ落ちてすぐに」

棄てられた赤ん坊は、泣くこともできないほど弱り、「ようやく脈打つ小さな胸からは、ほんのわずかな息しか漏れてこない」。そのとき、ペトルスの父親の実家の召し使いであった女性がこう言って、母親をとがめた。獅子や虎でさえ、母親になれば仔に愛情を注ぐではないか。キリスト教徒の女性が、神の似姿に作られ、自分の胎内で大きくなった子どもを受け入れずにいられようか。そう言って女性は赤ん坊のおくるみ布をほどき、炉のそばで暖め、体に油を塗った。すると「溶かした油脂に浸した柔らかな布にくるまれた小さな手足は、体温が戻ると血色を取り戻し、赤子らしい愛らしさを取り戻した」という。ペトルスの母親は気を取り直し、母親らしい愛情に満たされて子どもに乳をふくませた。

数年後、父も母も世を去ると、ペトルスは兄の一人に引き取られた。ペトルスが生まれたとき、母親に文句を言ったあの兄である。ペトルスはこの兄とその妻（ペトルスにとっては義理の母のような存在だった）からひどい扱いを受けた。豚の餌にでもするようなものを食べさせられ、ぼろ着を着せられ、蹴ったり殴ったりはしょっちゅうで、ついには豚飼いにでもなれと家を追い出されてしまう。だが、もう一人の優しい兄が親代わりになってくれた。ペトルスに「父親をもしのぐような愛情」を注いだこの兄は、のちにラヴェンナの首席司祭となる。ペトルスが長じて聖職に就き、教師として、また十一世紀教会改革運動を率いた枢機卿として立派な業績を残せたのは、この兄のおかげであった。

中世の子どもの生い立ちや暮らしについて、細部まで詳しく記している珍しい史料の第二の例として、ノジャンの修道院長ギベールが一一一五年頃に書いた回想録を挙げたい。ギベールの父はクレルモンの城代一族につながる騎士で、ギベールは数人の兄弟姉妹の末っ子だった。両親はごく幼いうちに婚約が取り決められ、母親は「適齢期に達しない」うちに、父親は「まだほんの若い」うちに結婚した。母親は不感症だったと言われたが、ギベールは、母は夫を愛し、夫の死後は「いつも夫の名を口にしていた。まるでほかのことは一切考えられないようであった」と断言している。

ギベールは、母親が死にかけるほどの難産の末に生まれた――陣痛は「聖金曜日のほぼ一日中」続き、出産は聖土曜日にまでずれ込んだ。父親と親類は、クレルモンの教会堂の聖母に捧げられた祭壇の前で「男の子が生まれたら、神と聖母に生涯奉仕する聖職者としてその子を捧げます。もし劣った性の子が生まれたら、その子を思し召しに委ねます」と誓った。するとすぐに子どもが生まれた。「一同は大いに喜んだが、それは母親の命が助かったからであった。赤ん坊は見るもあわれな子だった」。

一年後、ギベールの父は世を去った。母は再婚せず、ギベールの幼児期を支配した。母親は、ギベールにとって完璧な女性であった。母のような生き方は自分には到底できないと思われた。母は美しく、貞淑で、誇り高く、強く、賢く、人徳があった。母こそ「わたしがこの世で個人としてもっていた……唯一のもの」であり、ギベールが近しい関係を築いた生涯でただ一人の人物だった。病気がちで、「流産の一歩手前で助かった、弱い子」だったギベールは六歳になるまで母親の関心を独り占めした。母は乳母を何人も雇い、「わたしの小さな体を立派な衣服で包んでくれた。わたしは王や貴族の子弟にも引けをとらないほどぜいたくをさせてもらった」。六歳の頃、文字の形を判別できるようになると（言葉として読み取ることはまだできなかった）、母親は家庭教師を雇い入れた。この教師がほかの生徒の指導を止め、ギベールただ一人を指導することが条件だった。教室は「わが家の食堂でした」とギベールは語っている。師弟の仲は、よかったり悪かったりした。先生は「自分のことのようにわたしを愛し」、熱心に「注意深い目を」注いでくれたので、ギベールはその恩にきっと報いたいと思ったが、やがてこの教師は無能だと気づいてしまう。「自分が教えられないことを、わたしに学べと言って、殴ったりひどく罵ったりするのだった」。よその子どもたちは「どこでも好きなところを歩き回り、その年齢にふさわしい遊びを楽しんでいた」が、ギベールは、ただ見ていることしか許されなかった。

ある夕、ギベールは「理不尽な厳しい鞭打ちの罰を受けたあとで」母に会いにいった。今日はお仕置きを受けたのと母に訊かれたが、ギベールはノーと言った。余計なことは言いたくなかったのだ。だが、「母は、無理やりわたしの着ているものをさっさと脱がせ……細い腕に黒いあざを、背中に無数の鞭の傷跡が腫れ上がっているのを見つけた」。母は「悲嘆にくれ……悩み、動揺し、悲痛の涙を流し」ながら、もうおまえを聖職者にはしたくない、「勉強するために、これ以上苦しむ必要はありません」と嘆いた。だが、少年は、自分は今ここで死ぬとしても勉強をあきらめるつもりはないと言い切った。

ギベールが一二歳になったとき、母親は突然世を捨て、サン・ジェルメ修道院の傍らに家を構え、隠遁者の暮らしを始めた。同時期に、ギベールの家庭教師もこの修道院の僧となり、ギベールはクレルモン城の親戚の手に委ねられた。「わたしがまったくの孤児になることが、母にはわかっていた。親類縁者は数多くいたものの、わたしが頼れる人は一人もいなかった。愛情を込めて世話してくれる人もいなかった。この年頃の小さな子どもにはそんな

お仕置きを受ける生徒たち（大英図書館、Burney MS 275、f. 94）

人が必要なのだが……。何もできない幼い子どもへの、女性にしか与えることができない心遣いが得られなくなって、わたしはたびたび辛い思いを味わった」。ギベールは、サン・ジェルメへと向かう母の姿を思い描いてこう書いている。「わたしがとどまるこの要塞」を通り過ぎたとき、母の「引き裂かれた心は耐えられないほどの苦しみを味わっただろう……彼女はたしかに自分は残酷で人間味のない母親だと知っていたのだ［から］」。

一時期ギベールは反抗的になり、「ふしだらな行い」に走った。騎士見習いの若い従兄弟たちとつるんで「若者の乱行」に及んだこともある。ついに母親が乗り出し、サン・ジェルメ修道院に生徒として受け入れてくれるよう頼み込んだ。修道院に入ったギベールは心を入れ替え、修道僧になると心を決めた。サン・ジェルメには、二〇年後に院長としてノジャン修道院に赴任するまでとどまった。

ギベールの回想録は、十二世紀貴族の家に生まれ、聖職者の道を定められた息子の幼年時代を刺激的に語るが、そこに描き出される状況は中世の子どものほんの一部にしか当てはまらない。最近の研究から、十三世紀初頭の聖人たちの幼年時代には共通の要素があったことが明らかになったが、そのなかにはギベールの経験を連想させる状況がある――かれらはみな領地を有する貴族か都市上流階級の家に生まれ、多くが「幼児期に情緒的剝奪を経験」している――親と死別することもあり、父親はたいてい（戦争に駆り出されるか十字軍に加わっていて）不在であった。多くが親類や修道院に預けられた。あるいは家にいても、家族が大勢いるために、ただ放っておかれることもあった。もっぱら母親か乳母に育てられた子どもは、教会に父親の代理を見出したのかもしれない。

聖職者や貴族になるためであれ、職人になるための技能習得であれ、中世の教育には共通の目的があった――自己抑制と権威に対する尊敬を植えつけることである。ギベールはサン・ジェルメ修道院で修行中に、幸運にも聖アンセルムスの助言と指導を受けることができた。聖アンセルムスは幾度かサン・ジェルメを訪れ、「内なる自分に対処する方法を、つまり理性の法則に照らして肉体を管理する方法を、教えてくださった」。のちに自身の教育理論を打ち立てたギベールは、教師は生徒たちにリラックスする時間を与え、変化に富んだ教え方を工夫すべきだと助言している。たしかに自己抑制は必要な特質であり、教え込まなければならない。だが、子どもたちに「いつもまじめくさった老人」のように振る舞えと期待するのは無理な話だ、と。

中世盛期、ヨーロッパの広範な地域で人びとは生活水準の向上と、それに伴う治安の大幅な改善の恩恵を受けた。こうした新しい状況の下で、貴族の家は変容を遂げていく。もっぱら王の引き立てに頼る状態から抜け出て、世襲貴族に特有の性質をもつようになった——領地を一家の根拠地とし、家名をもち、長子相続によって男系子孫に家を継がせ、継承を家系図に書き記したのである。長男以外の息子は損な役回りを与えられた。それほどひどくはないにしても、妻や娘たちにも同じことがいえる。

農民の相続慣行はこれとは異なる発展パターンをとったが、一三〇〇年までには農民も家名を名乗るようになり、一部の人は地所を持ち、幾分ゆとりのある暮らしができるようになった。農民の多くは自由民で、農奴の身分のままであった人たちも実質的には土地を所有していた。生活水準の向上がもたらした恩恵の一つに、高齢者の扶養に関して契約を取り交わす慣行が広がったことがある。

結婚については、中世盛期の教会裁判所はグラティアヌスとペトルス・ロンバルドゥスの見解に則《のっと》って裁定を下した。当事者二人の合意は、結婚成立の基礎であるとされたが、新世帯は年上世代の経済的支援が必要だったから、親の同意も重要であった。若夫婦には、貴族であれば領地が、農民であればわずかばかりの農地と家畜が一頭か二頭与えられた。第四ラテラノ公会議が近親婚タブーの範囲を（七親等から四親等に）緩めたことで、近親婚は離婚の口実として成り立たなくなり、聖俗間の摩擦の要因の一つが取り除かれた。結婚をめぐる係争の裁判権は今や教会裁判所が握り、その自然な成り行きとして、教区司祭が結婚式に関して重要な役割を果たすようになった——結婚を広く知らせ、儀式を執り行い、結婚に障害が起きれば裁定を下したのである。教区司祭に「不可欠な役割が与えられ……司祭は家族や領主の代弁者ではなく、今や有効な結婚の成立条件を決めるまでになった大きな宗教共同体の代弁者となった」のである。

階級を問わず、確実な男系継承という長子相続制の目的はしばしば高い死亡率に阻まれ、地所や地位は、娘の結婚や寡婦の再婚を通して、思いもかけない人の手に渡ることがあった。

当時の子どもの暮らしについて、わたしたちはついにある程度詳しく知ることができるようになった。史料からは中世盛期の過酷な環境が浮かび上がってくる。親も子どもも死亡率は高かった。子どもたちは厳しいしつけを受け、幼くして働き始めた。とはいえ、親の気遣いや愛情をまったく受けられなかったわけではない。また当時「子ども期という概念」がまったく存在しなかったわけでもない。

第四部　中世後期

第一一章　黒死病の影響

［息子の］アメリゴとマルティノは同じ日に、それも数時間のうちに、わたしの腕の中で死んでいった。ああ、わたしは長男にどれほど期待していたことだろう。あの子はわたしのよき友だった。父親としての役割をわたしと一緒に果たし、アルディンゴ氏の銀行であれほど出世していたのに……毎朝、毎晩、あの子は跪《ひざまず》いて祈りを捧げていた。この勤行《ごんぎょう》をもう何年も欠かしたことがない……。同時に［娘の］アントニアも下の息子と一緒に死の床にあり、息子のほうはそこで死んだ。幼い子どもたちの泣き声を聞いて、胸が張り裂ける思いだ。子どもたちの母親も体調が悪く、長男のことを聞いてからはすっかり気を落としている。今や子どもたちは三人とも逝ってしまった。

ラポ・マッツェイ氏がプラートに住む友人のフランチェスコ・ダティーニに宛てて書いたこの手紙は、ヨーロッパを襲った黒死病の悲痛な記録の一つである。黒死病は一三四七～四八年にイタリアに伝わり、大流行を起こした。それ以降、数度の流行に襲われたプラートでは、一三一〇年に四〇〇〇戸あった世帯数が一四二七年には九五〇戸にまで減った。プラート周辺の農村地帯では減少率がいくらか低く、一三〇〇年の一六三〇戸が一四二〇年代には九四三戸になった。一三六三～六四年の大流行では、世帯全員というよりも、主に乳幼児が犠牲になったので、このときの流行は「子どもの厄災」と呼ばれた。のちに世紀の変わり目にかけて起きた流行でも、多くの子どもの命が奪われた。一四二〇年代までにプラートの人口ピラミッドは、おとなが多い逆三角形になっていた。

一三四七〜四八年にかけて、黒死病の最初の流行はヨーロッパ大陸を横断して広がり、一三四九年にはイギリスに伝わった。イングランド農村地帯には、六五パーセントもの高い死亡率が記録された地域もある。レスターシャーの典型的な村キブワース・ハーコートでは、世帯の平均人数が五人から四人足らずに減ったという。家族全員が亡くなった例や人がまったく住まなくなった村もある。

トゥルネーで黒死病の犠牲者たちが埋葬される（アルベール1世王立図書館、MS 13076-77、f. 24 v）

シチリア島からアイルランドまで、いたるところの村や町で、ボッカッチョが描いたフィレンツェの光景が繰り返された。「……屋内から死んだ人の遺骸を引き摺りだして、それを戸口の前に置きました。もしそのあたりを歩いたならば、とくに朝方は、数限りなく遺骸が戸口の前に放置されているのを見ることもできたでしょう。それから柩《ひつぎ》を取り寄せました。それが無い場合には板の上に遺体を置きました。また一つの柩に遺体を二体も三体も一緒に入れることもありました。実際、一度に妻と夫、二、三人の兄弟、親子などを一つの柩に納めることもありました。またさらにこうしたことがそれこそ何度もありました」（『デカメロン』、平川祐弘訳より)。またシエナのある生存者はこう書いている。「父は子を、妻は夫を、兄弟は兄弟を見捨てた。なぜならば、この病気は息を通して、あるいは患者に会うことによって感染すると考えられたから……。巨大な穴が掘られ、そこに遺体がうずたかく積まれた……。わたしアノロ・ディ・トゥラは、わが手で五人の子を葬った。他の多くの人びとも同じことをした」。

プラートの商人、フランチェスコ・ダティーニは一三四八年の最初の流行で、父と母と二人兄弟の一人を、また一三九九年の(ラポ・マッツェイの三人の子の命を奪った)大流行では友人や仕事仲間を一人、また一人と失った——ボローニャの銀行の共同出資者、プラートの共同経営者、お抱えの公証人、ピサの共同経営者、経営する会社のジェノヴァ支店の責任者らが相次いで病に倒れたのである。ペトラルカはパルマからアヴィニョンの「ソクラテス」と呼ばれる人物にこう書き送っている。

どのように書き始めればいいだろう。どこへ目をやればいいだろう。あらゆるところに苦しみが、いたるところに恐怖が……。あの尋常ならざる災厄、恐ろしい一三四八年を、わたしは嘆き悲しんでいる。あの年はわたしたちから友人を、いやそればかりでなく、全世界から人びとを奪い取ったが、それでも足りないと言わんばかりに、続くこの年は生き残った人びとを刈り取り、その恐ろしい大鎌で、あの嵐を生き延びた者を誰かれかまわず切り倒している……。後世の人びとよ、この厄災をどうにか生き延びたわたしたちの言葉を、あなた方は信じられるだろうか。わたしたちも、もし自身の両の目という証人がなかった、これは悪夢だと思いたい……。心やさしいあの友たちは、最愛のあの方たちは、今どこにいるのか。やさしい言葉、明るく穏やかな語らいは、どこで耳にすることができるのか。

その後数世紀というもの、黒死病は人間を襲う最大級の厄災の事例、不幸の象徴として歴史に残り、医学的には第一級の謎であり続けた。最初の伝染があれほど早く、広範に広がったのはなぜか。流行はなぜ、不定期に繰り返すのか（「疫病はおさまったかに見えると、ぶりかえし、つかの間の安心をむさぼっていた人たちを襲う」とペトラルカは嘆いた）。現代の研究は、いまだに黒死病の多くの謎を解くには至っていないが、その全体像をめぐる二つの重要な発見をしてきた。一つは、黒死病による人口変動への影響に関するもので、従来の見方が若干見直された。黒死病の流行がまさに始まった時期に、多くの地域で人口は十二～十三世紀来の増加傾向が止まり、減少に転じていたのである。過密居住と負の経済要因による人口減少に、黒死病は容赦なく追い打ちをかけたのだった。

明らかになった第二の点は、黒死病がこの世の終わりをもたらしたわけではなかったことだ。人口動向や経済状態に関係なく、結婚と子育てのメカニズムはすぐにこの厄災に適応した。たしかに、家族という制度に回復力があるからといって、悲劇の痛みが和らぐわけではなかったが、この回復力は、長期的に見ればすばらしい功績を挙げた。

黒死病は最初の流行以降、しばしば、時に地域限定的に流行を繰り返したが、その間の人びとの立ち直りの過程が、デイヴィッド・ハーリイーによるフィレンツェ近郊インプルネータ共同体の研究や、多くのイギリス人学者によるミッドランド地方の農村の研究から明らかになってきた。ハーリイーは黒死病以前と以後のインプルネータを比較し、黒死病流行時に人口はすでに減少傾向にあったとの仮説を裏づけた。トスカーナ地方（インプルネータはその一部）はヨーロッパでも最先端の耕作技術を誇っていた。全面積の五分の一は教会領で、三圃《さんぽ》式《しき》耕作が広く行われていた。納税台帳から、小麦の収益率は約一六パーセントであったことがわかる。これは中世を通して、またそれ以後も長い間、きわめて妥当な割合であった。しかし、インプルネータの多くの農民は、黒死病以前から小麦や油やワインなど（時には数年先の）収穫物を前売りする必要に迫られたことを、公証人記録は示している。記された値段からは、買い手がかなりの高利をむさぼっていたこともうかがえる。

インプルネータの労働人口の分析から、三つの階級があったことがわかる。小作農は教会や不在地主（その多くはフィレンツェ在住）が所有する土地を耕した。人口のほぼ大半は小規模な自営農だった。納税リストの下の五分の一を占めたのは「メザドリ」と呼ばれた分益小作人《シェアクロッパー》であった。奇妙なことに、メザドリのほうが自営農よりも暮らし向きが楽であり、この状況が十四世紀イタリア北部での人口減少に密接につながっていた。メザドリは畑をはじめ、種子、農具、家畜をすべて地主から借り受け、地代も利息も払わなかったし、納税者リストのほんの片隅に名前が載るだけであった。豊作になれば、メザドリは得をした。かれらが地主をうまくごまかして、ますます得をしているとの噂は絶えなかった。「メザドリが損をしたとの計算書は見たことがない」と、あるフィレンツェ人が指摘している。「収穫が多ければ、メザドリは（平等に二分するのではなく）三分の二以上を自分たちのものにした」。一方、自営農は高い地代と高金利に苦しんだ。収税官の記録によれば、一三二九年には課税評価の引き下げといった支援を受けないかぎり「物乞いをして歩かなければならない」状態に陥っていた。その一〇年後に収税官は、フィレンツェ市議会が査定額として決めていた二〇万リラを、インプルネータの農家に割り振ることは不可能だと報告している。貧しい農家は「家財や所持品をフィレンツェ市民に、時には聖職者にさえ売り払っても、まださまざまな高金利の債務に苦しんでいる」からだった。インプルネータの状況が例外的ではなかったことは、フィレンツェに近いパッシニャーノ地区の研究から明らかになっている。

翌一三四〇年、インプルネータは飢饉と疫病の小規模な流行に見舞われた。人口は、実際に減少しないまでも、少なくとも拡大が止まった。丘陵地のごく狭い畑地で、十分な資金もなく、高い地代に加えて利息や税金の支払いに追われながら小麦を育てていた自営農の多くは、すでに畑地を手放していた。そこへ一三四八年、黒死病が襲いかかった。その影響は、一三四〇年の飢饉と疫病をやや上回る程度だったとはいえ、二度にわたる厄災に加えて経済的理由による人口流出が重なって、インプルネータの世帯数は、一三三〇年の一二三戸から一三五六年には一〇一戸にまで減少した。その後も、黒死病が数回にわたって流行したうえ地域のさまざまな災難が続き、地代、利息、税の止むことない重圧を受けて、共同体の人口は減り続けた。一四〇一年には七四世帯しかインプルネータに残っていなかったが、この時点で状況は安定したようである。一四二七年の納税台帳には七四世帯、四三二人が登録されている。またこの台帳には、放棄され荒れ果てた農地が多く、借地人を見つけることができないとも記載されている。耕作システムに大きな変化が起きていた。自営農が激減し、都市に住む富裕者の土地を分益耕作するメザドリが増えていた。実際、今やメザドリたちは農業の柱であった。同時に、耕作物のより合理的な選択が行われ、小麦よりもワイン作りやオリーヴ栽培が盛んになった。

そういうわけで、経済的困難と人口の変動に続いてこの地域を襲った黒死病は、最終的にはインプルネータの（おそらくは北イタリア全体の）経済にプラスの影響を与えたのだった。

イングランドでも、最近の研究が描き出す復興の全体像からは、黒死病が功罪相半ばする結果を生んだことが見えてくる。ミッドランド地方のヘールズオウェン荘園は、市《いち》の立つ町と一二ヵ村、および領主直営地から成っていたが、インプルネータと同様に黒死病に先立つ数年間に飢饉が起きていた。一三一七年の飢饉では小作農二三人が亡くなった。黒死病が初めてその姿を現したのは一三四九年の五月で、その月のうちに男性二一人が亡くなったことが、荘園台帳の相続税納入記録からわかる。およそ同じ数の女性と、おそらくそれよりも多くの子どもたちが亡くなったと推定される。六月になると死亡者数は男性二五人に増えたが、七月には二二人、八月は三人にまで減った。最終的には、裁判所に登録されていた男性小作人二〇三人のうち、少なくとも八八人が死亡した。

飢饉は最も貧しい家族に最も大きな痛手を与えたが、疫病は富者も貧者も、小屋住み農も豊かな土地持ち農も、等しく苦しめた。また、今一つの差異といえば、間接的な証拠が示すように、おとなよりも子どもの死亡率が高かったことだろう。疫病の流行では、すべての家族が、ほぼ例外なく、少なくとも一人を失った。家族全員が死に絶えてしまうこともあった。ある記録には、村人トマス・ハイドリー夫婦が死亡し、地所はトマスの弟ジョンに与えられた、とある——つまり、死亡記録はないが、この家の子どもたちもおそらく亡くなったのだろう。フィリップ・アテ・ロウと息子二人と娘一人の死亡は、一家の小作地が新しい借地人に与えられた旨の届け出と併せて記録された。一〇代後半のトマス・リチャードは父親を失ったため、一家の小作地ともども、隣人フィリップ・トンプキンズの後見を受けることになった。フィリップは自分のまだ幼い娘ジュリアナとトマスを結婚させるが、間もなくトマスは疫病に倒れ、一歳になる息子トマス二世が残された。やがてトマスの義父（フィリップ）も義兄弟（ジュリアナの兄）も亡くなり、義父の小作地の管理と生き残った幼い息子の後見は、ジュリアナの姉の夫に任されることになる。おそらくこの人は、ジュリアナとトマス二世の後見人にもなったと考えられる。

　しかし、一三四九年の悲惨な夏が過ぎると、ヘールズオウェンの暮らしは気味の悪いほどあっさりと平常を取り戻したようだ。社会的混乱は起きなかった。研究者ズヴィ・ラジは当時のこの荘園について次のように述べている。「一三四九年八月〜一三五〇年十月の訴訟記録によれば、村人は作物を刈り入れ、家畜を放牧し、結婚し、（未婚であれ既婚であれ）子どもを生み、規則を無視してエールを作り、領主や隣人の地所に不法侵入し、口論し、傷つけ合い、金を貸し借りし、互いの証人になり、陪審員をはじめ村の役人を選出していた」。

　ラジの研究の最も注目すべき成果は、回復のメカニズムを明らかにしたことであろう。一三四九年中に、借地人の死亡によって空いた小作地のうち五分の四は、その翌年のうちに新しい借地人に引き継がれた——一八例を除き、すべて亡くなった借地人の息子、娘、妻、兄弟や他の親類、あるいは子どもの後見人が引き継いだ。インプルネータよりもはるかに多くの犠牲者を出したヘールズオウェンは、まるで何事もなかったかのように平常を取り戻したのだった。借地人がいなくなった小作地はすぐに引き継がれただけでなく、実際にそこで農作業が行われた。労働人口の五分の二を失ったヘールズオウェンが、多くの小作地の継承を法的な意味で完遂しただけでなく、農業生産も維持できたのはなぜだろうか。主な理由として、社会的、経済的な二つの反応が起きていたことが知られている。まず、生き残った村人たちが、しばしば話し合いによって方々に散らばっている地所をまとめ、グループ化したことだ。第二に、かつての開放牧地に生垣が植えられ、囲い込み地での家畜の飼育が可能になったことだ。牧者の仕事はたいそう楽になった。ラジはさらに次のような仮説も立てた——もし、疫病を生き残った人の大部分が、とくに最も忙しい収穫時のきつい農作業をこなせる若い成人であったとしたら、扶養家族が少なかったことを踏まえれば、十分にやっていくことができただろう、と。これは「中世版パーキンソンの法則」と呼べるかもしれない。つまり、必要最小限の労働力が確保されるかぎり、農作業に投入される家族の人数は仕事の量とは無関係であった。

イングランドの他の地域の調査からは、ヘールズオウェンとはいささか異なる復興パターンが見えてくる。キブワース・ハーコート村は一三四八〜四九年にかけて疫病の第一波に襲われ、四四人の男性借地人が死亡した。故人の小作地の大部分は、（娘たちを介するまでもなく）息子や兄弟、あるいは甥が受け継ぎ、四九年の年末の時点で借地人のいない小作地はわずかに全体の五分の一しか残っていなかった。だが、疫病は一三五四年、六一年、七六年と何度も流行を繰り返し、多くが犠牲となったため、男性相続人を見つけるのが困難になった。男性継承者が途絶えた家が増え、地所は義理の息子や養子縁組をした家督相続人の手に渡った。黒死病の流行前とあとで平均的小作地の面積は一二エーカー（約五ヘクタール）から二四エーカー（約一〇ヘクタール）に倍増した。意外なことだが、新しい借地人たちは広い小作地を分割して複数の息子たちに継がせるよりも、そのまま長男ただ一人に継がせた。これは、従来は不可譲の慣習保有地が、今や売買の対象になっていたこと、また賃金の上昇に伴い、稼いだ金を元手に（父親が息子たちのために、あるいは二男三男が自分で）土地を買うことができるようになったからであろう。

黒死病の厄災からの復興は、どこもこれらの地域のように順調に進み、社会不安は起きなかったのだろうか。いや、とパリの年代記作者ジャン・デ・ヴネットは言っている。「世界はよくなるどころか、悪くなった……。人びとは以前よりも多くを所有するようになったが、より強欲で意地汚くなった。なんでもむやみに欲しがるようになり、訴訟や怒鳴り合いや口論や抗議が、以前よりも増えた」。こうした見方を支持する事例が、イギリスの村でも見つかっている。J・A・ラフティスによればウォーボーイズ村では、黒死病の第一波で三一家族が死に絶えた。生きながらえても、次の世代で途絶えた家族も多かった。保有地は一時的に借地人のいない状態になったが、間もなく新しい家族名が――実際、その数は消えた家族名よりも多かった――訴訟記録に現れ始めた。さらにラフティスは、一三六〇年代に暴行が増え、領主が遣わした役人に対する「不服従」や「反抗」が目立つようになったと指摘している。一方、ホーリーウェル・クム・ニーディンウォース村では黒死病の流行以後に目立った騒動は起きていないが、訴訟が増えたという。地権を守り、主張するために裁判に訴えようとの新しい動きが、あらゆる階層に広がったのだった。またラフティスは別の研究でハンティンドンシャーのアップウッド村を取り上げ、領主直営地での労働放棄や、領主をはじめ他人の土地への不法侵入、喧嘩や暴行が増え、一三六〇年以降の数十年間は「村全体が不穏な空気に覆われた」と報告している。

黒死病の第一回流行のあと、イギリスの村で長年維持されてきた一つの制度が姿を消した――村人同士が互いに証人となり、身元を保証する制度である。ズヴィ・ラジによれば、黒死病の流行後間もないヘールズオウェン村にはこの慣行がまだ残っていた。しかし、やがてどの村でも見られなくなっていく。これについて「他人を保証するかどうかは、まったく個人の自由選択に任されていたから、この時点で村人たちはこうした形での相互扶助はしないことにしたと考えられる」と、ラフティスは指摘している。身元保証に代わったのは、おびただしい数の条例である。村役人の鋭い目の下、条例は厳しく施行され、不法侵入などの違反行為には重い罰が科された。

社会的混乱は、黒死病の流行それ自体が引き起こしたとはいえないにしても、その後遺症が要因になったことは確かだろう。R・H・ヒルトンは、一三八一年に起きた農民の反乱「ワット・タイラーの乱」について、その背景には、百年戦争の戦費調達を目的とした人頭税の課税に加えて、人口減少がもたらした社会的緊張があったと指摘している。土地と労働をめぐる新たな状況を見て、農民は期待をふくらませた。一方、領主の側は、賃金を低く抑え、地代を引き上げ、労働奉仕を強化しようと――つまり黒死病の負の影響はなかったものにしようと――決めていた。両者の衝突は必至であった。ヒルトンが指摘したように、反乱集団は農民階級の最下層というわけではなく、むしろ「地方で領主権をふるい、都市で権威を確立していた階級の下のすべての人びと」であった。反乱を指導した多くは裕福な農民だったのだ。たとえばサフォークのトマス・サンプソンは二〇〇エーカー（約八〇ヘクタール）の地所を所有し、羊三〇〇頭、牛一〇〇頭を飼っていた。反乱の中心地はイングランドで最も発展し、自由土地保有が一般的で、市場経済が広がり、盛んな土地取引が行われていたイースト・アングリアやロンドン近郊地域であった。

反乱は鎮圧され、指導者たちは処刑されたが、黒死病が起こした経済の潮流を止めることはできなかった。労働人口が減り、土地がふんだんにある状況の中で、土地を持たない農民は高賃金を要求できるようになった。それぱかりでなく、賃金形態に二つの変化が現れた――賃金は従来の一年ごとの固定給に代わり、日給で、それもすべて現金で支払われるようになった（それまでは現金と穀物と食事の提供による支払いが一般的だった）。働く人びとは有利な仕事を求めて移動できるようになり、農奴の身分から永久に解放された。土地を持たない小作農がわずかでも金を手にすれば、その金で畑を借りて作物を植えるだろう。ヘールズオウェン修道院は、それまで労働者を雇って耕作していたが、一三五〇年代初めに領地の一部の賃貸を始めている。他の領主たちの間でも、直営地の部分的な賃貸が広がった。

黒死病が流行する前のヘールズオウェンでは、年間借地料や労働奉仕の負担は軽く（負担を増やそうとの試みに、人びとが抵抗したからでもある）、一ヴァーゲート（約九・七ヘクタール）につき年間六シリング七ペンスの地代と最大限一八日間の労働奉仕であった。他の地域では負担はこれよりはるかに大きく、地代一三シリング、労働奉仕五〇日間、あるいは一〇〇日間という地域もあった。だが、地価が下がり、労賃が急騰すると、小作地に課された労働奉仕の義務は急速に縮小していった。一方、頭の働く領主や修道院長たちは、畑をほったらかしにするよりも、わずかであれ地代や奉仕を受け取るほうが好ましいと気づき、やがて労働奉仕の現金払いへの切り替えや、時には貸地の完全な売却さえ、得策だと考え始めた。

イングランドの新しい労働環境は、農業にもう一つの——インプルネータで起きたような——変化をもたらした。労働集約型の穀物栽培から羊や牛の放牧、皮革、肉、バター、チーズの製造、豆類栽培など、換金農耕への移行が進んだのである。その結果は、よりしなやかで回復力のある農業経済であり、これは明らかに小作人の家族にとってプラスとなった。

黒死病はおよそ一〇年間隔で各地を襲った。人びとがこれにどう対応したかは、結婚や出産の記録が明白に語っている。ジャン・デ・ヴェネットはいかにも年代記作者独特の誇張を交えてこう語っている。「［一三四八年の］大流行が終息したあと……生き残った男たち、女たちは結婚した。女性の間に不妊の兆候は見られず、それどころか出生数は普通よりも多い。どこに目をやっても妊娠した女性がいる。双子も多く生まれ、一度に三人生まれることさえある」。結婚年齢は低下した——貴族は確実に跡継ぎをもうけようとしたし、平民は経済状況が好転したからである。十三世紀末のプラートでは、男性は四〇歳近く、女性は二四歳あたりで結婚していた。一三七一年になると、結婚する男性の平均年齢は二四歳、女性は一六歳と低下している。十五世紀になって人口が安定すると、結婚年齢は上がり始めたが、以前のレベルに近づくことはなかった。

フィレンツェの商人ジョヴァンニ・モレッリの回想録によれば、黒死病が初めて流行した直前の一三四七年にジョヴァンニの祖父が他界したとき、息子四人（長男は三八〜三九歳だった）は誰も結婚していなかった。二年後に一番年上の息子が結婚した。「長男だったからだ」。ところが、黒死病が再び流行し、長男と二人の弟が命を奪われる。生き残ったのがジョヴァンニの父となる末弟パゴロである。パゴロは家系を絶やさぬために結婚する義務を負い、一三六四年に妻を迎えた。デイヴィッド・ハーリイーは、黒死病が流行するたびに、フィレンツェでは同様の「結婚ラッシュが起きた」と指摘している。

また、結婚の低年齢化により出生率が上昇した。また、高い乳幼児死亡率は、人びとを禁欲や避妊から遠ざけた理由の一つになったかもしれない。モレッリによれば、一三四七年にフィレンツェの女性は平均四〜六人の子どもを生んだ。一三六五〜八九年の間に、マテオ・ディ・ニコロ・コルシーニの妻は二〇人を生んだ（成長したのはそのうち五人だけだった）。黒死病が流行すると、その年は洗礼を受ける子どもの数が一二パーセント減り、その翌年はさらに減っている。これは、結婚生活の中断や都市からの逃避を反映していると考えられる。疫病の流行から二年たつと、受洗者の数は例年並みかやや高いレベルに戻った。

加えてデイヴィッド・ハーリイーは、フィレンツェの記録の分析から一つの謎を見つけている――黒死病は繰り返し流行したが、毎回、流行が始まる直前の年に、出生率がピークに達しているのだ。この現象は、一四五七年、一四七九年、一四九五〜九九年、一五二七年の流行に先立つ年に見られた。実際のところ、人口増加が刺激剤となって疫病の媒介物に作用し、生と死を分ける運命の波を起こしたようである。フィレンツェで見られた現象がほかでも繰り返し起きたかどうかは、立証されていない。ヨーロッパの隅から隅まで広がった黒死病は、しばしば他の要素と相まって、家族に、その規模や形態に、経済的基盤や社会的状況に、そして家族内や家族間の関係に、さまざまな強い影響を与えた。こうした過程の一部はすでに明らかにされているが、今後の研究を待つ部分も多い。

第一二章　中世後期の農民の家族　一三五〇～一五〇〇年

十五世紀の変わりゆく農村の姿——村の家屋や家の内部やそこに住む人びとの日常の暮らし——に光を当てる二種類の史料がある。一つは、当時数多く書かれた家財目録で、多くはどの部屋にどんな家具が置いてあるかまで詳しく記している。第二は、国を超えて広がった新しいスタイルの写本装飾である。主に聖務日課書（祈りの本）や詩篇書の写本に、書写事業の後援者である貴族の城や、城の周りに広がる畑や農家や納屋、季節ごとの仕事に励む農民の姿など、村の風景が生き生きと描き込まれた。こうした二種類の史料から浮かび上がるのは、何よりもまず物質的豊かさの増大である。

今や村は以前よりも大きくなったようだ。あちらこちらにたくさんの農舎が見えるし、大きな家も増えた。荒うち漆喰《しっくい》に代わり、磨きをかけた角材でできた頑丈な骨組みと漆喰で固めた丈夫な壁も登場した。出入り口の柱や横桁には化粧材が使われた。母屋も納屋も小屋も、基礎には石材を使うことが多かった。独立した二部屋がある家も増えた。梯子で上階の寝室に上がる二階建ての家も登場した。こうした立派な家には、昔ながらの部屋の中央の炉に代わって、城から取り入れた暖炉があった。暖炉は部屋の出入り口の反対側の壁に作りつけ、屋根に開けた穴ではなく、煉瓦の煙突を通して煙を逃がした。粘板岩《スレート》の板やタイルで葺いた屋根が増え、（イングランドでは）屋根葺きの専門職に由来する家名——スレーターやタイラー——が生まれた。とはいえ、依然として最も多かったのは藁《わらぶ》葺き屋根であった。藁はどこにでも豊富にあるし、軽いから頑丈な支柱は必要でなく、しかも扱いやすい。それでも屋根を葺くのは専門技術を要したから、「屋根葺き」を意味するサッチャーという家名が生まれた。雨水が流れやすいように、藁葺き屋根には急勾配をつけたから、家屋は独特の外観を呈するようになった。藁はまた葦や藺草《いぐさ》と混ぜて床に敷いたり、人間や家畜の寝床の材料にしたりと、用途は広かった。

一四六〇年代に描かれた装飾写本（『ルネ・ダンジューの愛の書』）に、一人の騎士が扉の横桁の下で身をかがめ、一段高い敷居をまたいで、質素だが頑丈な作りの家に入っていく様子が描かれている。壁にはわずかだがひびが入っているので、きっと漆喰壁に違いない。家の中では女性が一人、暖炉の前に座っている。暖炉の煙突が藁葺き屋根を突き破って伸びている。壁の三ヵ所に窓がついている。一つは大きく、二つは小さい窓だが、どれにもガラスははまっていない。

挿絵によく描かれたのは、この時代の新スタイルの農家だ。家の外には家畜小屋（牛や羊や豚を入れた）や、羊の囲い地や鳩小屋、それに穀物や亜麻、干し草や麦芽や豆類を乾燥させる窯《かま》がある。農民の所有物といえば、くびきと引き具をつけて一組にして働かせる牡牛、荷車、斧、犂《すき》、大鎌、殻竿《からざお》など数点の道具であった。家の中にはスツールやベンチをはじめ、椅子や飾り戸棚などの家具や、藁布団に代わってマットレス付きのベッドが、またクッションやベッド周りのカーテンや壁飾り（「色染めした布」）まで置かれるようになった。食事用には、分解して片づけることができる架台式テーブルが、まだ使われていた。イングランドでは、ある宴会で客が怒って（あるいはただ興奮して）、こぶしで食卓をどんとたたいたら、跳ね上がったテーブルトップが頭に当たり、怪我をした事故が報告されている。

　十五世紀の装飾写本『ベリー侯の豪華時禱書』の挿絵の中に、暖炉のそばで暖をとる農民たちを描く一点がある——部屋は高さがあり、上方に屋根の垂木《たるき》が見える。奥に青い覆いのかかった大きなベッドが置かれ、壁に取り付けた横木には衣類が干してある。別の装飾写本（『カトリーヌ・ド・クレーヴの時禱書』）には、聖家族が十五世紀の若い夫婦の世帯として描かれている——機《はた》を織るマリア、材木にカンナをかける大工ヨセフ、そして歩行器に入って遊ぶ幼いイエスの三人だ。家の壁は石造り（イングランドでは稀であったが、フランスや北海沿岸の低地帯やイタリアで一般的になりつつあった）、窓枠や天井は木でできている。石造りの暖炉には鍋などを吊るす自在鉤《じざいかぎ》がかかっている。同じ書の別の挿絵には、イエスに乳をふくませるマリアと、樽椅子に座ってくつろぐヨセフが描かれている。周囲に焼き網や刈り鋏、ふいご、物入れの棚なども見える。

マリアは機を織り、ヨセフはカンナをかけ、イエスは歩行器に入って遊ぶ　『カトリーヌ・ド・クレーヴの時禱書』（モーガン図書館、MS 917、p. 149）

　人びとの暮らしが豊かになっていった

マリアはイエスに乳をふくませ、傍らのヨセフは樽で作った椅子に座っている『カトリーヌ・ド・クレーヴの時禱書』（モーガン図書館、MS 917、p. 151）

ことは、文書史料からも確認できる。ヨークの町のある家畜育種家が一四五一年に作った家財リストによると、その貯蔵室には布地、塩、銀のスプーンなどが、寝室にはベッド、毛布、シーツ類、長《なが》櫃《びつ》、金庫および衣類が、台所には白目《ピューター》の皿類や五徳などの道具が、また某所に宝石類と銀器が保管されていた。

　イギリス人歴史家R・H・ヒルトンは中世後期の各地の暮らしをめぐる多くの研究を概観し、次のようにまとめた――村には召し使いのいる世帯はほんのわずかしかなく、ほとんどの村では住民の大部分が自由労働者であった。イースト・アングリアの村々では、男性住民の五〇～七〇パーセントが召し使いか労働者だった。コッツウォルド地方の八〇ヵ村では、召し使いのいる家は八世帯につき一世帯しかなかった。土地持ち農民一七世帯につき土地を持たない労働者が七人いた。他の地域の調査からも、これと大差ない結果が出ている。意外なことに、労働者の相当数が独り身の女性であった。さらに意外なことには、（男女を問わず）土地を持たない労働者の大部分は、雇い主である土地持ち農民と同じく、動産に対して二〇分の一という最高税率で課税されるほど豊かになっていた。黒死病の流行以降、労働者の地位が変化したことが、ここにも示されたわけである。レスターシャーでは、女性が干し草作りや雑草取り、刈り入れや穀物の運搬などを手伝い、また牛に犂を引かせたり、道路補修のために石を切ったりという仕事も担った。一四二〇年、オンバースリー村で「クリスティナが鋤で耕している間に」強盗事件が起きたことが、裁判所の記録に載っている。中世の賃金に詳しいイギリス経済史家ソロールド・ロジャーズによれば、十五世紀、収穫労働をした女性は男性の一般的な賃金と同額の賃金を受け取っていた。十四世紀末、グロスター地方ミンチンハンプトン村で穀物を収穫し束ねる仕事をした女性には男性並みの賃金が支払われたことが知られており、近くのアヴェニング村の女性の屋根葺《やねふ》き職人にも同じことがいえる。ただし、領主の館で働く女性は、男性よりも安い賃金で雇われた。

賃金払いの仕事に就く機会が増え、底辺の小作農家さえも耕作地を増やすことができるようになった。その際よく利用されたのは、数軒が連携し、領主直営地の一部を共同で賃借りする方法である。しかし、地位向上への道を快走したのは、なんといってもすでに暮らし向きの豊かな人たちだった。J・A・ラフティスはアップウッド村で起きた変化について「最も資産を増やしたのは、すでに裕福な小作人だった」と指摘している。かれらはすでに大きくなっていた資力と収益力に物を言わせ、加えて荘園の役職を独占することでますます豊かになっていった。アップウッド村をはじめ、どの村でも主だった人たちは「役得にあずかろうと喜んで役人になった」。この場合、役得とは地代や領主のための奉仕の免除であったり、領主直営地を購入したり賃借りしたりする機会であった。

チョーサーの作品に登場する「富をなし、財宝を貯めこんだ」代官にそっくりなのがウスター司教の荘園の代官ウォルター・シェイルだ。この代官は、本来は領主直営地に属する農地《ヴァーゲート》を勝手に耕作していた。

一四〇〇年以降は地代と奉仕の交換が広く行われ、村役人には賃金が支払われるようになった。エドウィン・デ・ヴィントによる一二五二～一四五七年のホーリーウェル村の研究によれば、村役人の選任にあたっては年齢だけでなく経済状態も考慮された。どの家も誰も役職に適任と認められない時期があるなど、家運の浮き沈みを経験したようである。一定期間にわたって「役人を輩出する卓越した力」を発揮できる家もあったが、そんな田舎貴族も、高貴な大貴族と同じく男子継承者がいないために家系が途絶えるリスクを抱えていた。一三〇〇年代初め、カクサム村でただ一人の自由農民で最も裕福だったジョン・エイト・グリーンは黒死病の嵐が過ぎ去ったあと、家系の絶えた二家族の地所（半ヴァーゲートの農地と建物などを含む農場）を引き継いで小作地を広げた。十四世紀の後半、その子孫ジョン・グリーンはヘンリーの町に移り住み、息子を残さずに世を去った。一四一五年、娘のジョアンがカクサムの地所を売却すると、グリーン家と村の関係は絶たれ、グリーン家の家族史も途絶えてしまう。

家系が途絶えず、上の階級に這い上がるまで続いた小作人の家もある。ミッドランド地方のウィグストン村で、一二〇〇年頃初めて「書記ラヌルフ」として記録に載った自由農民は、二ヴァーゲート（約一九・四ヘクタール）の地所を与えられ、それをジョンとヘリアスという二人の息子に分割相続させた。のちにジョンが兄弟ヘリアスの地所を買い上げたが、その子孫は二世紀以上にわたって一家の地所を保持し続け、やがて黒死病の犠牲者の土地を引き継ぐなどしてさらに二ヴァーゲートの畑と農場を増やしていった。一四三〇年代に当主だったジョン・ランドールが世を去ると、その息子リチャードはレスターの町に移って食料品店を開き――今や立派な小事業主であった――ウィグストン村の地所を人に貸したが、この代で男性継承者が途絶えた。リチャードは娘エリザベスにかなりの持参金を用意し、エリザベスは有利な結婚をしたようである。その息子トマス・ケントはウィグストン村の地所を毛織物商人に売却し、この商人はここを病院に提供した。最晩年のリチャードは、「紳士《ジエントルマン》、リチャード・ランドルフ」として従兄弟の遺言書にその名を残している。

十五世紀を通して、裕福な小作人は役職に就いたり、現金で罰金を支払い労働奉仕を免除してもらったりしながら、不自由な農奴の身分から抜け出ていった。こうして成功した小作人の新しい地位を表す「独立自営農民《ヨーマン》」という単語が、この時代に英語の世界に登場した。独立自営農民は、国家に納める税金に加えて領主に対するいくばくかの義務をまだ負っていたが、それでも余裕はあり、結婚披露や洗礼祝いや葬儀に金をかけることができた。収穫物や家畜を売るほかにも収入源はあった――犂や荷車や役牛などの農具を賃貸し、自分や息子が雇われ仕事をすれば金になった。妻や家族の誰かがエールを作って売り、あるいは自宅に渡りの鋳《い》掛屋《かけや》や大工や巡礼者を宿泊させることもできた。旅人がいつでも利用できる宿屋は大都市にしかなかったのだ。

同様に、それほど裕福でない農家の暮らしも向上していった。地所を広げるほかにも、住環境を改善し、家畜や家財を増やし、息子や娘のために有利な縁談をまとめることができるようになった。上流階級と同じく、この階層でも女相続人は引く手あまただったといえる。直系相続人がいないために傍系による相続が発生したことは、この階級も貴族階級と変わらない。黒死病の最初の流行のあと、長い間、荘園裁判所記録には次のような事例が次々と記載された――ヘールズオウェン村のフィリップ・ヒプキスの寡婦アグネスは一三八五年、農場と小作地を残して死亡した。相続税（牡牛二頭、一六シリング相当）が支払われたのち、「ジョン・レ・ワードなる最近親者……アグネスの実の姉妹の息子……が跡継ぎであると申し立てた」。

結婚に関して若い農民たちは、貴族の若殿とは違って親任せにはしなかった。自分たちで積極的に相手を探したのだ。青年たちが独特の一定のやり方を組織し、出会いの場を作った村もある。クロスコーム村（サマセット地方）の若い男は「青年《ヤングリング》ギルド」の、若い女は「少女《メイドウン》ギルド」のメンバーになった。決められた日になると、女たちは村の道路をさえぎり、男たちから通行料を徴収する。次の日は、男が道路をふさぎ、女が通行料を払う番だ。集めた金は教区の教会に献金された。五月祭《メーデー》には祭りの王と女王が選ばれ、若者たちはダンスやゲームを楽しんだ。

説教師たちはモラルを重視し、純潔を尊重したが、一般信徒の関心は低かった。婚前妊娠は一般的には結婚の前触れであり、前提条件になることさえあった。男性は、畑で労働力となる子どもを確実に生んでくれる女性を妻にしたかったからだ。セックスと愛と物質的利害が、おなじみのパターンで複雑に絡み合っていた。一三七六年、ジョアン・シュースターは自分とトマス・バールボは十字架称賛の祝日の直後の日曜日にスタウアブリッジの市《いち》で結婚したと主張した。一方、トマスは、自分はたしかにジョアンに真実を尽くすと約束したが、それは愛人としてで、妻にするつもりはなかったと主張した。そこで裁判所はソロモン王（知恵者と称えられた古代イスラエル王）のような裁定を下した。トマスに命じてジョアンに対し「われ、もしこののち、汝と肉体の交わりを持てば汝を妻として迎えん」と約束させたのだ。ジョアンは即座に同意して言った。「もし、こののち、汝がわれと肉体の交わりを持てば、われ汝を夫として迎えん」。二五ヵ月後に裁判所は、二人は夫婦であるとの判断を下した。

　異性との自由な交際が許されていたとしても、若者はおとなたちの意向を無視するわけにはいかなかった。階層を問わず、男であれ女であれ、地所も家財も持たずに結婚というリスクをおかす者はいなかったのだ。一方、縁結びに熱心なおとなたちは、結婚相手を選ぶには気持ちの問題も大切だと説くのを忘れなかった。十五世紀の教訓詩「息子のための賢者の教え」は、金目当ての結婚はするなと説き、嫁となる女性が「気立てがよく、礼儀正しく、賢いか」どうかを「賢く見定めよ」と勧めている。和《なご》やかに食べる家庭料理は、口論しながら平らげる「豪華な一〇〇皿」に勝るからである。この詩と対をなす詩「娘のためのよき妻の教え」は同様に、娘にこんなふうに説いている——もし、言い寄ってくる人がいれば、「それが何者であれ、さげすんではならない」。夫を選ぶにあたっては友だちに相談し、いったん嫁げば、「正しく優しい言葉」をもって家庭内で平和を保ち、家事をとりしきり、召し使いには秩序正しくきっぱりした態度でのぞむべしと。

　今や標準的な結婚式の前には、まず婚姻公示《バン》（第四ラテラノ公会議で決められた手続き）

が行われるようになった。イングランドでは、司祭はこの公示を、幾日かの週日をおいて三回読み上げるのが普通だった。その後、約束した日に当事者と両家が教会に集まり、持参金と寡婦産を明示する。結婚税はこの日までに（花嫁の家族が）領主に支払うことになっていたが、未払いのことも多かったようだ。結婚するカップルはおそらく、すでに関係をもっていただろう。子どもを宿していることもあった。「婚約《トロスプライト》」から結婚までの間に身ごもった子どもは嫡出子《ちゃくしゅつし》とみなされるのが普通だった。

新郎新婦は教会の扉の前（村で最も多くの人が集まるところ）に立ち、何世紀も変わらぬ誓いの言葉を交わした。「汝アグネスを妻とし、今日のこの日より、幸せなときも困難なときも、富めるときも貧しいときも、病めるときも健《すこ》やかなるときも、死がわれらを分か《ディパート》つまで、共にあり、支え、貞節を守ることを、聖なる教会の祝福の下、われここに誓う」（誓いの中で当時「分かつ」の意味で使われた「ディパート」という語は、のちの世紀に「ドゥ・パート（do part）」という言い方に取って代わられた）。これに続いて結婚指輪の祝福と交換が行われた――「この指輪によって汝を妻とし、わが体をもって汝に誠を誓う」。新郎新婦の希望があれば、その後一同は聖堂内に入り、司祭はミサを執り行った。だが、農民たちは結婚式を簡単に済ませようとする、と愚痴をこぼす司祭はたくさんいたようだ。領主の代理人が、権威の象徴として結婚式に立ち会うこともあった。

結婚式を挙げた農民夫婦が、のちに教会裁判所に訴訟を起こすことなど、めったになかった。だが、婚姻公示もせず、公開の場で式も挙げないままの問題の多い秘密結婚――グラティアヌスもペトルス・ロンバルドゥスもアレクサンデル三世も、こうした形の結婚を仕方なく認めていた——が、いまだに広く行われていた。十四世紀後期、「現在形の誓い」による秘密結婚はフランスよりもイングランドで多く行われていたことが、教区簿を比べると明らかになる。この種の事例はフランスでは教会裁判所が扱い、罰金を科したり、公の結婚を命じたり、破門したりといった厳しい措置をとった。イギリスでは多くは民事手続きとして扱われたが、提訴するのはたいてい女性であった。

そんな訴訟は後を絶たなかった。十四世紀イーリーの町の教会裁判所の記録を調査したマイケル・M・シーハンによれば、結婚をめぐる訴訟の五分の四以上が、秘密結婚がらみであった。イングランドの訴訟記録には、秘密結婚の誓いがトネリコの木の下や寝床の中で、庭や鍛冶屋の仕事場で、台所や酒場、あるいは公道など、実にさまざまな場所で交わされたことが記されている。「わたしたちは結婚しました」と主張するのはたいてい女性で、男性はこれを否定した。秘密結婚という慣行の最大の問題点は、誘惑の口実に悪用されることだと考えられていた。トロイアの王子アエネイスに捨てられたカルタゴの女王ディードーの悲恋物語について語るとき、ダンテもチョーサーも、この物語詩の作者ウェルギリウスとは対照的に女性に同情的である。女性は、誰にも知られない秘密結婚の犠牲者になった、と考えたのだ。しかし、実際には十四世紀の秘密結婚は証人の前で行われることも多かったし、証人が公の場で報告すれば、それは、司祭が行う婚姻公示の代替とみなされ、教会裁判所によって真実と認められた。もし、結婚が実際に行われたとしても、それが以前になされた契約と矛盾した場合、あるいは「聖別されていない世帯（つまり正式な結婚によらない世帯）」の存在が裁判所の調査から明らかになった場合、二人は別れを命じられた。あるいは、二人がすぐにその場での結婚を命じられ、裁判が結婚式で締めくくられることもあった。ペトルス・ロンバルドゥスが唱えた「現在形の合意」の原理を実際に適用する場合、言葉の使い方のごくわずかな違いが問題になった。「われ、汝を妻として迎えよう（I will take you as my wife.）」は、未来の（拘束力を持たない）同意を表すが、「われ、汝を妻にする（I will have you as my wife.）」は現在の（確実な）合意を意味するとされた。今一つの法的難問は「前提条件付き合意」であった。「もしわが父が同意すれば、汝を迎える」など、合意になんらかの条件をつける場合、その条件はいつ提示されるべきなのかは決まっていなかった。ジョン・シャープとジョアン・ブロークは一四四二年、ロチェスター近郊の「近くに壊れた塔がある野原」で、「現在形の合意」と教会裁判所が認めた言葉によって約束を交わした。仲間と一緒に立ち去ろうとするジョンに、ジョアンが「ちょっと待って」と呼びかけ、こう言った。「殿様や友だちがいいって言ったら、わたし、あの契約を受け入れるわ」。するとジョンは「今さら、何言ってるんだ」と言い返した。あの誓いは有効だよ、という意味だ。ところが、裁判所はジョアンを支持し、条件提示が遅すぎたことはなかったと裁定した。

教会法の権威者たちは、前提条件として有効となり得る未来の事態をきめ細かく分類し、特定して教会裁判所に助言した。もし一方の当事者が「父が同意すれば」と言えば、この前提条件は「有効」であり、満たされなければならない。だが、「もし、子どもをもとうとしなければ」と言えば、その前提条件は、「結婚の本質に反する」とみなされ、この条件の下での結婚の約束は無効とされた。また「不可能事」、つまり「もし、指で空を触れたら」のように、明らかにつじつまの合わない条件が提示された場合は、裁判所はこれを無視すべきだとされた。

農民の間では、離婚は珍しいことだった。貴族たちはよく近親婚を口実に離婚を画策したが、農民にそんなことができるはずはなかった。というのも、多くは自分の祖父母が誰かさえ知らなかったのだ。ましてや、いとこの子や孫となれば関係を突き止めようもなく、たとえ互いに知り合いだったとしても、文書記録がなければ親族関係は証明できなかった。それに、教会も一般の人びとも近親婚タブーをきわめて真面目に受け止めたから、都合のいい口実に使うなどとは考えもしなかったろう。ジョン・ラヴには目をつけた土地があった。なかなかいい一区画だったが、手に入れるには登録料三ポンドを払わなければならない。するとアグネス・ベントレーは、ジョンが娘のアリスと結婚するなら、登録料を負担すると申し出た。ジョンは大いに乗り気になったが、残念なことに、すでにアリスの親類の女性と関係を持っていたため、この縁談をあきらめざるを得なかった。別のこんな事例もある――アグネス・スミスに心を奪われたジョン・トールは、アグネスに二四シリングを与え、ほかの男とは付き合わないでくれと頼んだ。ところが、そのジョンが将来の花嫁の親類の女性と過ちをおかしてしまう。そのうえ、あの二四シリングを返せと、アグネスを訴え出る始末だった。アグネスは返さない。結局ジョンは妻を迎えることができず、金も失った。ことによるとジョンは、悪知恵のはたらく女二人の計略に引っかかった哀れな犠牲者だったかもしれない。

稀にではあるが、結婚無効が宣言されるとしたら、たいていその理由は血縁・姻戚関係よりも重婚であった。また、夫婦の一方が、結婚後一定期間を過ぎたのち交接が成就していないと申し立てれば、結婚無効の理由として認められることもあった。ただし、それには妻が――時には夫さえも――検査を受けなければならなかった。妻が処女であることを確認する仕事は、「信頼できる七人の女性」に任された。また、多くの裁判所は「信頼できる七人の男性」に夫の不能を確認する役目を任せた。ただ、ヨークやカンタベリーの裁判所は、夫の検査をより適切に行えるのは「信頼できる七人の女性」であるとみなした。ヨークの法廷のある記録によれば、一人の信頼できる女性が「胸をあらわにし、火にかざして暖めた両手で、件《くだん》のジョンの陰茎と睾丸をさすった。それから件のジョンを抱きしめ、何回も接吻し、力の限りを尽くしてジョンを奮い立たせようと努め、恥を知るなら今ここで男になれと焚きつけた。だが、この女性の述べるところによれば……その間ずっと……陰茎の長さはかろうじて三インチ……それ以上にもそれ以下にもならなかった」。

離婚は稀でも、別居は稀ではなかった。農民も都市の職人たちも、裁判所の裁定によらない非公式の別居をすることがあった。離婚一歩手前の公式別居――「寝食を別にすること」――は教会裁判所による取り決めであった。別居の理由としては、残酷な行為や不倫や性的不能が、あるいは単なる性格の不一致が挙げられた。十四世紀、フランドルでは、家出した妻は、教会裁判所や世俗当局の援助を得て夫側と財産権の交渉をすることができた。

だが、結婚はたいてい長続きしたし、幸せに添い遂げた夫婦も多い。十五世紀に目立って増えた農民の遺言書は、妻や子どもたち、兄弟姉妹や名づけ子たちへの温かい思いやりがにじみ出る内容のものが多い。遺言書は、埋葬の取り決めから始まる。次に教会への寄付が記される――死に際しての小教区への献金（たいていは牝牛か馬を一頭）や祭壇まわりの「灯を絶やさぬため」売却する穀物、ろうそくの蠟、「忘れて未納のままになっている十分の一税」を支払うための現金、遺言者のための年忌ミサの費用など、さまざまな種類の献金があった。次に記されるのは、寡婦の相続分についてである。寡婦はたいてい生涯にわたって、または再婚するまで（時として、長男が成人するまで、とされることもあった）家族が住んでいる家を与えられ、資産の一部を寡婦産として受け取る権利があった。そのほかにも、持参金の返却、独立した家屋や現金、鍋かまや家畜、衣服などを含む家財などについて、寡婦のための条項が記された。バーバラ・ハンアウォルによる検視記録の研究から、農家の寡婦にはさまざまな選択肢――母屋の使用、寡婦小屋の使用、母屋の中の一部屋と「暖炉の傍の場」の使用、あるいは家族の住む家とは別の地所付き家屋など――があったことがわかる。

子どもたちのための条項も多くの父親は遺言書に定めた。子どもの後見人にはたいてい妻が指名され（妻は領主に一定の料金を支払い、後見権を得た）、子どもの相続財産が決められた。一五〇〇年にベッドフォードシャーで死亡したバーソロミュー・アトキンは、長男が聖職者になることを望んでいた――だが、もし聖職に就かないなら、長男は一家の農場を継ぎ、その中から他の子どもたちに、それぞれ規定分の遺産を与えるべし。また「子どもの誰かが死んだ場合、その取り分は『そのとき最も困窮している者』に与えられるべし」。裕福な農民も、ほどほどの暮らし向きの農民も、教育こそ子どもたちが機会を摑むカギだと考えた。教育さえあれば、聖職者になる、領主に仕える、法律の専門家になるなど未来の道が拓けるのだった。愛情を込めた子育ては、母親に任されていた。母親がいない場合、幼い子どもたちは兄姉やおじ、おば、祖父母が面倒を見た。

扶養契約は老齢年金と資産移転の手段という二重の意味があったから、この時代も広く利用された。イースト・アングリア地方の契約書を分析したイレイン・クラークは、隠居後の生活についての取り決めは当時、主に（全体の三分の一〜二分の一が）家族以外の者と交わされるようになったと指摘している。当然、最も一般的だったのは、親と子の間の非公式な、つまり記録に残らない取り決めであったろう。だが、家族以外の者との契約が増えたことは注目に値する。黒死病の犠牲者は若い人たちが多かったことが、背景にあるだろう。資産を受け継ぐ子どもが死に絶えてしまった親も多くいたに違いない。

農民が歳をとり、労働奉仕を果たせなくなれば、荘園裁判所が介入し、領主と当人の双方の利益となるような対策を練った。ノーフォーク地方のヒンドルヴェストン村で一三八二年、一人の「哀れな女」について陪審員が報告した。一八エーカー（約七ヘクタール）の畑を耕すこの寡婦は「体が衰え、頭も弱くなった」という。そこで領主は、女の「最も近い後継者」に小作地を受け継がせ、女が生きているかぎり扶養するように命じた。ノーフォーク地方の別の事例では、身寄りのない寡婦の小作地を領主が二人の村人に割り当てた。これを耕し、種を蒔き、刈り入れをして、老女の「生活上の必要品をすべて満たす」ことがその条件であった。

だが、たいていの場合、老後の保障契約は本人たちが任意に（時には第三者が仲立ちをして）取り決めた。一四〇七年、ワイモンダム（ノーフォーク地方）の住民ジョン・ワイティングは死の床で、自分の農場と地所をサイモン・ウェリングに譲った。その条件は、サイモンがジョンの寡婦に食料と飲料および一年に一六ブッシェル（約五八〇リットル）のモルトを提供すること、また雌鶏六羽、鵞鳥一羽、牝牛一頭を彼女の使用に供し、彼女のために一エーカー（約四〇アール）の畑を耕し、種蒔きをすること、さらに衣服代として三シリングを、靴一足とともに、毎年の復活祭に与えることなどであった。またジョンの寡婦には、亡夫の家に「出入りする自由」と暖炉の傍の場所と寝床とが確保された。

十五世紀の老後保障は、普通は当事者自身が抜け目のない交渉を経て取り決めるもので、新たな豊かさを反映していた。老後に保障されるものとして、負債の返済や数回のミサを含む葬儀関連費用をはじめ、乗馬用の馬一頭、醸造用の大樽、パン焼き窯、布鋏、庭や井戸や台所に立ち入る権利、穀物の貯蔵スペース、収穫した果物の半量などが明記された。とくに念入りに規定されたのは「暖炉の傍で体を暖める権利」であった。一四〇八年、サウス・エルムハム村（サフォーク地方）の小作人ヘンリー・ペックが死亡した際、ヘンリーの寡婦と孫息子は取り決めを結んだ――祖母は家の一階の一部屋と上階の一部屋、および「本人と友人たちが生涯にわたり自由に出入りできる」土地一区画を維持する。またさらに、年間割り当て分の薪《まき》と給付金八シリングを四半期ごとの分割払いで受け取る。孫息子は祖母の部屋をよい状態に保ち、「自分が食べたり飲んだりするものと同等の飲食物」を祖母に提供する。祖母がこれらに満足しない場合は、「その不満のゆえに」さらに年間一二シリングを受け取るものとする。

貧しい小屋住農は、あきらめなければならないことがたくさんあった。ワイモンダム村のある老夫婦は農場と一エーカーの耕作地だけでなく、鍋二個、鉢二個、木製チェスト二台だけを残して寝具、カーペット、食卓用ナプキン類、台所用品、家具類の一切合切を手放すことになった。ヒンドルヴェストン村(同じくノーフォーク地方)の事例では、小屋住農の老夫婦が、新たな住民のために体力のあるかぎり働くことに合意した。見返りは、それまで住んでいた家に寝泊まりし、普通は召し使いにあてがわれる食事や飲み物を提供してもらうことだった。

このように、貧しくてもなんとか扶助契約を結び、老後の暮らしを立てる人たちはいたし、修道院や個人の篤志家は無一文の高齢者の支援に(主に、門前での物乞いを黙認することで)力を注いだ。だが、農民の多くは扶助の見返りになるものを何一つ持たず、結局は検視記録に行き倒れ死や事故死として記されることになった。こうした人たちにとって歳をとることは、十三世紀の説教者ロマンのフンベルトゥスの言葉を借りれば、「極寒の冬よりも辛いこと」であった。

「裂かれた馬衣《うまぎぬ》」という典型的な訓話は、息子に身代を譲って隠居した商人の物語だ。やがて息子は老いた父親を家から追い出そうとする。すると孫が、自分も時が来たら同じことをするよと、父親に向かって言ったという。十五世紀の説教者が会衆に語って聞かせた訓話にこれと似た物語がある。

昔、一人の金持ちの男がいた。いやというほどこの世の経験を積み、年老い、か弱く、非力になった男は、美しい自分の娘を若い男と結婚させた。そればかりでなく、死ぬまで自分を養うという条件で、持ち物、持ち家、地所をすべてこの若い男に与えた。一年目、若い婿は自分の食事と同じ食事を、自分の衣服と同じ衣服を、老人に与えた。二年目、婿は老人をテーブルの末席に座らせ、食事も衣服も、自分よりやや劣る程度のものを与えた。三年目、男は老人を暖炉から離れた床の上に子どもたちと一緒に座らせた。そのうえ、老人のそれまでの居室は妻が出産で使うからと口実をつけて、母屋から一番離れた門の傍の小屋に老人を追いやった。

こんな仕打ちを受けた老人は嘆きのため息をつき、何かいい方法はないかと考えをめぐらせた。やがて老人は母屋へ行って一ブッシェル用の大籠を借りてきた。籠を持って家に入ると、扉を固く閉め、大籠の中に古い代用硬貨を入れ、まるで金貨を数えているような大きな音をたてた。大籠を何に使うのか母屋から様子を見についてきた子どもが、表扉の外でこの音を耳にして、てっきり金貨銀貨を入れていると思い込み、父親のところに行って、このことを告げた。

老人の娘婿はこれを聞くと、義父のもとに行ってこう言った。「おとうさん、もうお年ですから、もし金や銀をお持ちなら、誰か信用のできるいい人に預けるほうがいいですよ、お願いですからそうなさってください」。老人は答えた。「実は、わずかだがね、金庫にしまってあるんだ。そのうちのいくらかは、わたしの魂の救済のために遺贈したい。おまえに任せるから、わたしが死んだらこの金の処理をうまくやってくれないか」。老人は大籠を返すとき、籠の編み目にペニー（銀貨）を一枚残しておいた。

これを見つけた婿の一家は、母屋の部屋を老人に返し、食卓に座らせ、元のような衣服を与えるようになり、老人は以前の暮らしに戻った。やがて老人は亡くなったので一家が金庫を開けてみると、そこにあるのは小さな木槌（耕作中、土塊を砕くために使う道具）

が一丁、ほかには何もない——これは、自分のように愚かなことをする者を打ちのめすための一丁だと、そこには書かれていた。

全世界に知らしめよう、

持ち物をすべて差し出せば、

物乞いに落ちるのは必定だと。

第一三章　イングランドの土地持ち紳士階級の家族

中世最後の一世紀、ヨーロッパの貴族階級は、構成メンバーこそ入れ替わったが、基本的に三つの階層に分かれていた。上の薄い層は地方の大領主たちである。自分の領内で半ば君主として統治した。その下の、それより厚い層は、城代階級の地方領主たちであった。さらにその下に数多《あまた》の騎士や自由土地保有者が、つまり生産性の高い農地を保有し、貴族としての生活様式を維持できた人たちがいた。イングランドでは、これら三階級が国王の重臣である大貴族《バロン》と、その下の騎士や土地持ち紳士階級《ジェントリー》の二つに減った。その間の境界線は、資産に関するかぎり固定的ではなく、大貴族をしのぐほどの富を築き上げた騎士もいた。真の境界線は、下の層が比較的簡単に新しいメンバーを受け入れたことである。成功した農民や商人の一族が土地を手に入れ、幸運な結婚をし、（戦時、平時を問わず）国王や大貴族に仕えるなどして段階的に下級貴族の仲間入りをしていった。黒死病がもたらした経済変動によって、こうした動きが速まったとも考えられる。

　十五世紀初めノーフォーク地方に住んでいた裕福な農民の家が隆盛の道を歩んだ例に、パストン家がある。この一家の出自について、かれらに敵意を抱いていた同時代人が書いた間接的説明によると、直々の先祖はクレメント・パストンという「善良にして素朴な百姓」であった。ノーフォーク地方のパストン村でみずから畑を耕し、穀物袋を「裸馬に積んで」粉挽き場に行き、挽いた粉を持ち帰り、農作物を荷車に積み、市《いち》の立つ町ウィンタートンまで売りにいくなどして生計を立てていた。クレメントはパストン村で「一〇〇ないし一二〇エーカー（約四〇〜五〇ヘクタール）の土地」を耕し、近くの小川のほとりに「小さなみすぼらしい水車場」を持っていた。すでに少なくとも二〇〇年はパストン村に住んでいたこの一家は、かなりの広さの小作地を耕す裕福な自由農民であったようだ。後年、パストン家は土地財産の保有権の正当性を主張するために、父方、母方を問わず一族のどちらの側の祖先にも農奴はいなかった証拠を、国王の諮問会議に提出しなければならなくなったが、なんとか満足な証拠を提出している。

クレメントは、ジェフリー・サマートンという名の、たたき上げの法律家の妹ベアトリスと結婚した。のちにこのジェフリーから金を借りて、クレメントは息子ウィリアム（一三七八年生まれ）を学校へ通わせ、ロンドンの法学院で学ばせた。ウィリアムは有能な法律家になり、一四一五年にノリッジ司教の管財人に任命され、一四二一年には民事訴訟裁判所で仕事をするようになり、一四二九年に判事に任ぜられた。

その間にもウィリアムはパストン村のあちこちの土地を買い、村一番の土地持ちになった。一四二〇年、ウィリアムは騎士の娘であり、相続人でもあったアグネス・ベリーを妻に迎えた。アグネスは持参金として荘園を一つウィリアムにもたらしたが、ほかに三つの荘園を相続する立場にあった。見返りにウィリアムは、最近買ったばかりのオックスニード荘園を寡婦産としてアグネスに与えた。二人は九人の子どもに恵まれ、ウィリアムが没した一四四四年までに一家は相当の資産家になっていた。

ウィリアムの長男ジョンは一四二一年に生まれ、ケンブリッジ大学に進み、ロンドンで法律を学んだのち、父親と同じく、女相続人を妻に迎えた。マーガレット・モートビーである。ジョンの所有地はマーガレットを通して増えたが、ほどなくジョンは自分の地所を守る仕事に追われることになる。時はまさに、百年戦争でイングランド軍が敗北し、それに続いて政治的混乱が始まった時期であった。私的なもめごとを抱えた地方領主のなかには、武装した従者団を召し抱える者も少なくなかった（イタリアの都市貴族たちが長年繰り広げた紛争を連想させる）。同時に、法廷ではわいろや汚い手を使った争いが横行した。ジョンとマーガレットは、二つの戦線で戦うことになった。ジョンはロンドンの法廷で、母親の寡婦産であるオックスニード荘園の法的権利をめぐって争った。マーガレットはグレシャム荘園で、モレインズ卿と名乗る男の手下の武装集団に取り囲まれてしまう。敵は壁をたたき壊し、「マーガレットの体を外に運び出す」までにおよんだが、最終的にパストン家は、グレシャム荘園を取り戻したし、オックスニード荘園を保持することもできた。

やがて家運は劇的に好転する。とはいっても厄介事がすべて解決したわけではなかった。パストン家は退役軍人でガーター勲爵士のサー・ジョン・ファストルフという人物と深い関わりをもつことになったのだ。報賞や戦利品や賢い投資で財を成し、戦地から故郷のノーフォークに引き揚げてきたファストルフは、フランス領内の広大な所有地を敗戦によって失ったものの、イングランドに有する領地から年一〇〇〇ポンドを超える収入を得ていた。そこでファストルフは、生地であるケイスター荘園に城を建てた。

堀をめぐらし、高さ九八フィート（約三〇メートル）の塔を備えたケイスター城は、外見だけは城主の戦歴を反映しているものの、第一に快適さを求めての、次に見せびらかすためのの建物であった。ファサードの装飾にはフランスから運ばれた石材が、内装材にはサフォークの木材が使われた。大広間の壁にはファストルフ家の紋章が彫られていた。

引退したファストルフは怒りっぽく、訴訟好きな老人で、地所管理人やノーフォークの隣人たちと絶えず争い事を起こす老騎士だった。やがて、おそらくは遠戚のマーガレットを介してであろう、ジョン・パストンと知り合った。ジョンはじきにファストルフの法律顧問となったばかりでなく、信頼できる友人、よき相談相手となった。一四四六年に妻を亡くしたファストルフは再婚はせず、そのうえ修道僧になっていた非嫡出《ひちゃくしゅつ》の一人息子にも先立たれてしまう。こうして親類といえば、妻が最初の結婚でもうけた一人息子だけになったのだが、ファストルフはこの子を嫌っていた。そういうわけで、老軍人が一四五九年に亡くなると、ジョン・パストンがただ一人の相続人になっていたのだった。

だが法律家ジョンは、われにも相続権ありと主張する怒り狂ったライバルたちを相手に、持てる力のすべてを尽くして相続財産を守ることになる。遺産は莫大だった――ケイスター城、九四ヵ所の荘園、ヤーマス、ノリッジ、サウスワークにある家宅、および現金、宝石、皿類などの家財があった。ジョン・パストンは残りの人生を激しい法廷闘争に費やした。その間に、不法な差し押さえを受け、雇われたごろつきに襲われ、ロンドンのフリート監獄に、短期間だが三度も投獄されている。疲れ切ったジョンは一四六六年、ロンドンで亡くなった。まだ四四歳であった。

ジョンとマーガレットのパストン夫妻が交わした膨大な数の手紙が今なお残っており、そこからは、この二人は夫婦であった大部分の期間を別々に過ごしたことがわかる。このような結婚生活は、当時のかれらの階級ではごく一般的だった。ジョンはロンドンで家族のために法廷で闘い、マーガレットは地元に残って一家の地所を守り、地代を集め、荘園の産物を売り、ノリッジやヤーマスから必需品を買い、家事を取り仕切りながら、とにかくたくさんの子どもを生んだ。子どもたちのうち、育っておとなになるのはたいてい七、八人であった。

　ジョンとマーガレットの手紙は、どれもさまざまな用件に関する事務的な内容のものだが、互いの愛情を、とくにマーガレットの夫への尊敬の念を表してもいる。夫の病の知らせを受けてマーガレットは「ほんとうに、あなたがご病気だと聞いてから、よくなっておられると知らされるまでは、これまでに一度も味わったことがないほど辛い思いをいたしました。でも、まだ心配しています。あなたがほんとうにお元気になったと聞くまでは、安心できないのです……。どうか、もしご迷惑でなかったら、できるだけ早くお手紙をくださると約束してくださいませ……。もしわたしの望みどおりになっていたなら、今頃はあなたとご一緒に過ごせましたのに……。全能の神様があなたを守り、健康を取り戻させてくださいますように……」[1]。

　ジョンから返事がこないので、マーガレットは心配した。「あなたがお帰りにならないことがわかっていましたら、誰か人を遣っていましたのに。本当にもう長い間お便りをいただいておりませんもの」。またこうも書いている。「お手紙に心から感謝しております。あなたからお便りをいただくのは、大きな慰めでした」。さらに「あなたが家にお帰りになる前にこの手紙の返事をお書きになるのを、面倒だとお思いにならないでくださいませ。できることなら、毎日でもお便りをいただきとうございます」。ジョンが妻に腹を立てたとき、マーガレットはノリッジからこう書き送った。「尊敬するわが夫に謹んでお便り申し上げます。どうかお怒りにならないでくださいませ、わたしが至らなかったばかりにお怒りを招いてしまいました……。ほんとうに、あなたがお怒りになるようなことを言ったり、行ったりするなど、わたしの思いもよらぬことでございます。わたしが、もしそのようなことをいたしましたのなら、お詫びを申し上げ、これからは改めます。ですから、どうぞわたしをお許しになり、わたしのことを悪くお思いにならないでください。あなたのお怒りは、とうていわたしの耐えられることではございません」。ジョンはジョンで、マーガレットの健康を気遣っている。「おまえの具合がよくないとジョン・ホップスから聞いたので心配している。少しでも楽になることを、なんであれ惜しみなく試してみてほしいと心から望んでいる。いずれにせよ、これらの［家の管理に関する］ことどもを考えたり、そのために働きすぎたりしないように。そうしなければ困ったことになるなどと思わないように」。

パストン家の年上の二人の息子は、紛らわしいことに二人ともジョンと名づけられた。かれらの教育については記録が残っていない。長男は一九歳で王の宮廷に出仕し、二一歳でナイト爵に叙任された（父親のジョンは、多大な出費を伴う厄介なこの名誉職を、金を払ってまで避けていたのだが）。宮廷で目立つほど積極的ではなく、有力なコネも作れないまま実家に帰ってきた。弟のジョン三世はノーフォーク公のそば近くで仕え、有力な人びとと友情を築いた。三人の弟たち（エドマンド、ウォルター、ウィリアム）は父や叔父たちと同じく大学で学んだ。高等教育機関は今や教会だけではなく、貴族や紳士階級の需要にもこたえるようになっていた。「剃髪《ていはつ》の儀」の習慣など、聖職者教育の形式こそまだ残っていたが、学生たちは必ずしも聖職者になるわけではなかった。十五世紀の大学の卒業生たちは、大貴族の家で書記や官吏の仕事に就く道を進む者も多かったが、宮廷や自分の領地で教養をひけらかすだけの者もいた。

教育上の指導は厳しかった。親たちも心からそれを求めていた。ジョン・パストン一世の弟クレメント・パストンはケンブリッジで学んだが、在学中の勉学の進捗状況を心配した母親のアグネスは、クレメントの教師が息子に特別な注意をはらってくれれば一〇マークを差し上げたいとの趣旨の手紙を書いている。「もしあの子の学業が振るわず、本人に向上する気持ちもない場合は、態度をあらためるまで厳しく罰していただきたい。以前にもケンブリッジであの子がお世話になったすばらしい先生が、そのようにしてくださいました」。大学で入念に教え込まれたのはラテン語を読み、書き、話すことだった。オウィディウスやキケロについて雄弁に語る新しい貴族たちを見たら、無学な先祖たちはさぞ驚いたに違いない。

娘たちには男の子のような高等教育の機会は与えられなかった。ただし、読み書きは習ったようである。マーガレット・パストンは書記を抱えていたのだろう、筆跡の違う多くの手紙を残しているが、時々、おそらくプライヴェートなことを書きたいときは自分でペンをとった。パストン家の娘たち（マージャリーとアン）は家で読み書きを習ったものと思われる。ただし、アンはマーガレットのいとこの、サー・ウィリアム・カルソープの家に送られ、数年間そこで暮らしていた。ところが一四七〇年、カルソープ夫妻はマーガレットに手紙をよこし、当面余裕がないから暮らしを切り詰めることにしたと言ってきた。さらに、アンは「すっかり大きくなったから、そろそろ結婚を考えてもいいのではないか」とも書いてあった。マーガレットは、アンがサー・ウィリアムの気に入らないことを何かしたのではないかと気をもみ、息子のジョンに、ロンドンにいる自分のいとこのロバート・クレアと話をして、アンを引き取ってもらえまいかと聞いてほしいと頼んでいる。それができなければ「あの子を迎えにやることになりますが、わたしのところに帰ってきても時間を無駄にするだけですから」。ロンドンの結婚市場はノリッジに比べてぐっと活況を呈していたのだ。

パストン家の書簡からひときわ鮮やかに浮かび上がるのは、求愛や結婚をめぐる当時の特有の事情である。十五世紀の人びとの生き方や結婚戦略、親の希望と子どもの意見の衝突の様子が、これらの手紙から手に取るようにわかる。

一家の男性にとって、親の希望はそれほど問題ではなかった。かれらは自分で縁談を進めることもできたし、友人や親類に頼んで適当な相手を見つけてもらうこともできた。希望すれば生涯独身でいることもできた。パストン家の長男のサー・ジョン（ジョン二世）は、ケイスター城を含む一家の資産の大部分の相続人であったが、縁談が持ち込まれたことはないし、非嫡出の子どもはいたが、一度も結婚はしていない。

一四六八年、二六歳のサー・ジョンは弟のジョン三世と、王の廷臣スケイルズ卿トマスと共にフランドルに旅をした。王の妹マーガレットとブルゴーニュ公との結婚式に参列するためだ。カレーに入ったサー・ジョンはスケイルズ卿の親類のアン・ホートという女性と知り合いになった。ホート嬢は王妃の親類でもあった。二人の仲は深まり、ついには自分たちが誓いの言葉だとみなす約束を交わすことになった。ただ、この約束が「未来形の合意」であったか「現在形の合意」であったかは、当事者さえ確信がないようであった。サー・ジョンがこの女性に関心を持ったのは、主に現実的な理由からだった。ホート嬢の有力な親類縁者が、ファストルフの遺産をめぐる訴訟で自分に有利な働きかけをしてくれるかもしれないと踏んだのである。実際、二人が誓い合って間もなく、スケイルズ卿はサー・ジョンに協力するために、(ファストルフの遺産管理人の一部の主張に賛同していた) ノーフォーク公に次のような手紙を送った。「サー・ジョン・パストンと、わたしの近親の女性、ホートとの結婚が完了した以上」、今や自分とサー・ジョンとは親類関係にあるから「自然の情として、わたしはこのような相続の問題について、彼に好意と援助と支持を示さなければなりません」。

スケイルズ卿は二人の誓約を結婚と呼んでいるが、マーガレット・パストンはこれを婚約とみなしていた。息子にこう書いている。「あなたの約束事[婚約]について、詳しいことはよく知りません。でも、ほんとうに約束したのでしたら、あなたが喜びと尊敬を得られるように、神様にお祈りしています。その方があなたの言うとおりのすばらしい女性なら、きっとその両方を得られるでしょう。神様の前では、あなたはすでに結婚しているのと変わらぬ絆でその女性と結ばれているのですから……妻に対するのと同じように、すべてにおいてその女性に忠実でなければなりません……」。ただし、とマーガレットは付け加えている。「生計[収入]の道がもっと確かになるまでは、急いで結婚しない方がいいと思います」。つまり、ファストルフの資産を受け継ぐ「確実な保証」を得てからということだ。マーガレットは結婚市場で良株を見定める鋭い目を持っていた。サー・ジョンは「確実な保証」をなかなか得られず、そのため結婚計画は頓挫したのだった。

サー・ジョンとホート嬢は同じ宮廷社会にいたが、別々に住み、顔を合わせる機会もほとんどなく、関係は宙ぶらりんのままだった。初めての出会いから三年たった頃、サー・ジョンはホート嬢と会う約束を取りつけることさえ難しくなった。だが、一四七一年九月には、のんきにこう書いている。「アン・ホート嬢ともう少しで話ができそうになったが、結局話はしなかった。いずれにせよ次の会期中には、彼女との間をどうするか、はっきりさせたいと思う。彼女はわたしと話をすることに同意しているし、わたしの気を楽にしてあげたいと言ってもいる」。翌年の二月、サー・ジョンは令嬢と「ゆっくりと」話をし、弟のジョン三世にこう書き送っている。「神様のおかげで、これまでになくよく話ができた……。機会をとらえて、また会いにくると彼女に約束した」。

だが、結局サー・ジョンはだらだらと続いた付き合いに嫌気がさし、関係を解消することに決める。ところが、それまで終始消極的だったホート嬢は、自分たちのはっきりしない関係が心配になり始める。二人の結婚は成就していなかったし、同棲どころか、二人だけで会うことも稀であったが、「ホート嬢の良心」はローマからの結婚無効宣告を求めたのだった。サー・ジョンが教皇庁の事情に詳しい代理人に相談すると、結婚無効宣告をしてもらうには一〇〇〇ダカット必要だとのことだった。しかし、もう一人別の「ローマ通」は一〇〇か、せいぜい二〇〇ダカットでできると言って、「近頃では教皇様はしばしばこうしたことをなさっておられます」とも書き添えてきたという。だが四年たってもまだ、サー・ジョンは母親からこんな手紙をもらう始末だった。「あなたがホート嬢から完全に解放されていたら、と思います。もっとよいお相手が、きっと見つかるはずです」。だが、二人の結婚が無効であるとようやく認められたのは、サー・ジョンが三五歳になった一四七七年であった。かくして不完全な結婚はついに「完全な終結」を迎えた。どれほどの費用がかかったかは明らかでないが、ダカットでいえば一〇〇よりも一〇〇〇に近かったのは間違いない。「情けないことに、誰から借りて工面すればいいのか見当もつかない」とサー・ジョンは嘆いている。結婚をめぐるこの騒動は結局のところ、九年間続いた。

一四七八年、サー・ジョンに別の縁談が持ち上がった。相手の女性は「王妃の血筋にとても近い方」だという。当時ファストルフの遺産をめぐる争いはまだ延々と続いており、後衛戦を強いられていたパストン家にとってこの縁談は有利に働くと、母親のマーガレット・パストンは期待した。ところが一四七九年、縁談がまとまらないうちにサー・ジョンは世を去ってしまう。

うまくいかない自分の結婚問題と取り組みながら、サー・ジョンは弟ジョン三世の縁談に何度も関わり、仲を取り持ったり、交渉役を引き受けたりした。パストン家の書簡には、うまくいかなかったジョン三世の縁談が少なくとも八件記されている。縁談の背景には、たいてい経済的動機があった。だが結局、ジョン三世の結婚問題は意外にも恋愛結婚で決着する。アリス・ブリンという若い貴婦人との縁談では、娘の母親が乗り気でなかった。サー・ジョンは弟に「[アリスの母親と話したが]娘をおまえに嫁がせる気にさせることはできなかった……。いろいろ奥の手をつかったのだが」と書き送っている。アリスには別の、クロスビーという求婚者がいたが、「二人は結婚の約束をしているわけではない」という。ジョン三世は「人に好かれる性格」だから、まだチャンスはあると言って、サー・ジョンは弟にこう助言している。「母親にはできるだけ低姿勢で接するように。しかし、娘にはあまり丁重すぎないほうがいい。この話をどうしても進めたいわけでもなく、うまくいかなくてもひどくがっかりはしないといった顔をしていればいい」。結局この話はまとまらなかった。サー・ジョンが弟のために結婚話を進めたもう一人の女性、キャサリン・ダドレー嬢は縁談を「決して嫌がってはいない」が、ほかにも求婚者が大勢いる、とサー・ジョンは報告している。「彼女は何人の紳士方に好意を抱かれていることだろう、真に愛にあふれるお嬢さんだ……。今後二年間は誰とも結婚するつもりはないと言っているが、その言葉を信じてもいいだろう。彼女は今のままの生活にとても満足しているようだから」。また別の縁談も持ち上がったが、相手の女性はジョン三世のふるまいになぜか気を悪くしたのだった――「おまえはちょっとしくじったようだ、なぜかわからないが」とサー・ジョンは弟に書き送っている。四人目の花嫁候補は、エバートンというロンドンの服地商の娘エリザベスだった。サー・ジョンは娘の母親に、弟には六〇〇マーク以上の持参金を提示した女性との縁談もあるが、お嬢さんに熱い思いを抱いているので、少ない持参金でもエリザベスを迎えたいと告げている。しかし、「熱い思い」があったにしては、この縁談はまとまらなかった。この話を進める一方、ジョン三世は「ブラック・フライアーズの未亡人」と呼ばれる裕福な女性との可能性も探っていた。そこで兄のサー・ジョンに、女性の亡父の遺言執行人（たまたまサー・ジョンの薬剤師だった）と話をして、女性の財産はどれくらいか、夫はなんという名前だったのかを探り出してほしいと頼んでいる。もう一人、レディ・ウォルグレイヴという花嫁候補がいた。サー・ジョンは、弟の代理として指輪を差し出し、受け取るようこの女性を説得したが、女性は受けつけなかった――お断りの気持ちは、ご本人にお伝えしましたし、その気持ちは変わりません。サー・ジョンはこの女性に興味を抱き、ちょっとふざけたことをしでかした。彼女の香り玉を盗んで弟に送ってから、それを女性に打ち明けたのだ。結局、サー・ジョンは弟にこう書き送っている。「レディ・ウォルグレイヴは気を悪くしたようではなかったし、おまえが香り玉を持っていることを禁じもせず、それで何をしようとかまわないと言っている」。しかし、指輪は送り主に返された。

この段階でジョン三世はすっかりうんざりしてしまって、サー・ジョンに、こうなったらある程度の財産さえ持っていれば「どこかの年取った、倹約家のエール作りの女」とでも結婚すると言ったほどだった。また、フィッツウォルターという友人に結婚適齢期の妹がいるので、「兄上が［彼に］頼んでくだされば、妹さんはキリスト教徒の男のものになるかもしれません」と、兄に協力を求めた。一四七七年の初め頃、バーリー嬢という女性が候補に挙がった。サー・ジョンが一任されて調べてみると、この縁談は「たいした話でない」ことがわかった。「おまえのために、本人に会ってみたが、ほんの子どもだ。これから女になるというところで……一三歳くらいに見えるが、人の話では実は一八歳にはなっているという」。サー・ジョンがバーリー嬢について探りを入れている間にも、ジョン三世は友人を通じて知り合ったマージャリー・ブルーズという令嬢と交際を始めていた。初対面でマージャリーはジョン三世に、持参金の少なさも気にならなくなるほどの強い印象を与えた。マージャリーは、父サー・トマス・ブルーズから一〇〇ポンドの持参金を約束されており、さらに祖父からは五〇マークの結婚祝いをもらうことになっていた。

マージャリーの母エリザベス・ブルーズは、ジョン三世への手紙で娘の長所を褒めたたえた。「あなた様は……才気煥発な女性をめとることになります……。それに、あえて申しますが、気だてもよく、誠実な娘です。もしお金と引き換えにするなら、たとえ一〇〇〇ポンドもらってもわたしはあの子を手放すつもりはありません。でも、あなた様を厚く信頼しておりますので、喜んで娘をあなた様の許《もと》へやりましょう」。ノリッジでは、ジョン三世は同意した。すぐにエリザベスはこう書いて感謝の気持ちを伝えている。「わたくしと家の者一同に大きな喜びをもたらしてくださいました……。あなた様は「マージャリーを」すっかりとらえてしまいましたので、わたしは夜も昼も休む暇がありません。というのも、あの子がしょっちゅうわたしに泣きながら訴え、このお話をまとめてくれるようにとせがむからです」。そしてジョンに念を押している。次の金曜日は「バレンタインデーです。小鳥たちが相手を選ぶ日です。もし木曜日の夜にこちらにいらして月曜日まで滞在してくだされば、きっと夫とお話しできると思います……。今度こそお話がまとまりますように。『あれはただのオークの木／斧の一振りでたおれてしまう』という歌もありますもの、もう一息でございましょう」。

しかし、持参金の問題はすんなりとはまとまらなかった。マージャリーは「わたしの愛するバレンタイン様」に宛てて、お母様は持参金を増やすようにと「ほんとうに一生懸命に」お父様に話をしてくれているのですが、今のところうまくいっておりませんと書いている。「そのことが、とても残念です。もし、あなたがわたしを愛してくださっているなら、きっとそうだと信じておりますが、このままにはなさらないでしょう。もしあなたに今の半分しか収入がなかったとしても……わたしはあなたをあきらめはしません……。もしあなたが、これ「持参金」と、わたしというささやかなもので満足してくださるなら、わたしはこの世で一番幸せな女になるでしょう」。

ジョン三世自身もこの縁談には乗り気だったようだが、母親と兄はいい顔をしなかった。サー・ジョンにいたっては、レディ・ウォルグレイヴとの以前の縁談に、まだ未練があったようでこう書いている。「ビッカートンから聞いたが、［マージャリーは］おまえを深く愛しているそうだ……。それにしても［レディ・ウォルグレイヴは］ハープに合わせて見事に歌を歌うがね」。

15世紀の結婚式（モーガン図書館、MS 394、f. 9v）

マージャリーの父サー・トマスは持参金を二〇〇マークに増やし、加えて（「彼女の居室と衣服のため」）一〇〇マーク相当の嫁入り道具を用意し、そのうえ二人を結婚後三年間、無料で家に同居させると申し出た。三月八日、ジョン三世はノリッジで両家の会合を開くべくおぜん立てし、母親に宛て「お力添えをお願いしたい」と手紙を書いている。「縁談はかなりよい線で進んでいる」ので、まとまると思う。「わたしの義理の母になるべき女性は、この世で最も優しい方ですし、義理の父となる方も、今はまだ、わたしに厳しく接しておられますが、いずれは優しくしてくださると信じています」。

サー・トマスはサー・ジョンへの手紙でさらによい条件を提示した。下の娘の持参金として用意していた一〇〇ポンドに二〇ポンドを加えて将来の娘婿に貸し与え、「ここにお送りする契約書が示すように」ゆるやかな返済条件を設定することにしたのだ。ただ、サー・トマスは「あの娘一人にこれだけのことをすれば、ほかの娘たちにもたせる分が少なくなってしまう」と心配していた。

またサー・トマスは、マージャリーの寡婦資産《ジョインチャー》のことも気にしていた。マーガレット・パストンは、スウェインズソープ荘園からの収入とスパーラム荘園から年に一〇ポンドを新婦に寡婦資産として与えると申し出ていた。これに対してサー・トマスは、自分は二〇〇マークを現金で、さらに夫婦を二年か三年無料で家に同居させるか、あるいは同居しない場合は三〇〇マークを、年に五〇マークずつ与えるとの申し出を繰り返した。さらに、もしマーガレットが二つの荘園からの全収入を生涯にわたって新夫婦に与えてくれるなら、という条件をつけて四〇〇マークを年賦で与えるとも申し出た。

マーガレットはこの条件をのむつもりであったようだが、サー・ジョンが待ったをかけた。「弟が彼女を迎えることができたら……喜ばしいことです」というサー・ジョンはその理由を挙げていく。「彼女は人柄といい、若さといい、家柄といい申し分ありませんし、二人は愛し合っていますし、彼女はご両親に大事に育てられてきた方です」。それに、ご両親も弟を気に入っているようだし、二人とも尊敬すべき人柄だ。「ですから、彼女もまた行いの正しい、気立てのよい人でしょう」と。しかし、スパーラム荘園は限嗣《げんし》相続《そうぞく》の資産である。もし二人の間に娘ばかり生まれ、マージャリーがジョンに先立ち、ジョンが再婚し、二人目の妻との間に息子が生まれたらどうするのか。「その息子は、父親の相続人でありながら、土地を得ることができなくなるではありませんか」。サー・ジョンは、ケントでこれと似たような事例が起き、ある紳士とその妹の間で、訴訟が起きているのを知っている。そういうわけで、「理由はほかにもある」が、サー・ジョンは「弟に対する件《くだん》の贈与を承認し、許可し、あるいは支持する」ことはできないと言った。

　事態は膠着状態に陥った。六月、予定されていた両家の会合はエリザベス・ブルーズが病に倒れたために中止になった。マーガレット・パストンはジョン三世に頼まれて、エリザベスに手紙を書き、サー・ジョンがスパーラム荘園を贈与することに反対したことを告げた。「実の息子とはいえ、毎日のように頼み事をするのも気が進みません……。奥様、同じ母親としてご理解いただきとうございます。わたしはジョンのために、奥様がお望みになるようなことはできないのです……。わたしにはほかにも子どもがおりますが、そのうちの何人かはものわかる年頃になっており、わたしが自分たちを公平に扱っていない、ジョンに多くを与え、自分たちにはわずかしかくれないと言っているのです」。

　縁談は決裂寸前でまとまった。その詳細は、残念なことにパストン書簡には記されていないが、サー・ジョンはマーガレットに宛てた八月七日付の手紙で「わたしは［ジョン三世のために］できるかぎりのことをしました」と述べているので、土壇場で譲歩したことがうかがえる。八月の末に二人は結婚した。末永く、幸せな結婚であった。その年の十二月、マージャリーは商用でロンドンにいるジョン三世にこう書き送っている。「あなたがお帰りになる日まで覚えていただくためにお送りした聖マーガレットの指輪を、どうかいつもはめていてくださいませ。あなたはすばらしい思い出を残してくださいました。昼も夜も、寝るときもいつもあなたのことを思っています」。四年後、マージャリーの気持ちは変わらなかったが、表現は大胆になった。「もしロンドンに長くおとどまりになるのでしたら、わたくしを呼び寄せてくださいませんか。もう長いこと、あなたの腕に抱かれておりません」。

パストン家の他の兄弟たちも、同じように花嫁探しでは試行錯誤を繰り返した。ジョン三世は自分が結婚した一年後の一四七八年、弟のエドマンドの嫁探しをし、当時移り住んでいたスウェインズソープから母親に書き送った。「ロンドンにいる間に、結婚相手を探しているいいお嬢さんのことを耳にしました。セフという布地商人の娘さんです。持参金として二〇〇ポンドの用意があって、それに加えて継母が亡くなったあとは、地所から年に二〇マークの収入を得られるそうです。その継母は今五〇歳ぐらいです。ロンドンを発つ前に、この娘さんの友だちと話をして、エドマンドとの結婚話に賛成してもらえることになりました」。この縁談はうまくいかなかったが、一四七九年にエドマンドはウィリアム・クリップスビーという人の未亡人キャサリンとの縁談を進めていて、翌年には結婚し、オビーにある妻の屋敷に住むことになった。

マーガレット・パストンのお気に入りの息子ウォルターは一四七二年、オックスフォード大学へ発った。「あの子がいなくなるのは辛いことでした」とマーガレットは書いている。

「上の子どもたちよりも大きな喜びを、あの子は与えてくれるに違いない」と思っていたという。だが、ウォルターは卒業後間もなく亡くなってしまう。一方、パストン家の末っ子のウィリアムはイートン校に在学中、恋に落ちた。相手は級友の結婚式で出会った女性、そのときの花嫁の妹であった。マーガレット・アルボロウというこの女性は「一八歳か、せいぜい一九歳」で、父親はすでに亡くなり、結婚したばかりの姉と二人姉妹であった。「彼女は、わたしに優しくするようにと母親から言われ、おとなしくそのとおりにしていました」。ウィリアムはジョン三世に、ロンドンに戻ったら、アルボロウの家を訪問し、一家の財産のことを調べてほしいと頼んでいる。持参金——「現金と食器類から成る」——は「結婚するとなると、すぐに用意できるそうですが」、定期収入は母親が亡くなるまで何もないという。「美人かどうかは、もし会ってくださるならそのときに、ご判断ください。とくに彼女の手を見てください。よく言われることがほんとうなら、彼女は太りそうな手をしているのです」。そのせいかどうかわからないが、アルボロウ嬢との縁談はそれ以上進まなかった。二年後、兄のエドマンドが別の話をもってきた。相手は「未亡人で、亡き夫はボルトという名のウーステッド織物の商人だった。一〇〇〇ポンドの資産があった人で、妻には現金一〇〇マークと家具調度、一〇〇マークの価値のある食器類、年に一〇ポンドの収入のある土地を遺した……。美しい女性だと聞く……。歳は三〇歳くらいで、子どもは二人しかいない」。だが、この話もまとまらなかった。ウィリアムが結婚したかどうかはわからない。

パストン家の女性たちは、自分の縁談に関しても積極的な役割は果たせず、自由は限られていた。ジョン・パストン（一世）の妹エリザベスの縁談は結婚ゲームの厳しさを物語っている。エリザベスの相手候補としては、サー・ジョン・ファストルフの義理の息子のスティーヴン・スクロープの名が挙がっていた。裕福だが、二〇歳のエリザベスに対して、この人は天然痘のあとがある五〇歳であった。エリザベスは抵抗したが、意志の強い母親のアグネスは交渉を推し進めた。いとこの一人が、「ロンドンの法曹院によさそうな人」がいると教えてくれた。父親を亡くしたばかりだという。このいとこはこんな忠告をしている。「もっといい相手が見つかるまで……スクロープさんには適当な返事をしておけばいいでしょう」。

エリザベスが絶対に嫌だ、と抵抗を続けたので、母親のアグネスは娘を部屋に閉じ込め、説得するために週に一、二回、「時には一日に二回も」せっかんした。「エリザベスは頭に二、三ヵ所傷を負うことがあった」という。やがてエリザベスは「自分と自分の子どもたちによる相続と相当額の寡婦資産を確約してもらえるなら」とだけ条件をつけて、抵抗をあきらめた。ところが、そのときになってサー・ファストルフは縁談を取りやめたのだった。

別の縁談が次々と持ち込まれた。一四五三年、マーガレット・パストンは夫のジョンに宛てて「ナイヴェット家の跡継ぎも候補です。奥様とお子さんが亡くなりました」と書き、「あの方の暮らし向きを調べるほうがいいでしょう」と助言している。次にサー・ウィリアム・オールドホールという人との交渉が始まり、続いてジョン・クロプトンという名の地方名士も花婿候補に挙がったが、この人は資産が少なすぎると判断された。またジョンは、ヘイスティングズのグレイ卿から「四〇〇マークの収入がある血筋のよい、立派な生まれの貴族」を紹介された。だがこの「立派な生まれの貴族」はグレイ卿自身が後見権を持つハリー・グレイであることが判明する。エリザベスの持参金目当てに、グレイ卿が縁談を持ち込んだのだった。だが、当のハリー・グレイが「結婚に関する金のことは自分で決める」と言い張ったので、欲深い叔父のグレイ卿はこの話をあきらめた。

一四五七年、エリザベスはロンドンに出され、レディ・ポールという人の許で暮らすことになったが、その翌年、ロバート・ポイニングズと結婚した。ポイニングズ卿の二男である。エリザベスが自分で選んだ相手だった。結婚後、エリザベスは母親にこう書いている。「わが夫、わが最愛の人と、お母様がお父様をお呼びになっていらしたように、わたしも今は夫をそのように呼んでおります……。ほかにどうお呼びすればいいのかわかりませんし、わからないままでいたいとイエス様にお祈りしております……。夫はとてもやさしくしてくれます。そしてわたしの寡婦資産のことをできるだけ早く解決しようとしております」。実際、そのためにポイニングズは妻の母親と兄弟たちに一〇〇〇ポンドの債務証書を渡して、妻に寡婦資産を与えることの保証とした。夫のこうした配慮に感謝の念を示してほしいと、エリザベスはアグネスに宛てた手紙で頼んでいる。同時に、約束した持参金一〇〇マークを「今期の始まりに」、また「お父様が遺贈してくださったお金の残り」を速やかに受け取りたいとも懇願している。そうすれば「夫は債務証書のための支払いを完了することができるのです」。さらにエリザベスは「わたしが結婚する前にかかったすべての費用を」レディ・ポールに支払ってほしいと、「おやさしい、善良なるお母様」に書き送った。

ジョン（一世）とマーガレットの娘たちはさらに大きな心配事を起こしている。下の娘アンは長年一家に仕えた使用人のジョン・パンピングと恋に落ち、一家をあわてさせたことがあった。妹にふさわしい縁談を探しながら、サー・ジョンは「何をおいても、あのパンピングとよりを戻したりしないように気をつけてください」と母親に書き送っている。ウィリアム・イェルヴァートンという人物が候補に挙がった。ファストルフの共同遺言執行人を務めた判事の息子であった。この縁談についてサー・ジョンは、「イェルヴァートンは『彼女に金があれば妻にしますが、そうでなければお断りしたい』と言っているので、この話はあまり当てにならないと思います」と報告している。三年後には「スキップウィスの息子でリンカーンシャーの相続人、五〜六マークの年収がある人物」はどうかという話が持ち上がったが、結局アンは一四七七年の夏、イェルヴァートンと結婚した。

アンの五歳ほど年上の姉マージャリー・パストンは、家族を心配させただけの妹と違って実際に行動に出た。一七歳のとき——それ以前に何度か縁談はあったのだが、いずれも実らなかった——パストン家の差配人リチャード・コールと誓いを交わしていると言いだしたのだ。一家は驚愕した。金持ちの呉服商の後家なら結婚相手の候補として考えてもいいだろう。だが、使用人となれば、たとえ重職にあっても話は別だ。母親と祖母は怒り狂い、脅し、マージャリーを厳しい監視下に置いた。それでもコールは秘密の手紙をなんとかマージャリーに送り届けている。（以下、『中世ヨーロッパの家族』、三川基好訳より）「悲しみでいっぱいの心をもって一筆差し上げます……。今のわたしたちの生活は、神の目にも、この世界に対しても、なんの喜びも与えないものです。わたしたちは結婚という強い絆で結ばれ、そしてわたしたちの間には深い愛が生まれ、今もありつづけているに違いなく、わたしはこれ以上の愛情は抱きようがないほどの大きな愛を胸に抱いていますのに……。あなたと最後に話をしてから、もう千年も経ったような気がします。あなたのそばにいられるなら、世界中の富もいりません……。きっとあなたは、世界中のどんな女性よりも深い悲しみを、わたしのために味わっていることでしょう……なんと苦しみに満ちた人生でしょう」。コールは、家族には真実を告げるようにとマージャリーに勧めている。自分とマージャリーは誓いの言葉を交わしたのだから「神の法によって結ばれて」いる。だから、このことをご家族が知れば、あの方たちも「わたしたちのためにご自分の魂を汚すようなことはなさらないのではないでしょうか」。コールは最後にこの手紙を燃やすように、と頼んでいる。「誰にも読まれたくないのです」。

膠着状態が三年続いたのち、コール（またはその友人たち）はノリッジ司教に仲介を頼んだようである。司教はマーガレットの抗議をものともせず、断固として、賢明で実効性のあるやり方でことにあたった。司教は、翌日必ずマージャリーを自分のところに連れてくるようにとマーガレットに命じた。さもないと「破門する」という。マーガレットは怒り、サー・ジョンに手紙で訴えている。「あの子を連れていくことも、ひとりで送り出すこともしないと、わたしははっきりとお断りしたのですよ。すると、司教様は迎えをよこすとおっしゃるのです。必ずあの子を出頭させるように、と」。

翌日、司教は審理に入る前にマージャリーに説教をし、「自分の生い立ちと家族と友人のことを考えなさい、家族の言いつけと手引きに従えば得るものは大きく、背けば、反感と恥と損失をこうむることになるのだ」と言って聞かせた。それから司教は、コールに対してどんな言葉を言ったのかとマージャリーに尋ねた。「するとあの子は、今までと同じことを繰り返したうえ、大胆にも、この言葉では不十分だというなら、もっとはっきり誓いますと思い切ったことを言ったのです。自分の心の中ではすでに相手と結ばれているのだから、どんな言葉で誓おうと問題ではないと。そのふしだらな言葉に、わたしも、お義母様も、ほかの方たちもみな悲しい思いをいたしました」とマーガレットは書いている。コールも別に審問を受け、言っていることがマージャリーの言ったことと一致しているかどうかが調べられた。それから司教は、裁定をミカエルの祝日（九月二十九日）のあとの水曜日か木曜日に発表すると述べた。

マーガレットの報告は続く。「［マージャリーの］ふるまいを聞いたので、わたしは召し使いたちに、娘を家に入れてはならないと命じました」。司教の召し使いがマージャリーをノリッジのパストン家まで連れ帰ってくると、パストン家付き司祭が玄関に立ちはだかってマージャリーを追い返した。そこで司教は審問の結果が出るまで、マージャリーが泊まれる家を手配することになった。

マーガレットはサー・ジョン宛ての長い手紙をこう締めくくっている。「どうか、あまり悲しまないように。今回のことが心の痛手になることはよくわかります。わたしも、ほかの者たちにとってもそうです。でも、あの子はもううちの娘ではない、なんの価値もない人間だと考えてください。わたしもそう思っています。そうすれば、いくらか気持ちが楽になるのではないでしょうか。あの子がまともな子だったら、こんなことにはならなかったのですから。たとえ今この瞬間にあの男［コール］が死んだとしても、あの子はわたしにとって、以前のあの子ではありません」。

以前、サー・ジョンは離婚の可能性を探ってはどうかと言ったことがあった。だが、マーガレットは息子を諫《いさ》めてこう忠告している。「神様と自分の良心に背くことをしたり、人にさせたりしてはいけません……そんなことをすれば、神様は報いを下されますから、あなたもほかの人も大きな危険にさらされることになります。あの子はこれから、ふしだらな行いを深く悔やむことになるでしょう。そうなってほしいとわたしは願っています」。

司教は、若い二人の言い分を認める裁定を下し、マージャリーとコールは翌年正式に結婚した。奇妙なことにコールは差配人としての職にとどまり、パストン家の財産管理にあたった。しかし一家はマージャリーを、まるで亡き者のように無視し続けた。一家がコールとやり取りした仕事上の文書はきわめて事務的なもので、親類関係を認める言葉は一切見られない。一四八四年に世を去ったマーガレットは遺言でマージャリーの第一子に、サー・ジョンの非嫡出の子と同額の二〇ポンドを遺贈した。遺書でコール家が言及されているのは、この一項だけであった。

このように一家は結婚をめぐり絶えず計画を立て、交渉をし、失敗や失望を味わい、成功もしたが災難にも見舞われた。その間にもずっとファストルフが遺した膨大な相続財産をめぐる戦いが、法廷闘争だけでなく実戦も交えて、続いていた。一四六九年、リチャード・コールをめぐる騒動の最中に、ケイスター城の所有権を主張していたノーフォーク公が部隊を送って城を包囲した。守備の小部隊を率いていたジョン三世は降伏を余儀なくされる。マーガレット・パストンはサー・ジョンが弟に十分な装備をしてやらなかったと感じ、悲嘆にくれた。ケイスター城に属するいくつかの荘園を失ったことはパストン家の収入に大きく響いた。マーガレットはロンドンにいるサー・ジョンに生活を切り詰めるようにと書き送り、これに対してサー・ジョンは、地代の繰り上げ徴収や荘園の売却や銀器の質入れをしてはどうかと提案している。こうしたサー・ジョンの意気地なく、締まりのない態度は、結局のところ報われることになった。ノーフォーク公が急死し、残された公爵夫人が抵抗しなかったので、サー・ジョンは武力を用いずにケイスター城を合法的に回復することができたのだ。パストン家の抗争が、ついに終息を迎えたのだった。

さまざまな困難を抱えながらも、パストン一家は（大小を問わず他の貴族たちと同様に）ゆとりのある暮らしを営んだ。ケネス・マクファーレンによれば「［中世後期の］貴族の収入の大部分は、より高級なぜいたく品を得るために使われた」。ケイスター城で晩年を過ごしたサー・ジョンの部屋には、赤々と燃える暖炉があり、固い石壁には織物のタペストリーがかけられて室内の雰囲気を和らげていた。ベッドには天蓋《てんがい》とカーテンが取りつけられ、マットレスと羽根布団が敷かれ、絹のカバーがかかっていた。ベンチやスツールのほかに部屋のあちこちに詰め物をした椅子が置かれた。高価な服やリネン類が櫃《ひつ》におさめられている。ジョン・パストン三世は、自室の貴重品入れの中の、鍵のかかった箱から証書を取り出して送ってほしいと母親に頼んでいる。ほかの手紙にも現金や書籍、衣服や帳簿をしまっておく櫃が言及されている。ケイスター城の厨房には、真鍮の鍋や道具類、焼き串やナイフが、貯蔵室には瓶や大ジョッキ、銀の食器や塩入れや鉢類が所せましと置いてあった。パストン家のヘルスドン荘園の食糧貯蔵庫には、銀のスプーンやナイフ類、テーブルクロス、タオル、ナプキン、燭台、酢の仕込み樽がならんでいた。

富裕層の住宅は豪華で快適になっただけでなく、かなりの程度のプライヴァシーも得られるようになった。十二世紀、ギーヌ伯の居城には殿様と奥方のための寝室が一部屋あり、ほかの者たちは大部屋で寝起きした（十三世紀になっても城の多くはそうだった）が、この時代になると個室が増えた。サー・ジョン・ファストルフには子どもがいなかったが、ケイスター城には個室が二六室もあった。かつては一家に連なるあらゆる人びとが大広間に集まり、食事をし、交流したものだが、今や貴族の一家は、召し使いや借地人など下の階級の者たちとは別に、表の一画で寝たり食べたりくつろいだりするのだった。新たにプライヴァシーがもたらされたことで、領主と使用人たちの間に垣根ができ、富者と貧者の間の隔たりは大きくなった。十四世紀イギリスの詩人ウィリアム・ラングランドは『農夫ピアズの幻』でこう嘆いている。「今では金持ちはみな、自分たちだけで食事をする／貧乏人を避けるため、専用のきれいな部屋で……大広間には誰も来ない」。

新興貴族のご多分に漏れず、サー・ジョン・パストンも文学を愛した。グーテンベルクの技術が手写に取って代わる以前の時代であったから、サー・ジョンは専門の写字生や挿絵画師を何人も雇い、書物を筆写させた。ある写字生は一ページにつき一〜二ペンスの料金を請求している――写本を高価にし、写字生自身を赤貧の状態にとどめる金額であった。この写字生は雇い主に未払いの写字料を請求し、同時に着古した上着を送ってもらえないかと懇願している。「必要にせまられております……。神様があなた様をあらゆる逆境から守ってくださいますように。わたくしにとって、逆境とはいささかなじみのあるものだと申せますが」。この写字生がサー・ジョンのために書き写した手稿のなかには、短い医学書や多分野の作品をおさめた名著集がある――騎士の義務についての論文二六ページ、戦争についての論文四編一二〇ページ、知恵についての考察八六ページジ、騎士道の掟について二八ページをおさめ、巻末には詩人ジョン・レッジゲイトの作品『大いなる者たちの没落』九〇ページを載せた選集である。ほかにもさまざまな作品を集めた手稿が数編、また製本されたものや紙の表紙に綴じられた稿もある。

新興貴族は派手好みだった。小貴族にとっては葬式がその絶好の機会だった。大領主は供の者や付属聖堂の係の者らに派手なそろいの服を着せ、富をひけらかした。一四六六年にジョン・パストン（一世）が世を去り、遺体がロンドンからノーフォークへ運ばれたとき、松《たい》明《まつ》を手にした「一二人の貧者」が六人ずつ棺の両側に付き従った。ノリッジのセント・ピーター・ハンゲイト教会では、托鉢修道士や司祭、聖歌隊の少年や下級聖職者、ノーマンズ病院の修道女や雇われた鐘撞き男たち、それに見物人たちが声を合わせて葬送の歌を歌った。葬式後のもてなしには鶏肉、魚、卵の料理やパン、それにビールが一八樽もふるまわれた。

パストン家はテューダー朝、スチュアート朝の王たちの下で栄えたが、内戦中の一時期は影を潜め、王政復古後に再び勢いに乗ってヤーマス伯という高い爵位を授与された。パストン家お雇いの系図学者は、この時代になってもまだ十二世紀の先輩たちと同じことをしている――「ウルスタン・デ・パストン」という伝説の英雄を一家の祖としたのだ。彼はノルマン征服に加わった戦士であったと、系図学者は臆面もなく主張した。時代は大きく変わっても、同じことが続けられたのだった。

サー・ジョン・ファストルフは戦士としての訓練を積み、貴族に上りつめた。ジョン・パストン（一世）は法律家として辣腕をふるい家運を上向かせた。サー・ジョン・パストン

(二世) は高い地位を受け継いだが、それで満足してうぬぼれ、気ままな人生を送った。ケイスター城は三世代にわたる変革を見たわけだが、この変革はイングランド全土で――さまざまな形を取りながらヨーロッパ各地で――起きた大変革を正確に反映していた。新興貴族は、身分の高低を問わず、古い貴族たちよりも物質的に恵まれた暮らしを営み、子どもたちにより優れた教育を受けさせ、戦いに専念する代わりに文学や美術に興味を持った (タペストリーや窓、建築物などからこれがわかる)。結婚の交渉は、あいかわらず、金と地位の問題を中心に進められた (が、偶然にも恋愛結婚が成立することもあった)。こと財産に関しては、貴族たちは用心深くこれを守り、積極的にこれを追い求め続けた。そのための手段として、貴族たちはたいてい――常にではないが――襲撃や包囲戦の代わりに法廷闘争やわいろを使った。長子相続制が確立され、イングランドでは限嗣相続という仕組みによって補強された。依然として妻は夫に従属し、その地位はある意味で低下したが、一方では寡婦資産による保護を受けられるようになった。妻は引き続き所領地と世帯の運営に大きな役割と責任を負った。

原注

(1) 本章で引用するパストン家の書簡は、主に綴りを現代風にするなどして現代英語へ「翻訳」されたものである。

第一四章　十五世紀のフィレンツェ　商人の家族

黒死病の流行とそれに続くいくつかの小規模な厄災はヨーロッパの経済復興を失速させたとはいえ、中断させたわけではなく、ヨーロッパ経済は十五世紀に再び勢いを取り戻した。交易、とくにぜいたく品の遠距離交易の劇的な発展が要因となり、富裕層の間から真の商人階級が生まれた。それぞれの家が独自の慣行や考え方や価値体系をもつ商人たちである。この階級が最も大きく育ったのがヨーロッパの先進地イタリア、なかでもフィレンツェである。中世の都市や地域のなかでも最も先駆的であったフィレンツェは、同時に最も多くの記録を残している。最近になって、一四二七年の財産申告記録《カタスト》の大規模な研究が行われ、新たに多くの事実が明らかになった。デイヴィッド・ハーリイーとクリスティアーヌ・クラピシュ＝ズュベールの二人が率いる国際的なチームが、コンピューターを使ってこの膨大な古文書を分析した結果は数多くの学術書に紹介されてきた。研究の中心的役割を果たしたこの二人の共著『トスカーナの人びとと家族（*Tuscans and Their Families*）』はよく知られている。

財産申告記録のほかにもフィレンツェ人はさまざまな文書記録を残したが、なかでも商家の家長が書き記した「商社の記録簿」は貴重な史料である。その一つ、裕福な毛織物商ラポ・ディ・ジョヴァンニ・ニッコリーニ・デイ・シリガッティによる一三七九〜一四二一年の記録は、当時の都市富裕層の家庭生活に光を当て、財産申告記録などから得られる情報を補完するものだ。

ラポの複雑な名前は父親の名前（ジョヴァンニ・ニッコリーニ・デイ・シリガッティ）からとったものだ。つまり、「ジョヴァンニの息子のラポ」であった。記録簿の序文にはこう記されている――これはラポ・ディ・ジョヴァンニ・ディ・ラポ・ディ・ニッコリーノ・デ・ルッザ・ダリゴ・ディ・ルケーズ・ディ・ボナヴィア・ディ・ルケーズ・デ・シリガッティの記録簿である。これらの名前はそのまま、正真正銘の男系家系図と呼んでもいいだろう。記録簿の作者ラポの父親はジョヴァンニ、祖父はラポ、曾祖父はニッコリーノであった。このニッコリーノは絹商人で、十四世紀の初め、近郊のパッシニャーノからフィレンツェに移り住み、旧家のシリガッティ家から分家して新たに自分の名を継ぐ家を興した。ラポは曾祖父からさらに十三世紀の祖先、ルケーズ・デ・シリガッティまで家系をたどっている。この人が、知り得るかぎり最も遠い祖先であった。

血縁関係を非常に大切にしたフィレンツェの富裕層は、昔から苗字を名乗っている。ただ、イングランドの場合と同様、都市民衆や農民の間で苗字が広がったのはずっとあとになってからだ。財産申告記録が生まれた時代には、フィレンツェの納税者の三七パーセントが「苗字とみられる名前」を持っていた。プラートではこの割合は一九パーセント、モンテプルチャーノではわずか七パーセントにすぎない。苗字がない人は父親か、祖父あるいは曾祖父の名前を加えた名前で財産申告書に登録された。またよくあることだが、職業や仕事、住んでいる場所、出身地、ニックネームなどが加えられることもあった。

子ども、とりわけ長子は、たいがい祖父、あるいはその他の先祖と同じファースト・ネームをつけたものだった。いわゆる「名前再生」として知られる習わしである。長子が幼くして死ねば、あとに生まれた子に同じ名をつけた。長子が存命していても、次の子どもに同じ名をつけることもあった（トスカーナ地方に限った習慣ではないことは、パストン家の例で見たとおりである）。

一三八一年に亡くなったラポの父親ジョヴァンニは、そのとき、妻、未婚の二人の息子、長男とその妻子から成る世帯の戸主であった。こうした三世代世帯は富裕層の間では珍しいことではない。一四二七年、フィレンツェでは八世帯につき一世帯が三世代構成であった。地方ではこの割合はさらに高く、三対一であった。こうした多世代世帯を生んでいたのが、一家の長が存命中はその地位にとどまるフィレンツェの習慣だったことは間違いない。そして、地方ではこの割合を高めていたのが男性の早婚であった。

父ジョヴァンニが世を去ったとき、ラポの二人の姉妹は嫁いで他所《よそ》に住み、もう一人の姉妹はすでに寡婦になっていた。家族の規模と構成がそうであるように、富の分配においても、この一家はフィレンツェの富裕層の典型であった。ジョヴァンニの死に伴い財産は分割され、下の息子二人（ラポとフィリッポ）は今までどおりサント・スピリト地区のヴィア・デル・パラジオ・デル・ポデスタ通りの家に母親とともに住み続け、長男のニコライオは隣の家を相続した。一三八四年、弟たちは二人とも結婚し、ラポは母屋に残り、フィリッポは別の、間違いなく近所の家に移った。これもまた、典型的な取り決めであった。フィレンツェでは男子による分割相続が原則だったが、息子たちのうち一人が結婚して先祖代々の家を継ぐことに相続人たちはたいてい同意したのである。

　ラポが住んでいた家は記録こそ残っていないが、十四世紀の貴族の邸宅として、ごく一般的なタイプの家屋だったに違いない。四角い高い建物で、通りに面した間口は狭く、正面はおそらく宗教的なフレスコ画で飾られていただろう。一階には開廊《ロッジア》や談話室や厨房があり、家によっては客用の部屋があった。二階は大広間や応接間《サロン》が表にあり、ほかにも主寝室をはじめ家族の寝室があった。そのさらに上階は召し使い用の区域だ。ここに暑い時期に使うロッジアやペントハウスを設けた家もあった。主な部屋にはすべて暖炉があった。照明には獣脂ろうそくや動物の角を薄く延ばして貼ったカンテラや真鍮製のオイルランプが用いられた。家の中には架台式テーブルや木製のベンチや椅子、カーテン付きベッド、櫃《ひつ》などの快適な家具がそろっていたのは、ケイスター城と変わらない。室内に絵や彫刻などの装飾品があったかどうかにラポは触れていないが、当時すでにルネサンス芸術は教会や大聖堂の外の、個人の邸宅へと広がっていた。家の裏手にはおそらく菜園や花壇があっただろう。

　隣の建物もラポの所有で、床屋と公衆浴場が入っていた。床屋の二人の理髪師はラポに家賃として六フローリンを支払い、ラポと家族の髭剃りや散髪や入浴料金として三フローリン一九ソリドゥスを請求した。

　ラポは相続したり買い入れたりした各地の地所に、家を数軒もっていた。主に使った別荘には、広い庭園と葡萄園、「旦那様」が過ごす母屋、それに畑仕事をする小作人が住む家があった。この別荘をラポの父親は七七五フローリンで購入したが、契約書には七〇〇という数字を書かせた。「節税のためだった」とラポは平然と記録している。

ラポ・ディ・ジョヴァンニ・ニッコリーニと同時代に生きたプラートの人フランチェスコ・ダティーニの邸宅（プラートの旅行会社）

ラポは自分の家だけでなく一族に属するすべての家宅について関心を寄せている。「公の機関や個人に委ねられたり、持参金として与えられたりした家屋敷もあるが、それらはついにわれらに返された。願わくは末永くわれらの手にとどまらんことを」。ラポは市内の家産をまとめて一族の拠点を築こうとしたようだが、成功していない。十二世紀ジェノヴァで始まった一門の集中居住は各地の都市に根づき、今やイタリアではやや時代遅れにさえなっていた。こうした一門の集中居住の正確な特質は——また、それぞれ異なるタイプを区別する分類法も——これからの研究で明らかになるだろう。デイヴィッド・ニコラスは十四世紀のヘントでこうして集まった親族グループ（ニコラスはこれを氏族《クラン》または親族《キンドレッド》と呼んでいる）が、相続人の間で資産を割り当て、結婚の仲立ちをし、集団内の者が殺されれば「血の復讐」を果たし、血の代償を求めるなど、積極的に機能していたことを明らかにしている。十五世紀ジェノヴァで「アルベルギ」と呼ばれた家族集団は、氏族の主だった特徴を備え、六〇〇人ものメンバーを擁することがあった。フィレンツェで「コンソリテリエ」と呼ばれた家族集団は父系制——男子が継承——であったが、貧しい親類や被庇護者《ひひごしゃ》ら弱小の家族を引き入れ、慈善と縁故主義を通して連携を強化し、自分たちの居住地区を支配していた。ジェノヴァでもそうであったように、フィレンツェでも、こうした家族集団の存在は富裕層に限られていた。

ラポ・ディ・ジョヴァンニ・ニッコリーニは結婚を二度している。最初の結婚で七人（一人は幼少時に死亡）、再婚で六人の子どもが生まれた。八〇代の母親は健在で、ラポの姉妹モンナは二度の結婚で夫に先立たれたのち、伝統的な実家に戻る権利《トルナト》を行使して自分の娘レナとともに、ラポの一家に加わった。ヴィア・デル・パラジオのラポの家には、一時期、いとこのレナ・アギネッティが同居している。このいとこは在俗の修道女で、このような人が同居すれば一家は幸運に恵まれると考えられていた。一四一八年頃、ラポの家には召し使いを除いて一五人が暮らしていた。

一四一七年、黒死病が再びフィレンツェを襲った。このときの流行でラポは、まだ家にいた娘一人、息子一人を失っている。また嫁に行った娘とその夫が亡くなり、ラポは残された孫娘三人を引き取った。亡くなった息子ニコライオは三一歳、独身のままであった。生前ラポは「自分の金であれ、他人の金であれ、とにかく金遣いが荒い」とこの息子を非難していた。二男ジョヴァンニは兄が亡くなったあとに結婚して家を出た。三男のビアジョはボローニャで法律を学び、独立した。四男は聖職に就き、のちにサン・サルヴィ修道院の院長になった。一四二七年の財産申告書では、ラポの家は八人家族になっている。ラポとその二人目の妻、子ども五人、甥の息子一人である。両親を亡くし、ラポ家で育った三人の孫娘はすでに結婚し、家を出ていたらしい（ラポは孫たちの父親の実家から養育費の払い戻しを受けていた）。召し使いの一人に女奴隷がいた。黒死病の流行による召し使い不足と、その結果としての高賃金により、小規模だが奴隷売買が復活していた。東欧から相当数の奴隷が買い入れられた時期もあるが（「奴隷《スレイブ》」という言葉は「スラブ人」に由来する）、やがてこの地域のキリスト教化に伴い、教会がキリスト教徒を奴隷とすることを禁止したため、こうした取引は行われなくなった。十四世紀に奴隷として買われてきたのは主にタタール人やチェルケス人の女性である。財産申告書によれば、フィレンツェの住民四万人のうち奴隷はわずか三〇〇人であった。

ラポの記録に載っている四六人の親族のうち、二三人がある時期にヴィア・デル・パラジオのラポの家に客人として厚遇を受けている。来客を歓迎するこのラポの態度は、フィレンツェの金持ちに共通するものだ。実際のところ、客を泊めるほど広い家を持っていたのは、金持ちだけだった。一四二七年、フィレンツェ市内で、召し使いを含む一〇人以上が居住していた家は全体の四パーセントに満たず、平均的な世帯人員は三・八人。これに対して近郊では平均的な世帯には四・七人が住み、場合によっては一家族以上が同居する――徴税人の言葉を借りれば「パンと葡萄酒を分かち合っている」――こともあった。同居家族はたいてい親族で、とくに兄弟同士が多かった。つまり「合同家族」モデルであった。

ラポの大きな世帯は厳密に家族的なものだった。ラポの記録が言及する親戚は四六人、姻戚は五〇人あまりもいるが、友人はほんの一握りしかいないと、クリスティアーヌ・クラピシュ＝ズュベールは指摘している。デイヴィッド・ハーリイーによれば、中世後期の都市富裕層は黒死病の流行などで多くの血縁者を失うという心理的な痛手を負っており、そのため大きな親類一族のつながりを大切にする傾向があった。

家の切り盛りはラポの妻の仕事であった。家事については当時の人文主義者レオン・バッティスタ・アルベルティが名著『家族論』〔邦訳／池上俊一、徳橋曜訳、講談社、二〇一〇年〕で多くの有益な助言を述べている。アルベルティは整理整頓を強調した。「すべてのものは、完全に安全なところ、必要ならいつでも取り出せるところ、しかも家の中でできるだけ邪魔にならないところにしまっておくべきである。何かを使ったら必ずもとにあった場所にすぐに戻しておかなければならない」。すべての鍵は一家の主婦がしっかり管理するように。ただし、毎日開け閉めする食糧室と倉庫の鍵は信頼できる召し使いに預けてもよい。品物の購入は、必要性の予想に基づいて妻が作った必需品リストを参考にして、夫が行うべきである。「最上質のものを最低のコストで購入すべし。季節外れのものは……しばしば汚れていたり、腐りかけていたりして、結局高くつくのである」。真の倹約とは、食べ物であれ、着るものであれ、常に品質の高いものを買うことであると、アルベルティは説いた。

十五世紀に高い人気を博し、イタリアの古典的名著に数えられるアルベルティのこの著作は、ラポ・ディ・ジョヴァンニ・ニッコリーニが属していた「分別と尊大さに凝り固まった」フィレンツェの商人階級を見事に描出しているとされている。この階級にとって、結婚が冷徹な目的をもつ行為であったことは従来と変わらないが、それでもアルベルティは、妻という立場に立つ人の人柄に重きを置き、「立派な立ち居振る舞い」を強調した。「粗野で、金遣いが荒く、口がうまく、酒好きの女は美人かもしれないが、美しい妻にはなれない」。だから「花嫁を探す時は、まず心の美しさを、つまり善い行いと貞節を求めるべきである」。また、アルベルティは女性というものは太りすぎず、やせすぎず「明るく、生き生きとして朗らかであるべきだ」とも言っている。重要なのは、妻はいずれ母になるということだ。「美しく優雅で魅力的」な女性もいいが、妻にするには「子どもを生むに適した人、丈夫で大きな子どもを生める身体の女性を選ぶべきだ。『妻を選ぶということは、子どもを選ぶことだ』という古いことわざもあるではないか」。

商人階級の結婚で何よりも重視されたのは、家族同士が同盟関係を結ぶことであった。ラポの父親は子どもたちの配偶者を選ぶにあたって、二つの方針のどちらかに従った――自分たちとは別の集団の、より高い身分の者と結婚させ、より恵まれた立場にある家族と同盟を組むか、近隣の家の者と結婚させ、地域の結びつきを強めるかのどちらかである。ラポの姉妹のうち一人は九七五フローリンの持参金を持って嫁いだ。このことから、ラポの家が地主の名家との同盟を通して社会的地位の上昇を図ったことがわかる。兄ニコライオはフィレンツェの最有力一族バルディ家の若い娘と結婚した（この一家は、同家所有の家屋や事業所が集まっていた地区ヴィア・デル・バルディにその名を残している）。ラポと弟のフィリッポは二人ともサント・スピリト地区内で結婚相手を見つけ、それぞれ七〇〇フローリンと八〇〇フローリンの持参金を受け取った。

再婚話はラポは自分でまとめた。相手はミラノの上流階級の女性カタリーナ、ラポと同業の毛織物商人の娘で、寡婦であった。一〇〇〇フローリンの持参金を持って嫁いできたというから、当時のラポがかなりの名士であったことがうかがえる。商売はすでにかなり成功し、公職にも就いていた。娘二人はそれぞれ七〇〇フローリンと一〇〇〇フローリンの持参金を持って嫁いでいった。金額の違いは、姉妹の婚家、アルトヴィタ家とアルビッチ家の社会的地位の違いを示している。持参金について賢者アルベルティは「ほどほどの金額で、確実にすぐにもらえるほうが、高額だが内容があやふやで、期限をもうけずに支払いの約束だけというよりも望ましい」と指摘し、債務や取引の失敗や損失を理由にならべたてて、持参金の支払いを延ばしてくれという実家の頼みを、新妻が涙ながらに繰り返すというよくある場面を描いてみせた。アルベルティによれば、社会的地位について一般的に言えば、あまり上でもなく下でもない階級の人と結婚するほうがいい。妻の親類が立派すぎると夫の影が薄くなるし、それにそういう人たちは商売上の失敗の危険をいつも抱え込んでいるわけだから、夫は巻き添えを食らうかもしれない。だから、親類というのは「同等な地位で……謙虚できちんとした人たちがいい」。全体としていえば、人は何もかも手に入れることはできないのだから、持参金をたくさんもらうより、よい妻をめとるべし、それに親類がいい人たちなら、願ったりかなったりだ。

一般的に持参金は嫁入り道具《トルッソー》の価値を含めて計算された。非貨幣贈与のご多分に漏れず、持参金の額については、持たせた側と受け取った側との言い分が一致しないことがよくあった。ラポと同じくサント・スピリト地区に住む絹商人グレゴリオ・ダティは、花嫁の二人のいとこから九〇〇フローリンの持参金を約束された。結婚式の四日後、ダティはジャコミノ・アンド・カンパニー銀行から八〇〇フローリンと嫁入り道具を受け取った。嫁入り道具の価値を、いとこたちは一〇六フローリンと評価し「別の口座から六フローリンを差し引いていた」とダティは言い、こう続けた。「結局、わたしは一〇〇フローリン相当（の嫁入り道具）を受け取ったことになった。ところが、妻が言うには、嫁入り道具は三〇フローリンほど過大評価されていて、わたしも自分で見たところそうだと思った。だが、わたしは礼儀として、このことについては口をつぐむことにした」。

結婚は姻戚関係をもたらしただけでなく、洗礼時の代父母との関係《コンパリ》を通して、社会的なつながりや商売上の連携関係を広げた。代父母の役目は、同程度に豊かな——できればより裕福な——隣人たちに引き受けてもらうのが一般的だった。ラポの子どもたちの代父母の場合、「神の愛のゆえに」——つまり無償で——この役を務めてくれた人もいたが、贈り物をして頼み込み、ようやく承知した人もいた。みな「財産も力もある……善良な人物」であったと、絹商人で名家の家族史を書いたジョヴァンニ・モレッリは褒めている。代父母の人数は伝統的に三人と決まっていて、そのうち二人は洗礼を受ける子どもと同性でなければならなかった。近親者や将来結婚相手になり得る人は代父母になれなかった。代父母と代子《だいこ》は「霊的な親族関係」で結ばれるとされ、近親婚タブーに触れる可能性があったからだ。また、代父母の側から贈り物をするのが普通であった。あるときプラートの商人フランチェスコ・ダティーニは代父を務めることになり、親しい友人にこんな冗談を言った。「子どもをキリスト教徒にするには、いったいいくら金がかかるんだろう」。友人もふざけて答えた。「きみがどれだけ見栄を張りたいかによるさ」。一般的にはケーキが贈られたが、ダティーニは少なくとも一回は、三エル（約三メートル）の上等な布地を贈り物にしたと記されている。

娘の結婚に際して持参金を用意する慣行がフィレンツェの富裕層の間で復活し、かなり前からその額は途方もなく膨らんでいた。ダンテは『神曲　天国篇』（一三一五〜一三二一年）で、自分の高祖父が生きていた時代についてこう歌い上げている。「娘が生まれても、まだそれは父にとって／恐怖ではなかった。というのも年頃と婚資について／どちらも中庸を外れることはなかったからだ」（『神曲　天国篇』、原基晶訳より）。娘が何人もいれば、一番器量のよくない子は、倹約のために修道院に送られることになった。一四二五年、フィレンツェ市政府は手っ取り早い増収策をあれこれ考えた末に、持参金問題に目をつけ、モンテ・デル・ドティと呼ばれる一種の貯蓄債権機関を立ち上げた。父親が娘の将来に投資する仕組みであった。条件や利率が幾度か見直されるうちに、この仕組みの利用者は爆発的に増えていった。支払い金は結婚の成就にあたって、新郎に渡された。たいていの新郎は待ち切れない思いであったから、花嫁が新居に移る何日も（あるいは何週間も）前に花嫁の家で、ことは行われるようになった。そうすれば花婿は翌朝一番にモンテ・デル・ドティで支払いを受け取ることができた。

莫大な結婚費用は花嫁の父親を悩ませたが、花婿とその家族にとっても重荷となった。古代から続く「花婿からの贈り物」は法律で五〇リラが上限とされていたが、上流階級の男性は宝石や毛皮、衣裳などを愛する女性に贈り、二人の寝室を豪華な家具調度で飾るものだとされていた。十五世紀、こうした嫁入り道具ならぬ婿入り道具は途方もなくぜいたくになり、道具類のレンタル業者まで現れた。

フィレンツェでは伝統的に年齢差のある結婚が多く、その傾向は続いたが、背景には結婚にまつわる経済的問題があった。黒死病の流行以降、結婚年齢は一世紀前よりも低くなった。ラポの三代前までの男性祖先は、初婚時に四〇歳を超えていた。一四二七年、どの階級でも平均的な男性の初婚年齢は三〇歳代になっていた。畑仕事に妻の手がほしい農民の平均的結婚年齢は二五歳と低かったが、フィレンツェの実業家たちはたいてい三〇代半ばで結婚した。多くは自分の歳の半分に届かない女性を選んだ。階級を問わず都会の花嫁は若く、平均年齢はわずか一八歳であった。金持ちの娘は貧しい家の娘よりも早く結婚した。こうした状況は、人びとが望んでいた結婚の形が現実のものになった結果かもしれない。ジェノヴァと同じく、フィレンツェでも息子による分割相続が一般的であった。男性は若くして、多くの場合は結婚の直前に家産の分け前──現金や家屋や不動産など──を受け取り、独立した。結婚それ自体に要する直接経費も侮《あなど》れない金額で、娘たちの持参金の工面を迫られた家が息子の独立を遅らせることもあった。ラポ・ディ・ジョヴァンニ・ニッコリーニは息子ジョヴァンニを独立させた経緯を次のように書き記している。

「わたしは一四一八年十一月七日、息子ジョヴァンニと契約を交わした……。このような契約を交わした理由は、二六歳になったジョヴァンニに嫁をとらせたかったからである。わが家は大家族であるから、わたしは資産の正当な分け前を、いやそれ以上のものを、ジョヴァンニに与え、独立させることにした。というのも、ジョヴァンニは今家に残っているわが息子たちのなかで最年長だからだ。契約書はフィレンツェの公証人、アントニオ氏によって作成された」。すでにラポは、最初の結婚で生まれた他の息子たちを独立させていたが、二度目の結婚で生まれた息子たちが成人する前に世を去った。

ラポのように、父親たちがみな気前よくふるまえたわけではない。フィレンツェの街は良家の若者であふれていた。ティボルトやマーキューシオ〔いずれもシェイクスピア劇『ロメオとジュリエット』の登場人物〕のように仲間と群れ、放縦《ほうしょう》と暴力に走りがちな派手な独身男たちである。一方、貧しい家の娘たちは召し使いとして働きながら、つつましい嫁入り道具をそろえ、金銭を蓄えて細工師の弟子や魚屋の息子のハートを摑むことができた。持参金競争でこそ勝ち目がなかった彼女たちだが、結局は裕福な同性たちと同じような道を歩んだのである。

フィレンツェの富裕層にとって結婚とは慎重に、時間をかけて、厳《おごそ》かに行う一つの事業であった。不注意な誓いの言葉を述べて、のちに教会裁判所をてこずらせることになる農民の秘密結婚とは、きわめて対照的である。フィレンツェ商人の二家族の同盟を完成させるもの、それが結婚という事業だった。富裕層の結婚の過程を、クリスティアーヌ・クラピシュ＝ズュベールは三連の祭壇画に譬《たと》えている。その基部となるのは、結婚仲介人《センサレ》か両家の共通の友人がおぜん立てした会合である。縁組の望ましさや持参金の額など、基本的な点で両家の両親や近親者（当事者二人ではない）が合意すれば、再び顔を合わせて契約を文書にして封印し、固い握手《インパルマメント》をする。結婚する二人は、この段階で顔を合わせる。男性は指輪や宝石の贈り物を携えて相手の家を訪れ、たいていは夕食に招かれる。

婚約に至るまでの一連の手続きを見ると女性には選択権がなかったようだが、フィレンツェの若い娘たちがみな、何事も周囲の勧めにおとなしく従ったわけではないようだ。高名な説教師、シエナのベルナルディノ修道士は、「非常に背の低い男」の説話を通して娘たちに自主的な行動を勧めた――背の低い男が初めて許嫁《いいなずけ》と顔を合わせた。「美しい背の高い女性」であった。「彼女を気に入ったかい」と兄弟に尋ねられると、男は「実に気に入った」

と答えた。だが、男の背丈を見た娘は「でも、わたしは気に入らないわ」と叫んだ。説教師はこう結んだ。「当然でしょう」。

クラピシュ＝ズュベールによると、三連画の最初のパネルに相当するのは、友人や直系の男性（だけ）の親戚が公に集まる会合である。これはたいてい教会で開かれた。この会合に花婿は出席するが、花嫁は出席せず、代理として父親（あるいは彼女に関する権限を持つ男性）が、娘の将来の夫に対して正式に結婚の約束をする。花婿は花嫁を、特定された期間内に、決められた条件で迎えると約束する。公証人がこれらの条件を紙に書きしるし、証文《スポンサリア》を作る。証文の法的効力は十分とはいえなかったが、それでも両家に相互義務を負わせるもので、どちらかが破談を求めれば、抗争が起きるのは必至であった。

三連画の二枚目のパネルに相当するのは、「指輪の日」の祝いである。花嫁の家に親類の女性や友人たち、花婿側の男性たちが集まる。公証人が、教会が定める正式な問いを発して二人が自由な状態で結婚に合意していることを確認し、花嫁の右手を花婿の方へ引き寄せると、花婿は花嫁の指に指輪をはめる（他の地域では、まず司祭が指輪を祝福し、これを花婿に手渡した）。花婿とその家族や友人たちからの贈り物が披露され、花嫁の家が用意した食事がふるまわれる。その間にも、公証人は結婚証文を完成させるのに忙しい。

花嫁がすぐに移り住むわけではなかったが、新居には花嫁道具一式が運び込まれ、華々しく披露された。夫からの返礼の贈り物といえば、なかなか届かないことが多く、ようやく届いても、それを調達した親類やレンタル業者に、おそらくは花嫁の黙諾の下に、返却されるかもしれなかった。フィレンツェの習慣で、花嫁を迎える花婿の家の女性は指輪を贈って歓迎の意を表すことになっていたが、その所有はあくまでもその代限りのもので、指輪は次の花嫁に受け継がれるのだった。結婚の宴のために花嫁の家が準備する食物も継続性を表していた。花嫁はやがて一家の別の結婚式の準備に加わるのである。

三枚目のパネルに相当するのは、輿入れ《ノッツェ》である。結婚を完全なもの《ペルフェット》にするために――これは主に「完全に公表する」ことを意味した――頭飾りをつけ衣裳に身を包んだ花嫁が、馬に乗り夫の友人たちに付き添われ、松明《たいまつ》に導かれて夫の家に送り届けられる。ローマでは、輿《こし》入《い》れにあたって新郎新婦は教会でミサにあずかり祝福を受けたが、フィレンツェでは教会の儀式は省略してもよかった。

ルクレツィア・マラヴォルティとロベルト・サンセヴェリノ伯の結婚式　サノ・ディ・ピエトロ作、シエナの国立古文書館（アリナーリ・アーカイブズ）

二人の結婚がまだ完成していなかったとすれば、今がそのときであった。数日間も続く祝いの宴ともてなしの最中に、である。こうした長い一連の行事は常に同じ形をとったわけではない。三連画の二枚が一枚にまとめられることもあった。富裕階級のように裕福ではない階級は、結婚に宗教的要素を取り入れがちであったし、イタリアを除けば、宗教的要素はほぼどこでも結婚に含まれていた――たとえ教会の入り口で誓いの言葉を述べるだけであっても。

一連の儀式の最後を飾ったのは、フランスやイングランドで「シャリヴァリ」、イタリアで「マッティナタ」と呼ばれるなど、ヨーロッパのどこでも人気があったどんちゃん騒ぎである。フランスでは仮面をつけた一団が手作りの楽器を奏《かな》で、新婚夫婦のためにセレナーデを奏でた。イタリアでは仮面こそ被らなかったが、騒ぎはさらに大きかったため、取り締まり条例がたびたび制定され、教会も厳しいお咎めを繰り返した。再婚は、とくににぎやかに祝われた。祝いの宴が喧嘩に転じることもしばしばであった。アヴィニョンの町は騒ぎに加担した者に罰金を払わせ、その金を道路の清掃に使った。一方モデナの町では、騒ぐ人たちには金を払って宿屋で祝ってもらい、新婚夫婦のためのセレナーデは専門の演奏家に任せるという粋なやり方が広がった。

一般的に夫婦の年齢差が大きかったから、女性の多くは若くして寡婦となり、再婚した。夫婦の年齢差は、奇妙なことだが、再婚の場合は広がる傾向があった。結婚歴があろうとなかろうと、年齢の高い男性は確実に若い女性を好んだのだ。ラポの姉妹で二度も夫を亡くしたモンナのような年配の女性は、たいてい実家に帰ることになったが、寡婦が――とくに持ち帰る資産がわずかしかなければ――実家に戻っても、必ずしも温かく迎え入れられたわけではない。それでも、婚家に夫の兄弟たちがいる場合は、寡婦はその家から出ていかざるを得なかった。夫の兄弟との結婚やセックスは近親婚として戒められていたから、婚家に残れば悪い評判がたったのだ。一人で暮らす寡婦もまた、悪い評判を覚悟しなければならなかった。セックスの喜びは、一度味わえば危険なまでに病みつきになると考えられていた。寡婦の相手としてしばしば口の端に上ったのは聖職者、それもボッカッチョが「寡婦たちにとっての大いなる慰め」と呼んだ托鉢修道士であった。いつも説教に小話を入れたベルナルディノ修道士は、会衆の中の寡婦たちに「用心しなさい」と言って、売春宿から一人の女性を救い出したある神父の話を聞かせた。女は誘惑に負けないようにと、男に願って小さな穴を一つだけ開けた隠遁所にみずからを閉じこめてもらう。二人はこの小さな穴を通して連絡を取り合っていたが、やがてそれぞれ「時として誰しもが襲われる、あのような思い」に駆られ、女は男を招き入れた。「もうこれ以上語る必要はありませんね。じきにこの女は子を宿しました。なぜこんなことになったのでしょう。それは用心しなかったからです」。

十五世紀フィレンツェの寡婦たちは、概して経済的に安定した暮らしを送った。夫が亡くなれば、持参金が自分のものとなったからだ。夫は生きているかぎり、妻の持参金を自由に使うことができたが、それでも持参金は妻のものであると、法律で保障されていた。持参金に関しては妻の権利を夫の債権者の――いや、浪費や管理の失敗によって資産の消失が危ぶまれる場合は、夫の――権利よりも優先し、妻の利益を守ることが法律で決められていた。

若い寡婦が再婚すれば（あるいは若い女性が寡夫と結婚すれば）、義理の子どもた

会衆を前に説教するベルナルディノ師
会衆は男女別の席に座っている。ネロッチオ・ディ・バルトロメオ作、シエナ市立美術館（アリナーリ・アーカイブズ）

ちとの関係という、別の問題に直面した。ベルナルディノ修道士は、年上の男性に嫁いだ若い花嫁が新居に入れば「そこには継息子《ままむすこ》がいるだろう。継子をかわいいとは思えない若妻は、食べ物を与えるのも惜しむようになる……。継娘がいたとしたら……平和はもう終わりだ……。それに、ああ、なんということだ、家には姑もいるのです！　……もう言わなくても、皆さんよくご承知でしょう。平和は望めませんね。幸せな時は終わりを迎えたのです」。家産はたいていは遺言によりすべての子どもたちに公平に分配されたが、時に継子たちは家産の権利をめぐり、継親を訴えることがあった。

義理の子どもたちの存在は別にしても、年配の夫と若い妻という十五世紀の結婚パターンは、妻に家族の中でとくに微妙な役割を課した。初婚の場合、妻は夫と子どもたちのほぼ中間の年齢のことが多かった。子どもは、主に妻が育てた。年配の夫は子どもたちが成人するまで生きているとはかぎらなかったから、多くの女性は一人で子どもを育てることになった。モラリストたちは、フィレンツェの若者たちが騒動を起こすのは、母親ばかりに育てられたことが一因だとしている。詩人のマッフェオ・ヴェッジョに言わせれば、「母親は子どものどんな要求にもノーと言わない」からだ。「母親は［自分の子どもたちの］やりたいようにさせる。子どもが友だちに怪我をさせられた、教師にたたかれたと訴えれば、……まるで自分が痛い思いをしたように……必ず子どもの味方をする。母親は、何事であれ、子どものやりたいことをさせてやる……。こうした生ぬるい、放任教育ほど恐ろしいものがほかにあろうか。こんなふうに育てるのはとかく母親だ」。子育ての責任は、父親も負うべきだとの主張である。

父親が果たした重要な役割の一つに、乳母《バリア》の選任があった。中世後期、乳母を雇う習慣は貴族の間に広く浸透し、この時代になるとフィレンツェでは中流階級も取り入れるようになっていた。カーニヴァルではよくこんな歌が歌われた——乳母は夫のいる若い女／経験豊富／赤ちゃんをおくるみで包むのもあっという間。フィレンツェでは、職人の妻がわが子を安い料金で農家の乳母に預け、自分は商人や銀行家の子どもの乳母になることがあった。授乳をしない裕福な母親が支払う料金は、二人の乳母の懐を潤したのである。

住み込みの乳母もいたが、多くの場合、乳母は（ある研究によれば、五人のうち四人は）赤ん坊を自分の家に引き取って育てた。バスケットに入れられ、召し使いが引く驢馬《ろば》の背に揺られて、市外の遠方にある乳母の家に連れていかれる赤ん坊は、生後一八ヵ月ほどは家族の顔を見ずに過ごす。説教師たちはこの習慣を好ましく思わなかった。宗教的というよりも、現実的な理由からだった。ベルナルディノ修道士は「自分の子に雌豚の乳を飲ませるようなものだ」と手厳しい。「子どもは乳母の習慣に染まるものだ……。わが家に帰ってきた子を見て、母親はこう言うだろう。『おまえはいったい誰に似たの……。こんな子はうちの子じゃないわ』」。山羊、羊、牛など家畜の乳は、せいぜい緊急時の代替品としかみなされなかった。商人で文筆家のパオロ・ダ・チェルタルドは助言集で「動物の乳で育てられた子どもは知恵がよく回らない」と言っている。赤ん坊というものは、適切な土壌で大事に育てられる植物に似ているという点で、当時の人びとの見方は一致していた。ミケランジェロは一四七五年、石工の妻だった乳母の家に預けられたが、後年、「像を作るときに使う槌と鏨《たがね》」を、自分は幼い頃に乳母の乳から呑み込んだのだと、冗談交じりに語っている。心身ともに健全な乳母を探そうと父親たちは手を尽くし、契約書には「良質で健康な乳」を条件として明示した。

滞在していた乳母の許《もと》から子どもが帰ってくるのはめでたいことで、父親が愛情を示すチャンスでもあった。子どもを空中に放り上げるのも、古くからある父親の愛情表現の一つであったが、これをアルベルティは手厳しく批判している。ごく幼い子どもは細心の注意をもつて優しく扱わなければならないし、実際のところ、父親よりも母親の手に任せておくほうがいいと、アルベルティは言う。だが「その時期を過ぎると」家族も子どもも「喜びにあふれ」、「笑いが絶えないようになる。子どもは自分の意思を、いくらかは言葉で表すようになる。家中がそれを聞き、近所中が子どもの言葉を繰り返し、喜んでそれについてあれこれ話し合う……。子どものしていることに無限の希望を見出し、優れた知性や鋭い記憶力のおおいなる兆候を見て取るから、幼い子どもは父親をはじめ高齢の家族にとって、慰めであり喜びであると誰もが言うのである」。

「物事を管理し、統治する者にとって」教育は不可欠だとアルベルティは考えた。フィレンツェの特権階級も、間違いなく同じ考えであった。ジョヴァンニ・ヴィッラーニは十四世紀の年代記作者だが、その記述によればその時代でもフィレンツェの子どもの六割は学校に行っていた。学習は就学前から始まった。一四七九年、八歳のピエロ・デ・メディチが父親のロレンツォに宛ててこんな手紙を送っている。「ぼくたちはみな元気で勉強をしています。ジョヴァンニは綴りを覚え始めています。ルクレツィアは縫物や歌や読み方の練習をしています……。ルイザは少し言葉が出るようになりました。コンテシナの立てる物音が家中鳴り響いています」。十五世紀、中流・富裕層の子どもたちは、たいてい七歳くらいで共同体の学校での正規の教育を受け始めた。教育は三段階で進んだ。まずは読み書きを、次に（レオナルド・フィボナッチがヨーロッパに伝えたアラビア数字を使って）経理を学び、第三段階として銀行や商家で実務を習った。

「高貴さと見事に結びついたもの、人の暮らしを価値あるものにし、一家に世間の好意と権威と名声をもたらすものが、もし何かあるとしたら、それは教養である」とアルベルティは書いている。「父親は、息子たちが勉学に励むようにしなければならない。子どもは正しい読み書き……そろばん《アバカス》……幾何学を学ばなければならない……詩人、弁論家、哲学者に親しめば、教養だけでなく、倫理観も養われるだろう」。アルベルティは当時の「洗練されていない」ラテン語の教科書を批判し、キケロ、リウィウス、サルスティウスら古代ローマの傑出した文筆家の美しいラテン語を学ぶべきだと力説した。

フィレンツェの少女たちはといえば、学校に通うこともあったが、男子ほど厳しい勉学は求められなかった。女の子の多くは宗教施設に送られ、結婚するまである時期を――人によっては生涯を――そこで過ごしたが、必ずしも読み書きを習ったわけではない。プラートの商人フランチェスコ・ダティーニの妻マルゲリータが文字を覚えたのはおとなになってから、留守がちな夫とプライヴェートな手紙をやり取りするためであった。上流階級の女性でさえ、家事の習得を読み書きよりも優先させたのである。ベルナルディノ修道士は娘の教育について親たちにこう勧めている。「縫い、裁断し、糸を紡ぎ、掃除や料理をし、自分や兄弟たちの髪を洗うこと、家中の洗濯をし、食卓で給仕できるように娘たちをしつけなければなりません。嫁いだ先で、ゆで卵も作れない娘になったら困るでしょう」。

しつけをするのは、なんといっても父親の役目であった。アルベルティは、父親は賢明な抑制と限りない警戒心をもってしつけにあたるべきだと説いている。「父親の務めとは、あらゆる面から家族全員を見守り、保護しなければならない。それ以上に、父親というものは、俗に言われるように家族を養うだけではない。同居する全員［召し使いを含む］を監督し、一人ひとりの内外の行動に目を配り、なんであれ悪い習慣があれば正さなければならない。そんなときは、怒って叱るより理を説き、力を振るうよりも権威をもって言い聞かせることが望ましい」。

家族のなかでもとくに手綱を締めなければならないのは、成人した息子たちだった。よい父親は「若者たちの気持ちを……抑える術を知っていて……若者が報復のためであれ、青くさい楽観主義を実践しようとしてであれ、無責任で無謀な行動に出ることを決して許さない」。つまり、アルベルティに言わせれば、父親は「常に自覚を持ち、威張ることなく、しかし威厳をもって、親しみやすくなりすぎず、しかし優しくふるまわなければならない。力ずくで保たれる権限は、愛情によって保たれる権威ほど安定したためしはないことを、父親や年配者は肝に銘じておくべきだ。恐怖はそれほど長くは続かないが、愛情はずっと長続きするものだ」。

しかし、人本主義に基づくアルベルティの合理主義は、当時はまだ未来の声であった。依然として聞こえていたのは、過去の声である。ジョヴァンニ・ドミニチ師が推奨した親子関係は、ローマの家長《パーテルファミリア》の考え方に合致していた。「少なくとも一日に二回」子どもたちは「父と母の前にひざまずき、祝福を受ける……立ち上がるときは頭を垂れ、父の手に口づけをする……。子どもというものは、たとえひげを蓄えた成人の男であっても、父母の前では、ただ耳を傾け、問いに答えるにとどめ、生意気にも口を開いてはならない」。さらに「息子は父の、そして母のものであるから、親は気のすむまで殴ってよい」。夫に先立たれた女性は、「平手で叩いたり、鞭《むち》打ったり」という父親の役目も果たさなければならない。二五歳の息子でさえ、善悪をわきまえさせ忍耐心を養うためには懲らしめが必要である。

女の子は厳しく見張っていなければならないとは、万人の共通意識であった。ベルナルディノ修道士は警告する。「［娘たち］を、きちんと監督しなければなりません。もし、糸紡ぎや機織《はたお》りをおとなしく続ける代わりに、物音がするとすぐに窓辺に駈け寄るようなら……そのときに叱らなければ、あとで恥をかくことになります……。［若い女の子を］祭りや結婚式に行かせるときは慎重に……。召し使いとは決して関わりを持たないように……親戚たちとさえ、あまり打ち解けさせてはなりません。そうしておけば、娘が子を宿しているのを知り、どうしてこんなことになったのかと思い悩むこともないでしょう。女の子を親戚の家にゆだねてはなりません……。また、大きくなった兄弟と同じ寝床で寝かせては絶対に、絶対に、絶対にいけません。悪魔は狡猾に誘惑を仕掛けるからです……。父親にさえ［娘を］任せてはなりません」。この説教が示すように、近親婚の罪は人びとの絶えざる関心事であったが、実際の事例は残存する史料にほとんど記録されていない。とはいえ、一般的な貞節についていえば、ベルナルディノ修道士の忠告は事実に基づいていた。当時普及していたエチケット本や服装の手引書は、処女でない花嫁を処女らしく見せる方法を教えている。

非嫡出《ひちゃくしゅつ》の子どもたちが、政府が取り組むべき社会問題として初めて認められたのもこの時代であった。一四二〇年代、フィレンツェで世界初の捨て子収容施設が生まれた。有名な捨て子保育院《オスペダーレ・デッリ・インノチェンティ》である。これを建てた建築家ブルネレスキの斬新なデザインはルネサンス建築の始まりとされている。のちに各地で増えていった同様の施設と同じく、この保育院も問題を解決することはできなかった。引き取ってくれる親戚が誰もいない孤児の数が増え続けたのである。クリスティアーヌ・クラピシュ＝ズュベールによるフィレンツェの記録の研究からは、浮浪児や幼い物乞いたちの悲しい生い立ちが明らかになる。幼い兄弟姉妹を養う子もいれば、親に売りはらわれた女の子や、教会の扉の前に置き去りにされた赤ん坊がいた。古代ローマでよく知られ、のちの世紀にかなり効果的な解決方法の一つになった養子縁組は、中世にはほとんど行われなかった。

　望まれぬ子どもたちがこれほどいたにもかかわらず、教会は避妊に対して頑なな姿勢を取り続けた。聖書にあるオナン〔自分の子孫が相続人にならないことを知っていたため、性交の際、故意に精液を地に流したという〕の罪の物語は、広く行われていた膣外射精を明確に非難していると解釈された。今一つの手法であるソドミーは下劣な罪であるとされた。ダンテはそれについてほのめかしたし、次の世紀には彫刻家ベンヴェヌート・チェッリーニがパリで一人の若い女性と「イタリア式の性的関係」をもったと告発された。物理的に膣を閉塞するなど、物的手段を用いる方法やモンタイユー村のピエール・クレルグが用いたハーブなど、魔術めいたいかがわしい避妊法が広く用いられた。現代に伝わるラテン語の格言――純潔を守れないなら、注意深くあれ――に、人びとは従おうとしたのである。デイヴィッド・

ハーリイーは、避妊の実践は全体として見れば人口変動に影響したかもしれないが、それよりも結婚年齢など意図的でない諸要因の影響がはるかに重要だったのは疑うべくもないと言っている。乳母に育てさせる慣行は、授乳しない母親が次に妊娠するまでの間隔を短くした。授乳する母親はこの期間が長くなった。フィレンツェの記録によれば、乳母をつとめる二種類の女性たちのうち、農家の母親のほうが市内の貧しい母親よりも、子どもの数が多かった。市内に住み、子どもを乳母に育てさせる富裕層の母親は、貧しい層よりも多くの子どもを生み、幼い子を病気や怪我から守ることができた。金持ちの家は「若者と子どもたちであふれていた」という。

老いの苦しみからは、フィレンツェの大金持ちでさえ逃れることはできなかったろうが、それでもラポの時代のフィレンツェ人は、先祖たちよりも物質的に恵まれた暮らしを営むことができた。また、一家の長は生涯その地位にとどまるというトスカーナ地方の慣習の恩恵もこうむった。幼くして親への従順と尊敬を教え込まれた子どもたちは、高齢の親を大事にした。説教師たちは、優しさと忍耐強さを説いた。ベルナルディノ修道士はこんなふうに勧告している。「牛は歳をとると強くなりますが、人間は牛ではありません。もし［お父様の］気分がすぐれず、いらいらした物言いをし、かんしゃくを起こすなら、お父様が歩く道にバラの花を撒いてあげなさい」。父親は一家の長として揺るがぬ権威をもち続けたから、これは思いやりがあると同時に賢い勧告だった。

ラポ・ディ・ジョヴァンニ・ニッコリーニは、いくつもの重要な公職に就き、一四三〇年に亡くなった当時はヴィコ・ピサノ城の代官であった。息子のパオロがその死と埋葬を丁寧に記録しているが、そこからは自分が取り仕切った豪華な葬式に鼻高々であったことがうかがえる。

全能の神が、ジョヴァンニ・ニッコリーニの息子であるわが父、ラポの魂をお召しになった。願わくは哀れみと慈しみの神が、彼の魂にまったき赦しを与えられんことを。これは一四三〇年十二月二十四日の第十時のことであった……。十二月二十六日、われらはこのラポの遺体を棺におさめて封印し、ヴィコ・ピサノからフィレンツェに移送し、同日の晩課の時刻にサン・ヤコポ・トラ・レ・フォセ教会に安置した。棺は十二月二十七日夕刻、フィレンツェ市内サンタ・クローチェ教会のジョヴァンニ家の墓所に埋葬された。高い祭壇のすぐ下にあるこの墓所には父の父をはじめ、一族の者たちが葬られており、ジョヴァンニの名前と、中央にわが家の紋章が刻まれた大理石の厚板で覆われている……。一月四日、われらは、わが父ラポの葬儀と記念式典を執り行った。大いなる財を成し、国の内外で数々の重職を担い尊敬されていたわが父を、このように見送ることはわれらの義務であり、また強く望むところであった。時折しも戦《いくさ》と疫病が打ち続く不幸な時代である。税は史上類のないほど重く、財が乏しい中、われらはよき息子として、利得よりも父とわれら自身の名誉を重んじた。われらが多くを費やしたことは、ベルナルド・ニッコリーニの手になるラポの相続記録にあるとおりである。

葬儀には、多くの人がのぼりや紋章や旗を手に徒歩や騎馬で参列した。ラポは業界でも政界でも、また多くの聖職者たちからも重んじられていたのだ。「……葬儀の費用は膨大であったが、パオロ、ロレンツォ、ベルナルド、オットーのわれら息子四人が、通夜を含めすべての費用を負担した。わたしは喜んで四分の一を支払い、そうできたことを神に感謝している。他の三人も同じ心であることを望んでやまない」。

結婚と家族——黒死病の流行以降

一三四七〜四九年にかけてヨーロッパ全域を襲った疫病は、すでに不況や人口減少にあえいでいた多くの地域に壊滅的打撃を与えた。疫病はその後も繰り返し猛威を振るったが、それでも中世の家族は目覚ましい回復力を発揮し、早婚と多産によって失ったものを完全ではないにしろ、取り戻すことができた。働き手がいなくなった小作地の多くはトラブルもなく縁者に受け継がれた。多少の社会的あつれきが生じたこともあるが、大規模な混乱はおおむね避けられた。

人口減少にはプラスの側面もあった。賃金が上昇し、土地の価値が下がったことで、農奴に代わり自由土地保有者と賃金労働者が増えた。十五世紀の家屋はより広くなり、構造や家具調度も改善された。これはとくに都市富裕層の家で顕著であった。疫病を生き延びた農家は小作地を増やし、地主との契約を有利に進めることができた。新たに手が届くようになった教育機関を利用して、一部の農民家族は栄え、下層階級から紳士階級へと上昇した。イングランドのパストン家がその好例である。

結婚は依然として一つの経済活動であった。持参金は金額が増え、ますます重視されるようになった。都市でも地方でも、裕福な家同士の縁談は、念入りに、厳かに進められ、しばしば宗教的儀式を伴った。とはいえ、見合い結婚の夫婦でも愛は育ったし、また両親の反対を押し切って結婚する若者もいたことは、パストン家の書簡が示すとおりである。

第五部　中世の終わり

第一五章　遺産

　十五世紀の最後の一〇年間までに、スペインでは国土回復運動《レコンキスタ》が終結し、カスティーリャとアラゴンの二王国の連合による新たな政治勢力が生まれていた。この連合王国の二人の君主は、商業都市ジェノヴァ出身の一起業家船乗りによる大航海の企画に資金を提供した。思いがけなくも新世界の発見に至った航海であった。こうしてヨーロッパの大探検と植民地化の時代が幕を開けた。印刷術と火薬の発明という技術革新に続いてプロテスタント宗教改革が起きたこの時期をもって、のちの歴史家たちは中世に一つの区切りをつけた。

　宗教改革は、結婚と家族をめぐる問題に斬新な視点を持ち込んだ。一方、新たな経済環境は、結婚にも家族にも、長期的かつ深刻な影響を及ぼした。中世の一〇〇〇年を通して見ると、結婚と家族という二つの制度はある意味でほとんど変化がなかった——少なくとも、のちにこの二つの制度を揺さぶり、方向づけたような変化は起きなかった——ように見える。だが、実は中世は大きな変革をもたらし、現代の家族が生まれる下地を整えたのだった。古代ローマ人やゲルマン諸民族が、もし西暦一五〇〇年の結婚と家族の形態を目にしていたら、自分たちが知っているものとはひどく違っていることに驚いただろう。

　ローマ時代から宗教改革までの間にヨーロッパの家族に起きた最大の変化を一つ挙げるとすれば、それは機能の縮小である。宗教はキリスト教会のものとなり、裁判は世俗や教会の法廷に委ねられた。家族の経済的、社会的、教育的役割は、封建制度や同業組合、国家政府や軍隊、あるいは学校や大学に侵食されていった。

しかし、社会の基本的構成要素としての世帯・家族の地位は揺らぐことがなかったし、ある面でその地位は向上したのだった。大きな親族集団——氏族《クラン》、一族《リネージ》、親族《キンドレッド》——は相対的に影響力を失ったが、その後に起きたことは、かつて考えられていたような「核家族化の進行」ではなく、もっと複雑であった。たとえば、十一〜十二世紀に土地持ち貴族の間で父系制が定着したことで、超《スープラ》家族は劇的な返り咲きを果たしたし、ほぼ同時期にイタリアの都市では大貴族の氏族や一族が栄華を誇った。氏族や親族の影響力は、国家の力との関係で大きくなったり小さくなったりした。国家が弱体化すれば超家族の力は強まり、政府の勢いが長続きすれば氏族は衰えた。世代が垂直につながる血縁集団の力は、中世には衰えるどころか、家名を名乗ることで永続的な影響力を確保した。このような歴史の経過を経て、人は名（ファースト・ネーム）と姓（ラースト・ネーム）で呼ばれるようになった。

中世一〇〇〇年の間に、世帯の形や規模は考え得るかぎりあらゆる変化を遂げたものの、進歩的発展を遂げたとはいえない。中世末期になっても、家族の種類によってさまざまな違いが存在したことは、一〇〇〇年前と変わらない。農民の家族は貴族家族と違い、貧しい家族と金持ちの家族は違った（今日知られている諺とは反対に、裕福な家は子どもが多かった）。また都市の家族と農村の家族の間にも違いがあった（一つには、子どもたちの間で分けるには、土地よりも現金のほうが容易だったことが、その背景にあった）。中世を通してどの時期においても、たいていの家族は「完璧ではなかった」——つまり、「夫婦と子どもたち」という型通りのイメージに増減を加えた形をしていた。

中世の終わりにおいても、初めのときと同様に、人びとは真に望んでいる家族環境にはほんの束の間しか住めなかったといえるのかもしれない。九世紀ファルファ大修道院の所領明細帳《ポリプティクス》から、そこに暮らす農民の家族について歴史家リチャード・リングが立てた仮説はきわめて示唆に富むものだ。もしもファルファの人たちが大きな近親者集団の親しい交わりや安全を求めたとすれば、それはファルファの人たちに限った話ではないだろう。十五世紀のフィレンツェ人、レオン・バッティスタ・アルベルティも「家族がみな一つ屋根の下に住み、一つの炉から暖を取り、一つの食卓を囲むこと、これがわたしの望みである」と言った。フレデリック・ル・プレーが類型化し、ジョージ・ホーマンズが平野地方と森林地方の農民にそれぞれ当てはめた直系家族や合同家族は、人が自然に抱く理想が容赦ない現実に妨げられた結果を表すものかもしれない。家族の歴史の研究は、この点でもほかの側面と同様に、心理的、情緒面からの新たな手法やアプローチを求めているようだ。

不十分な情報をもとに結論を導き出す危険性は、すでに明らかになったとおりである。一九六〇～七〇年代、フィリップ・アリエス、ローレンス・ストーン、エドワード・ショーターらは、中世の家族生活は情緒に乏しかったという仮説を立てたが、これはのちの研究による検証に堪えられなかった。たしかに夫婦や親子の間の愛情を示す史料は、とりわけ中世の初めの数世紀に関するものは、わずかしか残っていない。だが、この時代は、あらゆる記録文書が少ないのだ。それでも、中世人としてくくられる人びと——ローマ人、フランク人、アングロ・サクソン人、十三世紀イングランド農民、十五世紀イタリア商人たち——の間に家族愛が存在していたことを示す十分な情報は、わたしたちの目の前にある。デイヴィッド・ハーリイーの言葉を借りれば、「中世の家族は感情に乏しかったということはない。乏しかったのは史料だ」。最近の研究に照らせば、この点についてはもはや論争の余地はない。

たしかに家族を取り巻く環境は質素で厳しかった。家族の存続を確かなものにするために、その経済的機能が、ともすればほかの問題よりも優先されたのである。結婚相手の選択にあたっては、家産の維持や農業や商売など家業の永続に役立つかどうかが重視された。子どもは、家族の存続という事業の一要素であった。地域によっては――古代ローマ、九世紀ファルファ、十五世紀トスカーナ地方などの例が本書で紹介されているが――父親は、社会から課された権威的役割を死ぬまで行使した。より実行力のある後継者が、高齢の父親に代わってその役割を担う地域もあった。

子どもは、家にいても、奉公先でも、学校でも、権威を体現する者を敬うように教えられた。ロンドンの見習い職人について、シルビア・スラップはこう語っている――徒弟は「支配し、雇用する階級の一員としての自身の役割を把握すること」を学ばなければならなかった。これは主に「目上の前でも目下の前でも、短気を抑えること」だった。「地位にふさわしい……その人なりの気品」は抑制を通して身に着けることができるとされた。同じことが聖職者にもいえた。ノジャンの修道院長ギベールは「内なる自分を律する」方法を模索し、（その目的のために自分の家庭教師が用いた方法を退ける一方で）聖アンセルムスの教えを受けた。貴族も小作人も、自己修養に努めなければならなかった。必然的に、子どもは甘やかしてはならないと戒められた。「甘い教育……これほど醜いものはあろうか」と十五世紀の詩人マフェオ・ヴェッジョは母親たちを非難して、怒りの声を挙げている。いつの世でも繰り返し聞こえる声である。

相続の慣行は社会状況によって修正や変更を迫られながら、結局は家族の一部が他と比べて優遇される仕組みに落ち着いた。長男を裕福に、弟たちを文無しにし、娘たちを嫁にやる（嫁ぎ先がなければ修道院に送り込む）仕組みであった。本書で多くの例を見たように、親たちは臨終の床で子どもたちへの愛情あふれる遺言を残した。農夫ラルフ・スヌスはこう言い残した。「妻がわたしとの間に生まれた子どもたちを真心からの優しい愛をもって育てますように。願わくは、妻が神とわたしの前でこれを忠実に行いますように」。幼い子どもたちの世話は年長の子どもに託された。祖父母やおじやおばたちも手を貸した。

農民や職人の間では、子どもは畑や作業場で仕事を手伝わなければならなかった。忙しい親は子どもをおろそかにした。そのため、時には悲劇も起きた。それにもかかわらず、今の時代に生きるわたしたちと同じように、人びとは子どもと共にいるのを楽しみ、思いやりと驚きの入り交じったまなざしを注いでいたのだった。これを示す史料は枚挙にいとまがない——赤痢を病んで死んでいった子どもを悼んだトゥールのグレゴリウスの涙、洗礼を授けた赤ん坊と楽しく遊んだリンカーンのフーゴ司教、子どもの発語を喜ぶ近所の人びとを描くアルベルティの書など。なかでも興味深いのは、フィレンツェの大銀行家コジモ・デ・メディチのエピソードだ。外国使節団との会議中に幼い孫息子からおもちゃの笛を作るように頼まれたコジモは、ナイフを手にとってこう言った——「みなさんもよくご存じでしょう、子どもや孫はかわいいものです。この笛作りなど、頼まれなくてもやりたいですよ」。

親の愛情と同じことが夫婦の愛情についても当てはまる。夫婦愛を、教会法学者グラティアヌスは結婚の合法性にとって不可欠な属性であるとした。そう定めた法令集が図書室の隅でほこりをかぶったまま、放っておかれたなどということはない。十二世紀、フランスのカオール教区で使われたミサ典礼書の指示によれば、司祭は「二人の関係と、互いに愛し合っているかどうかをしっかりと尋ね……。もし……愛し合っていれば［そして、なんらかの障害が見つからなければ］二人を結婚させることになっていた」。結婚について教会は、物質的な側面に重点が置かれることを、しばしば批判した。辛口の説教で知られるパリのジャック・ド・ヴィトリ師は、新郎が教会に連れてきたいのは、許嫁《いいなずけ》ではなく、彼女の金《かね》や飼っている牛ではないかと思うことがあると皮肉を言っている。結婚は恩恵であり、だから（たとえ領主に結婚税を払う義務はないとしても）なんらかの代価を支払うべきだと考えられた。結婚に際しての財産分与を、夫側と妻側がどのように行うかは、結婚市場の動向次第で変わる相互関係によって決まった。ゲルマンの花婿は、結婚が成就した翌朝、花嫁に「朝の贈り物《モルゲンガーベ》」をした。その数世紀後、フィレンツェの花婿は貯蓄債権機関《モンテ・デル・ドティ》に走り、花嫁の持参金を受け取った。持参金はその後も長い歴史を歩み、重要な意味を持ち続けて、シェイクスピアが戯曲『尺には尺を』で描いたように、しばしば策略の道具に使われた。やがて、結婚に際しての財産分与は重要な変化を遂げ、世代間の資産移転の意味をもつようになっていった。カエサルの時代、ゲルマン人の夫は花嫁の親に支払ったが、中世になると若夫婦の（どちらか、あるいは双方の）親が、新世帯を経済的に支える基盤を提供するようになったのである。

持参金や寡婦産《ダウワー》、朝の贈り物に寡婦資産《ジョインチャー》、嫁入り道具《トルソー》やその返礼――そんなやり取りの渦中にも、愛情やロマンスや情熱の花は咲いた。モンタイユー村のベルナール・クレルグは、のちに妻になったレモンドに首ったけだった。『エクセター本』には、夫が航海から帰ってくると「海で汚れた衣服を洗い……、夫の愛が求めるものをこの地で与え」る船乗りの妻が描かれている。伝記作者によると、ギーヌ伯には（驚くべきことに）二三人もの非嫡出子《ひちゃくしゅつし》がいたが、正妻を深く愛していた。妻が出産で命を落とすと、悲しみのあまり床に臥《ふ》せ、「何日もずっと」自室に閉じこもったという。九世紀の貴婦人ドゥオダは「［夫と息子に会いたいとの］切なる思いで、わたしの心は悩み苦しんでいます」とつづった。その六〇〇年後、マージャリー・ブルーズ・パストンは同じ思いを手紙で訴えた。「お願いです、もしロンドンに長くおとどまりになるのでしたら、わたくしを呼び寄せてくださいませんか。もう長いこと、あなたの腕に抱かれておりません」。

若い農民の情熱は、経済問題の冷や水を浴びて冷めるようなものではなかったろう。それでも、農民にとって土地と家財は（上流階級にとっての絹や宝石よりも）重要だった。教会の戸口に立った二人が愛し合っていたことは、長い結婚生活を経てのちに書かれた遺言書から明らかである。秘密結婚は、どんな欠陥があったにせよ、それ自体はロマンティックで衝動的な行為だった。教会裁判所は当然「トネリコの木の下や寝床の中で、庭や鍛冶屋の仕事場で、台所や酒場、あるいは公道など」で誓いを交わした結婚を好ましいとはしなかったが、ここで言及されている場所そのものが、誓いが自発的だったことを暗示している。中世以降も長く若者はともすれば結婚相手を自分で決めたがり、周囲と摩擦を起こした。

続いた傾向である。一五四六年、アヴィニョン市議会にこんな訴えが寄せられた。「アヴィニョンの若い女性たちは……父や母、親族らの許しも同意も得ないまま、勝手に結婚の約束をするが、これは最も異常で恥ずべき、公序良俗に反することである」。ここで両親の同意とならんで親族の同意が挙げられていることに注目したい。両親の同意は常に超《スープラ》家族の声の一部であり、当事者同士の合意とは新たに生まれる夫婦家族の声であった。十二世紀の教会法学者グラティアヌスは、たとえ親の意に反する場合も、当事者同士の合意こそ重要であると唱えたが、これは過去との徹底的な決別であった。秘密結婚は、親の意向よりも当事者同士の合意を優先する考え方の究極の表れであり、当然プロテスタントからの批判の的となった。誘惑者に都合よく利用されるというのが主な理由であった。スイスの宗教改革者ツヴィングリが起草し、一五二五年に制定されたチューリッヒの条例には、合法的な結婚の成立には信頼できる二人の証人の立ち会いが必要であると明記されている。カトリック側は一五六三年のトリエント公会議で秘密結婚を認めない方針を打ち出し、事実上グラティアヌスの考え方を否定した。公の場で、いや実際には教会で、司祭が司式する結婚式が主流となり、結婚が成立したかしないかをめぐり、長く続いた曖昧さに終止符が打たれた。（結婚したにせよ、婚約したにせよ）サー・ジョン・パストンとホート嬢のように、中途半端な立場を取り続けることはできなくなった。結婚はある瞬間に、ある一定の方法で発生する出来事になったのだ。フィリップ・アリエスの言葉を借りれば「一一時五分前には未婚であった人が、一一時五分過ぎには既婚者になる」のだった。結婚はまず予告され、司祭が教会で式を執り行い、指輪の交換や証人の前での宣誓から披露宴へと続いた。こうした結婚の形に秘密結婚は到底太刀打ちできるものではなかった。

こうした変化は進歩といえるだろうか。さまざまな意味で、たしかに進歩であったろう。だが、中世教会法研究者ジェームズ・ブランデージはこうも言っている。「トリエント公会議が打ち出した結婚の規範はあまりにも厳正で柔軟性を欠いていたため、数え切れないほどの悲劇を生んだ。幻の確実性を手に入れるためには、高すぎる代償であったといえるかもしれない」。男女のカップルは「結婚しているか、いないかのどちらか」であると規定されれば、「その中間の立場は法律的に存在しない」ことになる。そういうわけで、二十世紀後半に出現した同棲という取り決めは、宗教改革と反宗教改革運動がもたらした問題への、遅まきながらの反応だとみることができよう。ここでいう同棲とは、結婚の前段階として、あるいは結婚に代わるものとして、法律上の結婚の手続きを経ずに夫婦として同居する取り決めである。

十六世紀に結婚の定義が確立された結果、親の影響力を重視する方向へと、振り子は揺れた。しかし、結局は収入源としての土地収益の重要度が低下するにつれて、当事者の自由な選択が尊重される傾向が強まった。中世末期の神学者フアン・デ・トルケマダは一四五七年、結婚についてこう宣言している。「結婚とは……キリストと教会の間の絆を表すもので、この絆は自由な愛を通して実現する。したがって、結婚は強制された合意によっては成立しない」。見事な洞察であった。

結婚がいかに成立するかをめぐる問題を突きつけられたのは、社会の底辺層と教会裁判所であった。一方で、上流階級で問題となったのは、結婚の解消である。司教や教皇を巻き込んでの論争が生まれることもあった。新生ゲルマン諸国家の奔放な王や貴族たちは、余剰の妻たちをあきらめるように――少なくとも、愛人を大っぴらにではなく、隠れて囲うように――と、時には脅しを含んだ説得を受け続けたが、妻を一方的に離縁する古い習慣を捨て切れなかった。跡継ぎが必要だという王たちの言い分は、広く一般に認められたのである。ランスのヒンクマルスをはじめ司教や教皇たちによる果敢な戦いは、一方的に離縁される側の王妃ら女性たちの助けとはなったが、いくつか新たな難問を後代の教会指導者に残すことになった。王たちは近親婚を禁じる教会法を盾にとり、結婚の無効化（中世の用語では離婚と同意語）を宣言してもらおうとした。ルイ七世とアリエノール・ダキテーヌの国王夫妻のように、すでに夫婦として何年も同居し、子どもも生まれている夫婦でさえ、無効化宣言を求めた。ラテラノ公会議（第四回）はこうした抜け道を防ごうと、極端な「七親等ルール」をゆるめたが、その後も離婚を（あるいはジョン・パストンのように婚約解消を）求める人たちはバチカンにつてを求めてその道を探り、腐敗を助長した。そんな状況下でプロテスタントは、腐敗を断じ、規則に則《のっと》った離婚を提唱するという、二面作戦を展開した。ルターとカルヴァンは聖パウロを再解釈し、妻の不倫は離婚の十分な理由になると認めた。ところが、夫の不倫も同様に離婚理由として認めるには、プロテスタントでさえ、なおしばらく時間がかかっている。プロテスタントはのちに、夫婦の一方による相手の遺棄や耐えがたい虐待も離婚理由として認めた。

離婚の自由を男性が握っていた時代背景を考えると、離婚に関する中世の教会の教義は抑圧的というよりも、むしろ解放的と呼べるだろう。また教会はこの教義の運用にあたって、よく言われるほど硬直的だったわけではない。中世を通してさまざまな状況にある夫婦が、教会裁判所や世俗当局、あるいはその双方の連携によって離婚を認められた。アヴィニョンの公証手続きには「離婚の代わりとなる」合意別居の例が数多く記されている。ヘントの市議会は、破綻した夫婦の問題をしばしば扱い、可能なかぎり和解に努めた。一三七七年、カトリーヌ・カントはジャン・カントとの復縁を命じられたが、それにはジャンが行いを改めるという条件がつけられた――もし、ジャンが「過度のギャンブルや飲酒を続け……宝石を家から持ち出したり、家産の適切な管理を怠ったりした場合」はトゥルネーの監督裁判所に出頭し、以前に合意した正式別居の手続きをみずからの責任で行わなければならない。

第四ラテラノ公会議以降も近縁者同士の結婚は制限されていたが、ルターはこれも批判した。とくに「霊的親族」に関する規定については、この規定の免除権を持つ一部の聖職者が権限を乱用して金儲けをしているとして厳しく非難した。ルターは「誰であれ、よいと思う人を伴侶に選びなさい。名づけ親であれ、名づけ子であれ、その娘や姉妹らであれ、問題はない。あのような不自然な金目当ての規則など、無視してかまわない」と信者たちに説いている。ただ、批判することは、既存の規則を再規定するよりも簡単だった。ルター自身は『レビ記』一八章が禁じる性関係は一二種類だけだと解釈したが、仲間の神学者アンドレアス・オジアンダーは、そこには他の関係もいくつか含まれており、モーセ五書などを考慮に入れれば、婚姻関係あるいは性的関係を結ぶことが禁じられている範囲は広がると考えた。オジアンダーはまた、出身地ニュルンベルクの人びとが、新たに手にした自由を乱用し、近親者とおぞましい関係を結んでいる有様を見て心を痛めた。最終的にキリスト教世界は（カトリックもプロテスタントも）近親者同士の結婚について、首尾一貫しているとはいえないものの、かなりしっかりとした一連の規定を採用することで落ち着いた。ただ、近親婚タブーの基本的根拠そのものが問われたことは一度としてない。これは、神学者だけでなく、文化人類学者も歴史学者も心理学者もいまだに説明できない問題なのだ。一般社会はモンタイユー村の農民と同じ道を歩みがちだ。つまり、迷信とない交ぜにした常識に基づき、近親姦は「罪」ではなく「恥」だと捉える傾向がある——姉妹、母親、いとこと寝るのは恥だが、またいとことなら「とことんやれよ！」というわけだ。

宗教改革は、結婚よりも貞潔に重きを置いた中世の教会の姿勢にも異議を唱えた。結婚生活は独身生活に勝ると、ルターは主張した——結婚は、健康な身体と健全な良心をはぐくみ、財産と名誉を守る。結婚は家庭の基礎を据えるが、社会を治める価値観は家庭が作り出すのだから、と。ルターがここで取り上げている結婚の長所の数々は、その七世紀前に、結婚は人の社会的関係に秩序をもたらすとして、その機能を評価したランスのヒンクマルスの思想を取り入れたものかもしれない。ヒンクマルスはルターと同じように結婚の価値を認めたが、聖パウロと同じように独身は結婚に勝ると信じた。

中世という時代をめぐる通俗の認識にはセックスがついて回るが、これはボッカッチョや滑稽な説話《ファブリオー》、吟遊詩人《トルバドゥール》や『宮廷風恋愛の技術』の著者アンドレアス・カペルラヌスのおかげであろう。ただ、文学に描かれるのは圧倒的に婚外交渉が多い。近年の研究は、不倫のケースを裏づけながらも、夫婦間のセックスについても多くを明らかにしてきた。なんといっても中世というこの時代、「男女で最も愛し合うのは、やはり夫婦」だったとは、モンタイユー村の農夫が証言したとおりである。夫婦の性的欲求が教会に見えていなかったことは決してない。これは、配偶者が互いに負う「夫婦間の義務」についての最初の慎重な布告に示されているとおりである。セックスは、一般社会よりも教会にとってより重要な検討課題であった。俗界の人びとはセックスについて深く考えることもなかったのだ。償いの規定書からは、寝室での作法に関して教会が偏狭な考えを持っていたこと、また避妊を暗示するいかなる行為にも強く反対したことが浮き彫りになる。フランスの歴史家ジャン・ルイ・フランドラン曰く、「夫婦は、交わりのときでさえ二人だけでいられなかった。睦み合う二人を聴罪司祭の不気味な影が覆っていたのだ」。実際、聴罪司祭は、罪深いとされた種々の慣行について教会の手引書から学んでいた。だが、そうした行為をどこまで抑止できたかは、疑ってかかるほうがよいだろう。なにしろ、聴罪司祭は告解で犯した罪に関して信徒に問いただす場合は、細部に立ち入らないようにとの忠告を受けていたからだ。信徒に余計な考えを吹き込まないためであった。

概して中世の神学者は、聖アウグスティヌスよりも聖ヒエロニムスに近い立場をとり、快楽のためだけのセックスを罪と断じた。だが、この罪を識別するのは容易ではなく、行為の実行者でさえ、はっきりとわからなかったろう。十六世紀スペインの倫理神学者トマス・サンチェスは、結婚において生殖を意図しないセックスは、生殖を妨害しないかぎり是認されると考えた最初の権威者であった。しかし、生殖に関する中世の人びとの考え方を前提とすると、サンチェスのこの進歩的な見解はあまり必要でなかったかもしれない。当時は一般的に、女性はオーガズムの瞬間に自身の種液を放出すると考えられていた。女性の種液は、少なくともローマ帝国時代の偉大な医学者ガレノスによれば、受胎に不可欠であった。それならば、と神学者たちは問題提起した――夫は妻が頂点に達するまで、結合を引き延ばすべきではないのか。十五世紀初め、パヴィア大学の医学教授アントニウス・グワイネリウスは論文『子宮について』の中で、パートナーが二人とも快楽を得ることが受胎の一因となるとまで述べている。そういうわけでグワイネリウスは、妻が目を輝かせ、短い言葉を口にし、完全に準備が整うまで、接吻や愛撫で妻を興奮させよと、そのための方法を詳しく説明した。また、女性の喜びを大きくするためのある種の薬物を推奨し、最適な仰臥位についての詳しい解説も付け加えた。

結婚の目的は生殖であるとする点で、グワイネリウスは教会と同意見であった。実のところ、中世という時代には避妊や中絶はそれほど大きな問題ではなかった。論争のテーマとしての避妊や中絶の歴史は現代のものなのだ。一方、幼児殺しは、もはや論争するまでもなかった。古代社会で認められていたこの人口抑制策は、キリスト教会のたゆまぬ努力によって、不法とされていたのである。だが、教会の人道的な教義が受け入れられたとしても、それで問題が解決したわけではなかった。

アメリカの法史学者R・H・ヘルムホルツは、十五世紀末カンタベリーの訴訟記録を研究し、当時も依然として幼児殺しが行われていた「十分な証拠」を見て取っている。数値こそ示されていないが、人びとが「普通にやっていた」ことがうかがえるという。のちに幼児殺しは世俗法で犯罪と定められたが、それでも問題解決の道は遠かった。「ヴィクトリア女王の御代《みよ》のわが国では、幼児殺しは悪評高いインドほど広まってはいない、などとは到底言えない」と、当時の英国の大物政治家ディズレーリは述べた。「望まぬ妊娠や幼児殺しのもっともな言い訳が通用しなくなった」のは、ようやく二十世紀、避妊の技術が進み、中絶が——教会の反対を押し切って——合法化されてのことだったとするアメリカの歴史学者ウィリアム・L・ランガーの結論に異議を唱えることは難しい。

家庭生活が、とりわけ中世後期に、目に見えて向上した分野といえば、物理的環境であろう。十五世紀までには社会の上層でも下層でも、暮らしはより快適に、生活空間は広くなり、プライヴァシーの面で改善が見られた。一間しかない小屋ではなく、三部屋ある家に住むようになった農民は村の中流階級を形成した。地主貴族は十二世紀の陰気な城に代わって、ケイスター城のような快適な住まいに落ち着いた。最も目立ったのは商人・銀行家らの都市貴族である。フランドルからシチリアまで、上流階級が住む地域には、住宅と店舗を兼ねたかれらの豪勢な屋敷が立ち並んでいた。都市貴族は豪華さだけでなく美も追求し、より快適な住まいを作り上げた。豪華で美しい家は、一家の誇りという第三の概念も表していた。ジェノヴァの実業家フランチェスコ・サセッティは借金にあえぎながらも、なんとか自分の邸宅を維持しようとした。というのもこれは、「きわめて美しく、また莫大な費用がかかったがゆえに、イタリア全土でも他の地域でも高く称賛され、わが一家に名声をもたらした」邸宅だったからである。

高い塔が立ち並ぶ一画——都市の中の都市——は、超《スープラ》家族の衰退とともに、その役割を失っていった。代わって、まずフィレンツェやヴェネツィアで登場したのが、ルネサンス様式の広い邸宅である。現代の七階建てほどの高さがあるゆったりした三階建ての邸宅は、プライヴァシーと豪華さを享受できる新世界を開いてくれた。邸宅のファサードはフレスコ画や彫刻、塑像や紋章やコーニスを用いた装飾が施され、立ち並ぶ装飾柱の向こうにアーチ天井の階段や拱廊《きょうろう》に続いて中庭や家族用の庭園が見える。外を眺めるときは、柱間の階段を上って高い窓を開けた。外から家の中がのぞき見られることは決してなかった。パオロ・ウッチェロやフラ・アンジェリコをはじめとする初期ルネサンス期の巨匠たちの作品は、邸宅の所有者の審美眼と自負を誇示していた。ベノッツォ・ゴッツォリはメディチ家の礼拝堂の壁を「東方三博士の礼拝」で見事に飾った。このパノラマ画にはコジモ・デ・メディチの家族の数人が描かれている。

14世紀のイタリアの都市　アンブロージョ・ロレンツェッティ作、シエナ国立美術館（アリナーリ・アーカイブズ）

中世を通して、一夫一婦制は一夫多妻制に勝利し、一方的に離婚する権力を男性から取り上げ、結婚の焦点は親や親族の利益から夫婦の利益へと次第に移っていった。結婚した夫婦が築く家庭は、重要な機能を教会や国家や社会に奪われながらも、西欧社会の基本的組織としての立場を固めた。古代の氏族は権威を失い、視界から消え失せた。家族はそのライフサイクルを通して絶えず構成を変えながらも、あらゆる階層で社会の姿に決定的な影響を与え続けた。その間にも中世は誰にも気づかれぬまま、時代の敷居を越え、近代へと歩を進めていった。

訳者あとがき

本書はFrances and Joseph Gies, *Marriage and the Family in the Middle Ages* (Harper & Row, Publishers, 1987) の翻訳である。

著者のフランシスとジョゼフ・ギース夫妻はアメリカの作家。一九六〇年代から実に三〇年以上にわたって、さまざまな切り口で中世ヨーロッパの世界を描き続けた。多くの作品の中でもすでに六作が当講談社学術文庫に収められており、シリーズ第七作となる本書は結婚と家族という普遍的なテーマを取りあげる。結婚や家族をめぐる考え方がますます多様化する今日、多くの示唆を与えてくれる一作だ。

家族とは歴史の産物だと、著者は本書の冒頭で指摘する。歴史を通して、絶えずその構成や規模や機能を変えてきた。今日、わたしたちは一般的に「結婚によって成立した夫婦とその血縁者から成る集団」を家族と呼んでいるが、このようなかたちの家族は、その原型を中世（紀元五〇〇～一五〇〇年頃）のヨーロッパにたどることができるという。本書はこの原型ができていった過程を、当時の史料から読み解いていく。

それは実に多岐にわたる史料だ――年代記、法令集、荘園の小作台帳や訴訟記録、さまざまな教会文書、聖人伝、育児マニュアル、文学作品や絵画、個人の日記や手紙や遺言書、そして墓碑。著者はこれらの史料を歴史学、社会学、女性学の立場から研究した数々の文献を紹介しながら、中世という荒々しい時代に生きた人びとを描きだす。

たとえば、結婚をめぐってキリスト教会と綱引きを続けた王たちがいる。教会は結婚を神聖な契約であるとして離婚、一夫多妻、近親婚、内縁関係を禁じたが、王たちにとって結婚の目的は世継ぎをもうけ、政治的、経済的な連合を図ることだった。シャルルマーニュは政略結婚で迎えた妻をすぐに離縁したが、のちに司教たちの圧力を受けて離婚禁止令を制定し、その後は「模範的な結婚」を三回繰り返したという（八世紀）。フランス王ルイ七世と王妃アリエノールは結婚一五年にして、自分たちが血縁者であったことに気がつき、近親婚を禁じる教会法を巧みに利用して教会に結婚の解消を認めさせたし、フィリップ二世（尊厳王）は離婚を求めて教皇庁と対立し、この騒動は二〇年も続いた（どちらも十二世紀）。中世をとおして続いた王権と教会の激しい対立は政治史だけでなく、結婚の制度にも大きな影響を与えた。「当事者同士の合意と二人の身体的結合を前提とした個人と個人の結びつき」という今日的な結婚の概念が、中世ヨーロッパで曲折を経ながら形成されていく過程が本書で詳しく語られている。

さまざまな史料からは、当時の人びとの親子関係も読みとれる。九世紀、フランク王国のある貴婦人は遠国にいる一五歳の息子のために、人としての正しい生き方を書き綴った。また、貧しい家に望まれぬ子として生まれ、育児放棄同然の扱いを受けたが、長じて教会改革の推進者となった神学者の生い立ちから、当時の家族が置かれた厳しい環境がうかがえる。十三世紀、イングランドの農民は息子と老後のための取り決めを結んだ。息子が小作地を引き継ぎ、その代わりに両親が生きているかぎり、その生活を保障するという契約だ。その内容は詳細をきわめ、老親が炉のそばで暖をとる権利、一定の食料や飲料、衣類や靴の提供を受ける権利、衣服を洗濯してもらう権利などが契約書に明記された。ヨーロッパが黒死病の厄災に襲われた十四世紀、子どもを次々と失った父親は「胸が張り裂ける思い」を友人に切々と訴えた。十五世紀、フィレンツェの商家の息子は、亡き父親のために金に糸目をつけず盛大な葬式を出したと自慢げに書き記している。

訳出にあたっては全力を尽くしたが、至らないところや思わぬ誤りがあると思う。読者のご教示、ご指摘をお願いしたい。固有名詞の仮名表記は、読みやすさを第一に考え、最も一般的と思われる表記を採用したが、キリスト教会に関連する事項や人名については主に『新カトリック大事典』に倣った。なお、中世イングランドで使われていた畑地の単位「ヴァーゲート（ヤードランドとも）」についても触れておきたい。原書は一ヴァーゲートを約二四エーカーとして換算しているので、本訳書はこれに基づき、必要と思われるところにメートル法の換算値を入れた。大まかな目安になればと思う。

なお、本書の中で以下の邦訳書の一部を引用させていただいた。

フィリップ・アリエス『〈子供〉の誕生』杉山光信・杉山恵美子訳　みすず書房　一九八〇年

ダンテ・アリギエリ『神曲　天国篇』原基晶訳　講談社　二〇一四年
ジョゼフ・ギース／フランシス・ギース『中世ヨーロッパの家族』三川基好訳　講談社　二〇一三年
エドワード・ショーター『近代家族の形成』田中俊宏ほか訳　昭和堂　一九八七年
ロイド・ドゥモース『親子関係の進化』宮澤康人ほか訳　海鳴社　一九九〇年
タキトゥス『ゲルマーニア』泉井久之助訳注　岩波書店　一九七九年
ボッカッチョ『デカメロン　上』平川祐弘訳　河出書房新社　二〇一七年

その他、訳出にあたって参考にさせていただいた主な書籍・事典を以下に記す。

フィリップ・アリエス『死と歴史——西欧中世から現代へ』伊藤晃・成瀬駒男訳　みすず書房　一九八三年
レオン・バッティスタ・アルベルティ『家族論』池上俊一・徳橋曜訳　講談社　二〇一〇年
アルベルト・アンジェラ『古代ローマ人の愛と性』関口英子・佐瀬奈緒美訳　河出書房新社　二〇一四年
レイモン・カザル『ベリー侯の豪華時禱書』木島俊介訳　中央公論社　一九八九年
フランシス・ギース『中世ヨーロッパの騎士』椎野淳訳　講談社　二〇一七年
ローレンス・ストーン『家族・性・結婚の社会史——1500年—1800年のイギリ

ス』北本正章訳　勁草書房　一九九一年
トゥールのグレゴリウス『フランク史――一〇巻の歴史』杉本正俊訳　新評論　二〇〇七年
チョーサー『完訳　カンタベリー物語　下』桝井迪夫訳　岩波書店　一九九五年
ドゥオダ『母が子に与うる遺訓の書』岩村清太訳　知泉書館　二〇一〇年
ジョルジュ・デュビィ『中世の結婚』篠田勝英訳　新評論　一九八四年
ジョルジュ・デュビィ、ミシェル・ペロー監修『女の歴史Ⅱ　中世　2』杉村和子・志賀亮一訳　藤原書店　一九九四年
ロビン・フォックス『親族と婚姻』川中健二訳　思索社　一九七七年
ジャン・ルイ・フランドラン『性と歴史』宮原信訳　新評論　一九八七年
ピーター・ラスレット『ヨーロッパの伝統的家族と世帯』酒田利夫・奥田伸子訳　リブロポート　一九九二年
ピーター・ラスレット『われら失いし世界――近代イギリス社会史』川北稔・指昭博・山本正訳　三嶺書房　一九八六年
エマニュエル・ル・ロワ・ラデュリ『モンタイユー　ピレネーの村　1294～1324　上・下』井上幸治ほか訳　刀水書房　一九九〇年、一九九一年
『中世イギリス英雄叙事詩　ベーオウルフ』忍足欣四郎訳　岩波書店　一九九〇年
『新カトリック大事典』上智学院新カトリック大事典編纂委員会　研究社
Philippe Aries, *Centuries of Childhood*, translated from the French by Robert

Baldick, Vintage Books, 1962.
J. P. V. D. Balsdon, *Roman Women*, Barnes & Noble Books,1962.
Edward Britton, *The Community of the Vill*, The Macmillan Company of Canada, 1977.
Jerome Carcopino, *Daily Life in Ancient Rome*, translated from the French by E. O. Lorimer, Penguin Books,1941.
Jean-Louis Flandrin, *Families in Former Times*, translated by Richard Southern, Cambridge University Press, 1979.

最後になりますが、翻訳の機会を与えてくださった講談社学術文庫の梶慎一郎氏、つたない訳文に辛抱強く目を通し、多くの貴重なご助言をくださった企画ＪＩＮの清水栄一氏に心から厚くお礼申しあげます。

二〇一九年七月

栗原　泉

ジョゼフ・ギース／フランシス・ギース

Joseph Gies（1916－2006），Frances Gies（1915－2013）。アメリカの著作家。中世史に関する著作多数。『中世ヨーロッパの都市の生活』『中世ヨーロッパの農村の生活』など。

栗原　泉（くりはら　いずみ）

翻訳者。主な訳書にギース『中世ヨーロッパの城の生活』『大聖堂・製鉄・水車』のほか，S・ワイズ『塗りつぶされた町』，D・L・ロード『キレイならいいのか』など。

講談社学術文庫

定価はカバーに表示してあります。

中世《ちゅうせい》ヨーロッパの結婚《けっこん》と家族《かぞく》

J・ギース，F・ギース／栗原《くりはら》泉《いずみ》 訳

2019年8月8日　第1刷発行

発行者　渡瀬昌彦

発行所　株式会社講談社

東京都文京区音羽 2-12-21 〒112-8001

電話　編集（03）5395-3512

販売（03）5395-4415

業務（03）5395-3615

装　幀　蟹江征治

印　刷　豊国印刷株式会社

製　本　株式会社国宝社

本文データ制作　講談社デジタル製作

ISBN978-4-06-513600-3

#「講談社学術文庫」の刊行に当たって

これは、学術をポケットに入れることをモットーとして生まれた文庫である。学術は少年の心を養い、成年の心を満たす。その学術がポケットにはいる形で、万人のものになることは、生涯教育をうたう現代の理想である。

こうした考え方は、学術を巨大な城のように見る世間の常識に反するかもしれない。また、一部の人たちからは、学術の権威をおとすものと非難されるかもしれない。しかし、それはいずれも学術の新しい在り方を解しないものといわざるをえない。

学術は、まず魔術への挑戦から始まった。やがて、いわゆる常識をつぎつぎに改めていった。学術の権威は、幾百年、幾千年にわたる、苦しい戦いの成果である。こうしてきずきあげられた城が、一見して近づきがたいものにうつるのは、そのためである。しかし、学術の権威を、その形の上だけで判断してはならない。その生成のあとをかえりみれば、その根は常に人々の生活の中にあった。学術が大きな力たりうるのはそのためであって、生活をはなれた学術は、どこにもない。

開かれた社会といわれる現代にとって、これはまったく自明である。生活と学術との間に、もし距離があるとすれば、何をおいてもこれを埋めねばならない。もしこの距離が形の上の迷信からきているとすれば、その迷信をうち破らねばならぬ。

学術文庫は、内外の迷信を打破し、学術のために新しい天地をひらく意図をもって生まれた。文庫という小さい形と、学術という壮大な城とが、完全に両立するためには、なおいくらかの時を必要とするであろう。しかし、学術をポケットにした社会が、人間の生活にとってより豊かな社会であることは、たしかである。そうした社会の実現のために、文庫の世界に新しいジャンルを加えることができれば幸いである。

一九七六年六月　　　　野間省一